Tobias Haarburger

In meines Vaters Haus

Wirtschaftsthriller
über den Klimawandel

Für Birgit,
die mich zu diesem Buch inspiriert hat

© Tobias Haarburger, 2022

Impressum: Tobias Haarburger,

Emdenstrasse 2, 30167 Hannover

https://www.haarburger.de

Auflage 1

Herausgeber: Tobias Haarburger

Autor: Tobias Haarburger

Umschlaggestaltung, Illustration: Sinaveria

Verlag: ePubli

    Das Werk, einschließlich seiner Teile, ist urheberrechtlich geschützt. Jede Verwertung ist ohne Zustimmung des Verlages und des Autors unzulässig. Dies gilt insbesondere für die elektronische oder sonstige Vervielfältigung, Übersetzung, Verbreitung und öffentliche Zugänglichmachung. Bibliografische Information der Deutschen Nationalbibliothek: Die Deutsche Nationalbibliothek verzeichnet diese Publikation in der Deutschen Nationalbibliografie; detaillierte bibliografische Daten sind im Internet über http://dnb.d-nb.de abrufbar. Personen und Handlung sind frei erfunden. Ähnlichkeiten mit lebenden oder toten Personen sind rein zufällig und nicht beabsichtigt. Die medizinischen und psychologischen Beschreibungen in dem Roman sind laienhaft. Sie dienen der dramaturgischen Entwicklung des Stoffes. Bestimmte kurze fachliche Abschnitte, sind aus dem Internet entnommen. Sie verschwinden in der Handlung. Quellen werden nicht angegeben.

Kapitel 1

Es würde einen gewaltigen Sturm geben, wie man ihn noch nicht erlebt hatte. Seit Tagen regnete es. Der Himmel blieb schwarz. Die Meteorologen sagten voraus, dass dieser Sturm zwei Tage lang seine Kraft entfalten würde. Über den Regen war man froh, es mangelte an Wasser, doch der Sturm würde die einfachen Häuser, die Ställe und die Weidezäune der Umgebung zerstören.

Die Überschwemmungen würden Brücken mit sich reißen, Fahrzeuge einschließen, das Vieh würde ertrinken, sofern man es nicht auf höhere Flächen brachte und die einfachen Strommasten, die aus Holz waren, würden umknicken.

Der Sturm sollte noch stärker werden, als jener, der vor einem Jahr schon den größten Schaden, an den man sich erinnern konnte, angerichtet hatte. Die Ebene, in der die Talsperre lag, würde dieses Mal im Zentrum des Sturmes liegen. Der Notstand wurde ausgerufen, doch was würde das nützen? In der portugiesischen Region Algarve lebten 450.000 Menschen. Wer sollte sich um all die Zerstörungen kümmern?

Die Talsperre war das wirtschaftliche Rückgrat. Sie produzierte Strom für den ganzen Süden Portugals und speicherte das Trinkwasser und das Wasser für die Felder. Hunderte Menschen waren über den Staudamm beschäftigt. Alles was nicht fest war, würde durch die Luft gewirbelt werden. Nach draußen könnte man während der zwei Tage nicht gehen.

Man musste, was man besaß, sich selbst überlassen. Der Stausee hatte eine gewaltige Fläche und er fasste 130 Millionen m³ Wasser. Bersten konnte er nicht, das war unmöglich, doch die Stromversorgung des Distriktes Faro und anderer Distrikte bis nach Portalegre würde in Gefahr sein.
Leandro Almeida konnte nicht schlafen. Wann genau würde der Sturm losgehen? Der Wind war stark geworden. Es war Januar und 24 Grad warm. So war es noch nie. Maria ging seit Stunden unruhig durch das Haus. Ihre beiden Kinder, João und Ana lebten in Lissabon, sie waren Studenten. In Lissabon würde es nicht so schlimm werden, hieß es in den Nachrichten.
Maria hatte dennoch um sie Angst. Einmal schon, hatte sie die beiden, die in einem Studentenwohnheim lebten, angerufen. Sie saßen mit anderen beisammen, hatten Kerzen bereitgelegt und waren guter Dinge. Maria hörte, wie jemand Gitarre spielte. Doch nun war es Nacht geworden und Maria rang mit sich, sie ein zweites Mal anzurufen. Sie bereitete Tee, setzte sich an den Küchentisch, stand wieder auf, sah aus der Haustür und schloss sie schnell wieder, als der Wind hereindrückte. Danach ging sie zu Leandro und brachte ihm eine Tasse.
»Wo willst du jetzt hin, Leandro?«, fragte sie sorgenvoll, als Leandro nach dem ersten Schluck begann, seine Stiefel anzuziehen, die an dem Durchgang zur Haustür standen. Er sagte nichts, Maria würde protestieren.

»Leandro, wo willst du denn jetzt hin, der Regen hat zugenommen«, wiederholte Maria mit einer so großen Furcht in ihrer Stimme, dass sie fast flüsterte. Sie stellte sich gegen die Haustür.
»Ich muss die Anlage prüfen, die Verankerung«, antwortete Leandro knapp. Er schob Maria zur Seite, öffnete die Tür, sah entlang der schmalen Straße, die zu ihrem Haus führte und die sich mit Wasser zu füllen begann. Er sah zu den Olivenbäumen, die karg neben ihrem Haus auf einer kleinen Anhöhe standen und während der letzten Jahre wenig abgeworfen hatten. Der Wind ließ die Äste brechen. Zweige lagen weit verstreut auf den Wiesen. Die niedrigen Stämme drohten umzukippen. Was war das für eine Welt geworden, in der die Natur ihr Leben bedrohte? Als Leandro in den dunklen, grollenden Himmel sah, dachte er an die Apokalypse.
»Leandro, bitte, bleib hier. Ist dir die Anlage wichtiger, als es dein Leben ist?«
Leandro brummte mürrisch, dass das natürlich nicht so wäre und er müsse eben einmal kurz nachsehen. Die Verankerung war die Schwachstelle und sie machte Leandro seit Tagen Sorgen, seit der Sturm angekündigt worden war. Die Anlage war eine der größten der Welt. Sie hatte gewaltige Ausmaße, mehrere hundert Meter in jede Richtung.
Die Lago de Eucalipto Talsperre war wie geschaffen für eine schwimmende Solaranlage. Zehn Jahre vieler und teurer Versuche lagen hinter dem Wasserverband und der Universität. Es ging immer nur um die Verankerung, niemand hatte Erfahrung damit. Der

Stausee war über 50 Meter tief. Wie sollte man die riesige schwimmende Insel befestigen? Am Ende entschied man sich für schwimmende Anker. Würden sie die großen Flächen halten?

Diese Windlasten waren neu, jedenfalls mit dieser enormen Kraft. Alles war mehrmals berechnet worden. Dann war man sich über die Anzahl und die Art der Schwimmer sicher. Leandro wollte hinausfahren und über die Stege gehen. Er hatte einen Plan, nach dem er prüfen musste und aus dem jede Stelle hervorging, die er zu kontrollieren hatte.

»Bleib hier!«, rief Maria verzweifelt hinaus in den Sturm. Ihre Stimme überschlug sich. Leandro war schon auf dem Weg zu seinem Auto. Er befreite es von den Ästen, die sich auf der Seite angesammelt hatten, stieg ein, schlug mit beiden Händen die Tür gegen den Wind zu. Dann fuhr er los.

Es würde nur zehn Minuten dauern. Die Stelle, an der er den ersten Steg betreten wollte, lag nahe. 320 Megawatt waren installiert. Es befanden sich weit über eine Million Module auf den Plattformen. Leandro spürte vom ersten Tag an die Last der Verantwortung für dieses gewaltige Projekt, auf das ganz Portugal sah. Während der kurzen Fahrt dachte er an die Feier der Inbetriebnahme, die ein halbes Jahr zurücklag.

Er war stolz darauf, zum Betriebsleiter berufen worden zu sein. Der portugiesische Energieminister war gekommen und die Honoratioren der Region. Leandro dachte an ihre beiden Kinder, João und Ana. Maria und er waren glücklich über sie. Beide waren

talentiert und gewissenhaft und würden ihren Weg gehen.
Vorsichtig, das Tempo im Schritt haltend, lenkte er seinen Wagen zu der Abzweigung, an der er auf den Feldweg einbog. Langsam rollte er über die schlammige Zufahrt, die sanft hinunter zum Ufer führte.
Er rollte an die Stelle, die den Zugang zu dem zentralen Steg bildete. Dort stand ein Auto, ein Kollege, oder jemand von der Universität vielleicht, aber der Wagen war ihm nicht bekannt. Leandro stellte den Motor nicht ab. Die Scheinwerfer würden ihm helfen, über den Steg zu finden.
Er stieg aus, schloss seinen Anorak und setzte seine Mütze auf, die ihm Ana aus England mitbrachte, als sie in Manchester einen Englischkurs absolvierte. Er zog die Verschnürung an seinen Stiefeln fest, betrat den Steg und begann ihn entlangzugehen.
Weit hinten, am anderen Ende, zwischen dem ersten und dem zweiten Segment, sah er undeutlich zwei Männer. Sie wandten Leandro den Rücken zu. Zügig, so schnell er in der Dunkelheit gegen den Regen und den Wind vorankam, ging er schwankend, sich an den Sicherungsseilen haltend nach vorne, bis vor das Ende des Steges. Als er näherkam, sah er, dass sich einer von Ihnen mit einem Bolzenschneider an der Drahtverankerung zu schaffen machte.
»Was macht ihr da!«, rief er in den Sturm hinein. Sie hörten ihn nicht. Dann trat er einen Schritt nach vorne und stand dicht hinter den beiden Männern. Sie durchtrennten die Verankerung. Leandro starrte auf sie. Die schwimmende Anlage reichte so weit

nach hinten in den See hinein, dass er ihr Ende nicht sah. Nun bemerkten sie ihn. Leandro sah wie versteinert auf das, was die beiden anrichteten.
Er brauchte einen Moment, um das Ausmaß der Katastrophe, welche die beiden Fremden anrichteten, zu realisieren. Es würde bei dem Sturm lange, bestimmt eine Stunde dauern, alle Anker zu durchtrennen. Die am Rande des Segmentes liegenden Reihen der Plattformen, mit den verschraubten Modulen, an denen sie sich zu schaffen machten, würden in die Luft gehoben, dann die weiter dahinter liegenden Reihen, sie würden auf die nächsten fallen und so weiter. Die Anlage würde zerstört werden.
Beide Männer mit dem Bolzenschneider trugen Wollmützen, wie sie bei Seeleuten oder Soldaten üblich waren. Leandro schoss eine Fotografie einer japanischen schwimmenden Anlage durch den Kopf, bei der das passiert war. Das ganze System drohte durch den Sturm, der ja erst begann, zerstört zu werden.
»Was macht ihr, seid ihr verrückt?«, rief Leandro durch den Wind den beiden zu. Einer der Männer richtete sich auf und drehte sich Leandro zu. Durch den Regen sah er Leandro an, als wolle er ihn fragen, was er hier zu suchen habe. Leandro wich zurück. Der Fremde zog ein Messer aus einer ledernen Scheide, die an seinem Gürtel hing und folgte Leandro, das Schwanken des Steges ausgleichend.
Einem Reflex folgend, wich Leandro weiter zurück. Er konnte nicht begreifen, was dort geschah. Er drehte sich um und lief fieberhaft und breitbeinig, so

schnell er konnte, ohne sich in der Eile abstützen zu können, den Steg zurück. Seine Gedanken rasten. Er erreichte das Ufer. Leandro war außer Atem. War der Unbekannte ihm gefolgt? Er wandte sich um. Nein, er war in der Mitte des Steges stehen geblieben und sah zu ihm hin. Keuchend stützte sich Leandro mit beiden Armen auf seine Knie. Da sah er in der Dunkelheit jemanden auf ihn zukommen. Die Scheinwerfer blendeten ihn. Leandro richtete sich auf.

Der Unbekannte, der auf dem Kopf eine Art von militärischem Barett trug, hob eine Waffe, ein Jagdgewehr an und richtete es auf Leandro. Er trug einen dunklen, gewachsten, langen und schweren Mantel, der bis zu den Schäften seiner Stiefel reichte. Er wurde von hinten, von Leandros Wagen angestrahlt, was seine Umrisse abgrenzte und ihn noch unheimlicher aussehen ließ. Der Fremde näherte sich Leandro und blieb direkt vor ihm stehen. Sein Gesicht war finster. Seine Wangen hatten scharfe Züge und zwischen seinen Augen waren tiefe Furchen zu erkennen. Er trug schwarze, lederne Handschuhe.

Leandro durchzuckte es, er zitterte, er erfasste nicht und erfasste doch, was geschah. Sein Leben würde in diesem Augenblick enden. Leandro blickte auf das Gewehr. Ihm fehlte der Wille, wegzulaufen.

»Nein, was tust du da? – nicht«, abwehrend riss er seine Hand hoch. Die beiden Schüsse hörten nur die Männer mit dem Bolzenschneider. Der Fremde blickte Leandro fast eine Minute mit bleiernem Gesicht an. Leandro lag reglos auf dem schlammigen

Boden. Das Jagdgewehr hielt er auf ihn gerichtet. Dann rollte er ihn hinunter zur Böschung, rollte ihn weiter in das Wasser, stieg hinein und schob den toten Körper unter die erste Reihe der Plattform, die sich leicht anhob. Der Sturm nahm zu. Der Fremde stellte den Motor von Leandros Wagen ab.
Sie arbeiteten noch eine halbe Stunde weiter. Irgendwann musste jemand kommen und den Vermissten suchen.
Die drei stiegen in ihr Auto und entfernten sich von der schwimmenden Solaranlage am Lago de Eucalipto. Sie trockneten so gut sie konnten ihre Gesichter. Keiner sprach ein Wort. Sie fuhren über die große Brücke Puente Internacional del Guadiana und waren nach zwanzig Minuten in Spanien. Nach zwei Stunden erreichten sie Sevilla. Unterwegs, in dem kleinen Örtchen La Palma del Condado übergaben sie ihren Wagen an jemanden, der ihnen einen spanischen Mietwagen überließ und fuhren weiter zum Flughafen.
Alle Flüge waren gestrichen. Sie mussten weiter, konnten nicht warten. Sevilla lag zu nahe an Portugal. Nach sechs Stunden, es war fünf Uhr geworden, erreichten sie den Flughafen Madrid-Barajas. Der Fahrer ließ die beiden anderen aussteigen, gab den Mietwagen ab und folgte ihnen in die Abflughalle. Sobald sie den Flughafen betraten, kannten sie sich nicht mehr. Alle drei verschwanden in den Flügeln des großen Abflugbereiches.
Sie würden zu drei verschiedenen Zielen nach England fliegen. Die schwimmende Solaranlage Lago

de Eucalipto, eine der größten der Welt, hatte der Sturm zerstört. Durch den Fund von Leandros Leiche und die durchtrennten Ankerkabel war es offensichtlich, was geschehen war.

Kapitel 2

Den letzten Abend verbrachte Paul alleine. Er hatte sich eine Stunde im Fitnessbereich verausgabt. Trotz der Hitze draußen war es zwischen den Geräten so kühl, dass er nicht schwitzte. Er zog Bahnen in der Schwimmhalle und streckte sich auf einer Liege aus. Ein Bildschirm zeigte Sportnachrichten. Paul nickte sofort ein. Als er erwachte, ging er auf sein Zimmer, zog eine beige Hose an, streifte ein helles Poloshirt über und schlüpfte in seine Segelschuhe.
Er verließ sein Zimmer und wartete vor einem gläsernen Fahrstuhl. Er blickte hinaus auf die sich in der Sonne spiegelnden hunderte Fenster der Wolkenkratzer und die eng bebaute Marina. Dann fuhr er mit dem Fahrstuhl hinunter in den untersten Stock. Er wandte sich dem Restaurant zu, ging den Flur an den Schmuckvitrinen vorbei und wählte einen Tisch, von dem aus er den Hafen vor sich liegen sah. Paul lehnte sich zurück und genoss den Anblick, erst dann nahm er sich die Karte und bestellte einen Hummersalat. Am Vormittag war er aus Muscat angekommen. Paul mochte nicht sofort weiterfliegen. Die vier Wochen, die hinter ihm lagen, waren ereignisreich und hatten ihn angestrengt.
Er sah sich um. Das Restaurant erstreckte sich fast über das gesamte Untergeschoss des Hotels. Es war kaum besucht. Paul saß an einem kleinen Tisch, weit entfernt von anderen Gästen. Etwas abwesend blickte er in die Weinkarte und bestellte einen 2011er Saffredi, dessen Rebsorten sich aus Cabernet

Sauvignon, Merlot und einem kleinen Anteil Syrah zusammensetzten und den er in aller Ruhe und Besinnlichkeit genießen wollte.

Im Laufe dieses letzten Tages, bevor er nach Frankfurt zurückreisen würde, erhöhte sich in Abu Dhabi die Temperatur auf 40° Celsius. Es war Mitte Januar. Für gewöhnlich waren es in dieser Zeit 20°, bisweilen nur 15°. Man sprach davon, dass es im Sommer 55° oder gar noch heißer werden würde. In den anderen Städten, die er in den vergangenen Wochen besuchte, war es ebenso. Die Temperatur war gespenstisch hoch geworden. Hinaus ins Freie zu gehen, um sich dort auch nur wenige Minuten aufzuhalten, war ab März nicht mehr möglich, wurde ihm gesagt. Man konnte von einem Gebäude kaum noch zu einem Carport gelangen. Paul fragte sich, wie lange es dauern würde, bis die Kühlung im Fahrzeug einsetzte.

Lange saß er vor seinem Glas. Er dachte an die Universität. Sein Abschluss lag zwei Jahre zurück. Er lebte ein anderes Leben. Die Leichtigkeit, die Freiheit keine Verantwortung zu tragen, waren vorbei. Paul dachte mit Wehmut an seine Zeit als Student.

Er hatte sich an vieles gewöhnen müssen. Manchmal graute ihm davor, was vor ihm lag. Welche gewaltige Verantwortung auf ihn zukommen würde. Von seinen Kommilitonen wurde er als reicher Sprössling angesehen. An der Universität Frankfurt, am Institut für Volkswirtschaftslehre, war er nicht der Einzige, der aus einer vermögenden Familie stammte.

Nach dem Master wollte er in Princeton promovieren. Er galt als talentiert und sein Professor verschaffte ihm eine Stelle.
Nach einem halben Jahr rief Ottos Sekretärin an. Otto sagte nicht viel, wie es seine Art war. Komm zurück, Junge, sagte er, ich brauche dich hier. Die ökonomischen Theorien, um die es in Princeton ging, halfen Paul auch nicht, jedenfalls nicht für das, was ihn erwartete. Otto hatte keinen Sinn für akademischen Dünkel, obwohl er selbst in Chemie promovierte.
In der Mitte des Tisches stand eine kleine Vase, in der ein Veilchen steckte. Dieses Veilchen mochte eine lange Reise aus Kenia hinter sich haben, dachte Paul, mit dem Flugzeug war es gekommen. Es wirkte einsam auf dem quadratischen Tisch mit dem weißen Tischtuch. Die Wirklichkeit hatte mit den hochtrabenden Theorien wenig zu tun. Menschen in die Augen zu sehen und sie zu entlassen strengte auf eine andere Weise an, als in einer Klausur zu sitzen. Paul wusste, was vor ihm lag. Es ging um 5.000 Mitarbeiter. Immer wenn er daran dachte, wurde ihm flau im Magen. Wie viele Jahre der Freiheit blieben ihm noch? Sein Telefon summte.
»Hallo, Paul, wie geht's dir? Wie läuft es am Golf? Du bist auf dem Weg zurück, nicht?« »Hi Alex! Ja also…du klingst gestresst«, sagte Paul und legte die Gabel an den Rand des Tellers.
»Wir hatten eine sehr lange Besprechung, fast acht Stunden. Am Ende haben wir den Auftrag bekommen. Die anderen sitzen im Biergarten. Ziemlich

warm hier, ich meine draußen, 20 Grad.« Alex machte eine Pause und trank etwas. »Verdammt, wir haben Januar...« Er nahm noch einen Schluck. »Was soll's, du kennst mich..., ich denke lieber daran, wie es weitergeht.«

»Was meinst du, wie es weitergeht?«

»Mit dem Auftrag. Wir werden eine App für eine Fluggesellschaft programmieren, ziemlich komplizierte Sache. Die wollen, dass man über das Mobiltelefon buchen kann, mit allen speziellen Funktionen.« Alex und Paul redeten weiter über das neue Projekt.

»Wo bist du denn? Noch in Muscat?«

»In Abu Dhabi. Hier haben sie 40 Grad, es ist unglaublich. Der Körper passt sich zwar normalerweise an die Umgebung an, ob das aber unter diesen Bedingungen noch funktioniert, kann ich mir nicht vorstellen.

Ich frage mich sowieso, ob die großen Kältemaschinen, die nennen sie hier Chiller, die hier überall installiert sind, die Hitze überhaupt noch in den Griff bekommen. Sie sind dafür einfach nicht konstruiert worden.«

»Hm, das ist krass, am Golf war ich ja noch nicht. Ziemliche Scheiße, was da auf uns zukommt... Wie geht's dir denn sonst, warst vier Wochen unterwegs, immer noch dasselbe?« Paul wurde unruhig bei dieser Bemerkung.

Sie schweigen beide. Es war nicht ungewöhnlich, dass sie mitten in einer Unterhaltung schwiegen. Sie kannten sich buchstäblich, seid sie im Sandkasten gespielt hatten.

Alex hieß mit vollem Namen Aleksandar Vlado Jočić. Seine Familie stammte aus Jugoslawien, als es das noch gab. Sein Vater arbeitete auf dem Bau. Mit 50 starb er an Lungenkrebs, er war Kettenraucher. Alex war 22.

Paul und er machten zusammen Abitur und schrieben sich an derselben Universität ein. Paul für Volkswirtschaftslehre, Alex für Informatik. Obwohl Alex aus einfachen, fast ärmlichen Verhältnissen stammte, machte er Pauls Verhältnisse nie zum Thema. Sie vertrauten sich, fast wie Brüder.

Alex hatte immer Geld, schon als Kind. Er trug Werbung aus. Später handelte er mit gebrauchten Fahrrädern. Mit 17 gründete er eine Firma, die Internetseiten erstellte und bei Google Werbung beriet. Inzwischen hatte Vlado Consulting 20 Angestellte. Er galt als Geheimtipp. Schnell, effizient und zuverlässig war sein Motto.

Paul hörte, wie Alex auf seiner Tastatur tippte. Er öffnete währenddessen eine Nachrichtenseite auf seinem Mobiltelefon, scrollte durch. Nach einer Weile redeten sie weiter.

»Ja immer noch dasselbe, keine Ahnung wie es weitergeht.«

»Du hast diese ganzen Firmen aufgelöst, wie war das?«

»Ganz ehrlich, ich habe das einfach durchgezogen. Die Leute waren natürlich sauer und enttäuscht. Sie meinten, sie hätten keine Chance, in nur zwei Jahren

Fuß zu fassen. Es gibt aber einfach keinen Markt für unser spezielles Granulat. Ein paar sind gezielt aus Indien an den Golf gezogen, haben eine Familie. Natürlich helfen wir denen, wobei die schnell etwas anderes finden werden.

Mir ist klar geworden, dass man das trennen muss, das Soziale und das Konzept der Firma. Ich habe gelernt, das Ganze zu sehen, den ganzen Konzern. Verluste zu machen, ist tödlich. Man investiert, man deinvestiert, so ist das eben.

Die hier das Sagen haben, denken alle so. Ich war beim Handelsminister in Riyad, wollte nicht, dass was auf uns zurückfällt. Der ist ein alter Hase, Dr. Ibrahim Mafood. Die Firmen stehen bei denen Schlange.«

Alex hörte aufmerksam zu. »Ok, du musst mir das erzählen. Vielleicht wäre das was für uns, ich meine in den Emiraten oder in Saudi zu investieren.«

»Ja, ganz bestimmt, ihr passt hierher. Ich rufe den Handelsminister noch mal an, wenn du willst.

Alex, ich muss Schluss machen, muss mal vor die Tür.«

»Alles klar, bis dann.«

Paul dachte nach, worüber sie gesprochen hatten, über die Hitzewellen und über Diana. Er aß zu Ende und schrieb seine Zimmernummer auf die Rechnung, gab Trinkgeld, verließ den Tisch und sprang, zwei Stufen auf einmal nehmend, die Treppe hoch in die Lobby. Vorsichtig, instinktiv die Temperatur prüfend, trat Paul aus dem Hotel und machte sich auf den Weg zu einem Spaziergang entlang der Uferpromenade.

Es war neunzehn Uhr und die Sonne war untergegangen. Paul schlenderte am Ufer entlang, eine niedrige Mauer trennte den Weg vom Meer. Die wenigen Sträucher bewässerte man sorgsam mit Tropfschläuchen, damit deren winzige Blätter ihr Grün behielten. Dann sah er den Vollmond und blieb stehen.

Der Mond lag rund und milchig über der stillen See. Paul setzte sich auf eine Bank, schlug ein Bein über das andere und genoss dieses Bild, das sich vor ihm auftat. Es war einer jener Momente, den man teilen, an dem man sich gemeinsam erfreuen wollte und dessen Anblick, wenn man alleine war, etwas sehnsüchtig Trostloses hatte.

Ob sie auch zum Mond sah? Die vier Wochen am Golf waren nicht schnell vergangen. Nun musste er noch für Otto, seinen kleinen Sohn, der eineinhalb Jahre alt war, und Mathilde, die sie alle Tilda nannten, Geschenke kaufen. Immer wieder hatte er das aufgeschoben. Es blieb ihm nur noch der Flughafen. Paul nahm sich vor, noch zwei Kilometer weiterzugehen und dann umzukehren. Im Hotel würde er ein weiteres Mal duschen.

Vieles ging ihm durch den Kopf. Es wartete eine neue Aufgabe auf ihn. Ab dem nächsten Montag sollte er eine Geschäftseinheit übernehmen, deren Leitung besonders anspruchsvoll war. Er wäre für 700 Mitarbeiter zuständig. Es war ihm nicht wohl dabei. Paul fühlte sich überfordert. Er hatte keine Erfahrung im Tagesgeschäft. Er musste mit Otto sprechen. Natürlich konnte er das so nicht sagen, nicht so einfach, er wäre noch nicht so weit und dergleichen. Noch immer war er es, der Senior, der von seiner Villa aus, die er kaum mehr verließ, alles Wichtige entschied.

Paul fragte sich in diesem Augenblick, was er Tilda mitbringen könnte. Ihm fiel nichts ein. Er mochte nicht an sie denken. Während der vier Wochen sprachen sie am Telefon nur jeweils am Freitagabend. Sie plauderten über Belanglosigkeiten und vermieden es beide, irgendetwas zu erwähnen, was eine Diskussion über ihr Verhältnis hätte auslösen können. Tilda und er spürten, wie künstlich ihre kurzen Gespräche geworden waren und wie beladen, die Atmosphäre zwischen ihnen blieb.

Sie waren dreißig Jahre alt, beide, und seit zwei Jahren verheiratet. Sie passten zusammen, generell. In den letzten Monaten hatte sich eine unheilvolle Distanz zwischen ihnen gebildet. Paul ging Tilda aus dem Weg, wann immer er konnte. Er schämte sich dafür und ihm war bewusst, dass es seine Schuld war. Er war unaufrichtig und ihm war klar, dass ihr das, was in ihm vorging, ihr nicht verborgen bleiben konnte.

Sie konnte es beobachten, mit wenigen Blicken nahm sie alles auf. Paul hatte bemerkt, dass Tilda kurz nach ihrer Hochzeit schon klar geworden war, was in ihm vorging. Wenige Gesten von Paul genügten.

Sie empfand wohl eine große Hilflosigkeit. Was blieb ihr zu tun? Tilda gab Paul zu verstehen, sie

beschloss, abzuwarten. Sie fügte sich, ohne aufzubegehren, in ihr Schicksal, was immer kommen mochte. Nachdem Tilda lange nachgedacht hatte, sagte sie Paul, sie sei zu dem Schluss gekommen, dass stillzuhalten für sie die einzige Möglichkeit sei, um Paul zu helfen und ihn zu halten.
Paul war nicht zu feige Tilda zu sagen, wie es war. Doch schon seit Langem versuchte er das, was er empfand, loszubekommen, zu ersticken, irgendwie. Er litt selbst am meisten unter seinen Gefühlen.
Er hatte nichts dazu getan. Es war einfach geschehen, gegen alle Vernunft, hatte langsam begonnen und irgendwann war ihm bewusst geworden, dass er Diana liebte. Er liebte sie so, wie ein Mann eine Frau nur lieben konnte. Er musste diese Gedanken, die nun wiederkamen, ihn lähmten und ihm den Schlaf raubten, verscheuchen, jetzt sofort. Paul durfte nicht wieder stundenlang in diese Gefühle, in diese Sehnsucht hineinfallen. Im Laufe der Zeit hatte er sich ein Bild zurechtgelegt.
Es war so, dass Diana für ihn wie eine Glut war, eine Glut aus Kohle, die ewig glimmen würde. Er sah auf diese Glut, mit ihren grünen und roten Farben, was für ihre Augen und ihr Haar stand, wie sie funkelten und er stellte sich die Wärme vor, die sich aus der Glut bildete.
Paul entwickelte die Fähigkeit, die Glut, wenn sie auftauchte, zu verscheuchen. Eine Glut tat nichts, sie war einfach da, blass und schimmernd. Eine Glut konnte man neben sich ertragen, vor allem wusste man, dass sie eines Tages erlöschen würde, wenn sie

keine Nahrung, keinen Sauerstoff mehr fand. Es konnte nur eine Frage der Zeit sein. Meistens gelang es ihm, mithilfe dieser Vorstellung die Sehnsucht, während der er sich unablässig Bilder von Diana machte, zu beenden. Paul fühlte sich hilflos wie ein Gefangener.

Es wäre das Einfachste, Diana zu entlassen. Ihr eine großzügige Abfindung zu geben und sie kurzerhand bei einem befreundeten Unternehmen unterzubringen. Vielleicht würde sie nicht einmal begreifen, warum das geschah. Aber wie sollte er das tun? Er müsste gegenüber seinem Vater und vor allem gegenüber Otto gestehen, was war.

Beide schätzten Diana und förderten sie. Vielleicht würde sie es zur Finanzchefin des gesamten Konzerns bringen. Diana wurde von allen gelobt und gemocht. Von ihren Mitarbeitern, vom Betriebsrat und eben von Otto, was sie unantastbar machte und auch von seinem Vater, der die Firma formell leitete.

Es war unmöglich, etwas gegen sie zu sagen. Das Einzige wäre … wenn er selbst mit jemandem sprechen könnte, ihr ein attraktives Angebot für eine Stelle zu machen. Aber Paul fiel niemand ein, der nicht sofort zum Telefonhörer greifen und seinen Großvater anrufen würde. Paul kehrte um, es wurde ihm zu warm. Er bekam Durst. Der dichte Verkehr der Straße, die neben ihm verlief, störte ihn. Zügig schlug er die Richtung zum Hotel ein.

Was empfand Diana selbst? Sie mochte seine Befangenheit spüren, wie nervös er in ihrer Gegenwart war. Wie er sich beim Sprechen verhaspelte, was

sonst nicht seine Art war. Natürlich nahmen das auch andere zur Kenntnis. Es wurde getuschelt, doch niemand wagte gegen Ottos Enkel etwas zu sagen.
Vielleicht war es Diana unangenehm, vielleicht fühlte sie sich geschmeichelt, vielleicht fühlte sie sich aber auch belästigt. Er begegnete ihr nicht so oft, das heißt, eigentlich schon. Es gab Tage, da spürte er ein solches Verlangen, sie zu sehen, dass er in ihr Vorzimmer ging, vorgab, mit ihrer Assistentin etwas besprechen zu müssen, wobei er recht einfallsreich vorging und hoffte, sie würde ihn hören und aus ihrem Zimmer heraustreten. Das geschah auch immer wieder und Paul wertete das als ein vages und nicht genau zu bestimmendes Interesse ihrerseits, immerhin.
Vielleicht war es aber nur Neugierde und sie fragte sich, was er schon wieder in ihrem Vorzimmer zu erledigen hätte. Sie duzten sich, wie es mittlerweile alle auf ihrer Ebene taten.
Hörte er, wie sich die Tür zu ihrem Büro öffnete, konnte Paul nicht anders als ihr sofort, manchmal ruckartig seinen Kopf zuzuwenden. Er sah ihr rotes Haar, wie die Locken um ihren Kopf wippten. Diana hatte einen dynamischen Gang.
Paul sah in ihr schönes, helles Gesicht, auf ihren fein gezeichneten, immer roten Mund und auf ihre Hände, die voller Sommersprossen waren. Sie hatte wunderschöne Hände, schlank, elegant und weiß waren sie. Paul liebte ihre Farben, die helle Haut, das rote Haar und die grünen Augen.

Er sah auf ihren weißen Hals, der von drei zarten Linien durchzogen war, er sah an ihrem Körper entlang und wenn sie sprach und er ihre dunkle Stimme hörte, verlor er alle Sicherheit und ein warmes Gefühl stieg in ihm auf und sein Hals wurde trocken.
Oft trug sie ein teures, hellblaues oder cremefarbenes Kostüm. Den Blazer pflegte sie zu öffnen. Paul fragte sich, ob sie das seinetwegen tat. Ihre Bluse spannte, auch ihr Rock. Sie war weiblich, sie war eine Frau.
Diana Robinson war vierzig Jahre alt. Sie stammte aus Manchester. Diana leitete das Controlling einer der großen Geschäftseinheiten. Sie war zehn Jahre älter als Paul. Vielleicht hatte seine Verrücktheit nach ihr damit zu tun. Er fand keine schlüssige Antwort darauf. Er wusste nur eines, er liebte diese Frau.
»Hallo Paul, wie geht es dir?«, pflegte sie ihn munter zu fragen, wenn er sich einmal wieder unerwarteterweise in ihrem Vorzimmer aufhielt und sah kurz lächelnd zu ihm. Dann blickte sie zu ihrer Assistentin, sagte ihr etwas und legte einen Stapel Papiere in ein Fach.
»Danke, hervorragend.« Meistens brachte Paul nicht mehr hervor als dies wenige, wenn sie ihn ansprach und er um Worte rang. Die Situation schien ihr ein Vergnügen zu machen und einmal tauschte sie einen amüsierten Blick mit ihrer Assistentin aus, während Paul fast angefangen hätte über das Wetter zu sprechen, doch fiel ihm ein, dass er sich dadurch zu erkennen geben würde, weil er das Gespräch ohne einen Grund zu haben verlängerte und unterließ, die

sinnlose Bemerkung, dachte dann aber, als er das Vorzimmer verließ und die Tür hinter sich schloss, dass dies keinesfalls so war und man selbstverständlich auch über das Wetter sprach.

Paul ging zurück, an der Straße und am Meer entlang, dessen Farbe er nicht mehr erkennen konnte. Die Masse des Meeres, des Wassers beruhigte ihn. Doch die Hitze drückte erbarmungslos auf ihn wie ein Stempel, der mit kräftiger Hand auf ein Blatt Papier gepresst wurde. Die Luft war feucht. Man würde sich in dieser Stadt, die so enorm gewachsen war, nicht mehr im Freien bewegen können. Nicht einmal im Januar in der Dunkelheit.

Es gab Momente, da hatte Paul Angst vor diesem Phänomen, das unbarmherzig wurde und eine unbestimmte Furcht auslöste. Wie würde sich alles entwickeln? Die Erde drohte zu verglühen. So musste man das empfinden.

Das war zu einer bitteren Wirklichkeit geworden. Paul ging auf sein Zimmer und surfte gedankenlos und missgelaunt im Internet. Dann kühlte er sich unter der Dusche. Um elf Uhr legte er sich hin.

Paul stand früh auf. Er ging noch mal in das Fitnesscenter. Die Lobby des Hotels war groß wie eine Konzerthalle. Der marmorne Fußboden wurde rund um die Uhr gewischt. Blumenbouquets rahmten jeden der drei mächtigen Tresen, hinter denen jeweils vier Mitarbeiter der Rezeption freundlich und effizient mit gesenkten Stimmen arbeiteten ein. Die Empfangschefin dirigierte sie wie ein Orchester. Alles war eingespielt wie ein Räderwerk. Man war perfekt in Abu Dhabi, wenn es um das Wohl der Gäste ging.

Höflich steckte eine aus Indien stammende junge Frau, deren Frisur so glatt geknotet war, dass es aussah, als wäre es kein Haar, sondern ein angehefteter schwarzer Ball, Pauls Abrechnung in einen Umschlag und fragte, ob er ein Taxi zum Flughafen benötigen würde. Zuletzt fragte sie: Ob sie ihm und seiner Gattin einen Prospekt für den Sommer zuschicken dürften, Paul bejahte. Alles war geschmeidig und eloquent.

Als er am Flughafen ankam, kaufte er für Otto ein aufblasbares Flugzeug der Gesellschaft, mit der er flog. Was Tilda anging, war er ratlos. Einen Schal, Schmuck, eine Uhr oder einen Bildband vielleicht? Er entschied sich für einen Bildband, Oasen im Emirat Abu Dhabi. Als er vor der Kasse wartete, trat er jedoch zurück und legte das Buch wieder in das Regal. Danach ging er missgelaunt den langen Weg zum Gate. Was sollte sie damit anfangen? Es würde sie verletzen, ein Buch mit einem so belanglosen Inhalt zu bekommen, das Paul offensichtlich aus seiner Ratlosigkeit heraus, weil ihm nichts Besseres einfiel, für sie gekauft hatte.

Kapitel 3

»Wie war deine Reise?« Paul traf im Fahrstuhl auf Hendrik, den Leiter der Konzernentwicklung. Er ließ Paul keine Zeit, zu antworten. »Wir haben eine Besprechung, um zehn Uhr.« Paul war das bekannt, er würde selbstverständlich teilnehmen. »Sogar Otto wird dabei sein. Du kommst doch auch?«
»Ja, sicher.« Paul verstand die Frage nicht. Man tuschelte, dass im letzten Monat der Auftragseingang enorm eingebrochen sei. Schon seit einem Jahr sah man mit Sorge auf diesen Trend. Paul hatte sich die Zahlen, als er in Muscat war, angesehen.
»Man hat alles sehr vertraulich behandelt«, sagte Hendrik, mit wichtiger Miene, gleichzeitig vorwurfsvoll schnaubend, als hätte er mit all dem nichts zu tun. Seine Absätze berührten sich und sein Rücken stand steif wie ein Besenstiel. Neuerdings trug Hendrik einen Drei-Tage-Bart, der sein Kinn noch mehr hervorquellen ließ, als es ohnehin der Fall war.
Der Fahrstuhl war angekommen. Hendrik ließ Paul, ohne weitere Worte zu machen, stehen und ging beflissen, in der linken Hand seine Aktentasche tragend, die rechte ausladend schwenkend, mit kurzen Schritten und zur Seite geneigtem Kopf den Flur entlang.
Paul folgte ihm zögerlich. Er wollte eine weitere Unterhaltung vermeiden. Hendrik schien sich nicht dafür zu interessieren, wie es am Golf gelaufen war. Paul dachte nicht weiter darüber nach. Wie war

jemand wie Hendrik in diese Position gekommen, fragte sich Paul. Er war einer jener, die mitschwammen, ohne jemals etwas falsch zu machen und das in dieser wichtigen Funktion. Sie hatten Dutzende mit dieser Eigenschaft.

Es war früh und Paul würde außer ihm niemanden auf seinem Flur antreffen. Er betrat sein kleines Büro, hängte sein Sakko in den Schrank, befüllte gedankenlos, wie er es jeden Morgen tat, die Kaffeemaschine, steckte den Filter in den Trichter, startete die Maschine und nahm lustlos Platz. Er entnahm seinen Computer aus seinem Rucksack, presste ihn in die Docking Station und loggte sich, ohne nachzudenken, in das Netz ein. Paul legte seine Beine auf die Kante seines Schreibtisches, was er noch nie gemacht hatte.

Er überflog, seinen Kopf zur Seite gewandt, die E-Mails, die in den letzten Tagen eingetroffen waren. Es waren viele Nachrichten und praktisch alle kamen von denen, die er entlassen hatte und waren voller Vorwürfe. Paul presste seine Lippen zusammen. Er klappte seinen Rechner zu und faltete seine Hände.

Einer musste es tun und sie sahen ihn als zukünftigen Vorstandsvorsitzenden des gesamten Konzerns.

In zehn Jahren vielleicht, oder fünfzehn. Paul schob den Gedanken von sich, wenn er aufkam. Sein Vater war 56 und würde noch lange arbeiten.

Einer musste die Niederlassungen schließen und das tat Paul. Eine nach der anderen. Überraschend für

die dortigen Angestellten, wie man so etwas eben tun musste. Ohne eine Regung, ohne Gefühle zu zeigen. Er war alleine, das heißt, in Riad begleitete ihn ein Sicherheitsdienst. In Riad wussten sie nichts von ihm und in Riad konnte jemand verschwinden wie ein Sack Mehl von der Rampe eines Bäckers.
Paul begann in Kuwait, dort blieb er zwei Tage. Dann reiste er nach Manama, dann nach Riad und von dort nach Muscat. Zuletzt flog er nach Abu Dhabi. Ausgerechnet in den Vereinigten Arabischen Emiraten hatte der Verkaufsleiter, der vor zwei Jahren die ganzen Niederlassungen registrierte, kein Büro eröffnet. Er war ein Dilettant.
Das Ganze war eine fulminante Geldverschwendung und dass Otto, dem noch nie ein solcher Fehler unterlaufen war, dies zuließ, verstand niemand. Vielleicht war es seine Unkenntnis, die Region betreffend, vielleicht hatte man ihm frei erfundene Zahlen vorgelegt, vielleicht war er auch einfach nicht aufmerksam und alt geworden. Den Verkaufsleiter für Middle East und Afrika hatte Otto nach dem ersten Geschäftsjahr entlassen.
Otto wünschte, dass jemand aus der Familie das abwickelte. So traf es Paul, er kam als einziger infrage. Natürlich ließ sich die krasse Fehlentscheidung in der Belegschaft nicht verheimlichen. Es wäre auch nicht auf so ein Missfallen gestoßen, wenn Otto nicht entschieden hätte, eintausend von fünftausend Stellen abzubauen. Vielleicht drohte noch mehr.
Die Stimmung in der Belegschaft, bei den Gewerkschaften und dem Betriebsrat war schlecht. Einzelne

Mitarbeiter wurden missmutig und schrieben Beschwerden an den Betriebsrat und an Otto. Allerdings musste jedem klar sein, dass das Unternehmen in dieser Ausrichtung und mit den aktuellen Produkten nicht überleben würde. Es gab wenig Fluktuation, die Loyalität der Mitarbeiter war groß. Die von Hernsbach KGaA saß, abgesehen von einer Ausnahme, ohne Innovationen, ohne neue Ideen und ohne auch nur eine Ahnung zu haben, wie es weitergehen könnte, in der Old-Economy fest, wie ein Karren im Schlamm.

Otto war 83 und er hatte es versäumt, die neue Zeit zu erkennen. Sein patriarchalischer Stil trug dazu bei, was Otto aber nicht einzusehen vermochte.

Paul dachte an die Besprechung, die gleich beginnen würde. Wahrscheinlich war heute der Tag der großen Offenbarung. Er entnahm den Kaffee, holte nebenan Milch und goss die größte Tasse voll, die er fand. Vielleicht würde es aber auch ein Tag, wie jeder andere, werden.

Otto war unberechenbar und selbstherrlich. Es würden sich dieselben Führungskräfte treffen, von denen die Hälfte keine sein sollten, weil sie überfordert waren und es nur aufgrund ihrer Routine und ihrer bräsigen Zuverlässigkeit in die jeweiligen Positionen brachten, an die sie sich klammerten wie Affen an eine Stange. Vielleicht lag hier sogar der Kern der ganzen Misere. Nur Menschen, die sich unterordneten, konnte Otto ertragen.

Derselbe Kaffee und dieselben trockenen Butterbrezeln mit zu wenig Butter würden aufgetragen, dieselbe Reihenfolge wäre in der Tagesordnung gelistet und dieselben Mitarbeiter würden zu spät kommen und achtlos abwinken, wenn ihnen vorwurfsvoll entgegengeblickt wurde. August leitete diese Besprechungen. Otto hatte lange nicht mehr teilgenommen.

Vermutlich war es doch der Tag, an dem noch viel drastischere Maßnahmen als die Freisetzung der tausend Mitarbeiter, vielleicht sogar eine Übernahme aus China, das Schreckgespenst aller Angestellten, bekannt gegeben wurde. Paul las eine Notiz des Controllings.

Sozialpläne gab es am Golf nicht. Paul ließ durch Wirtschaftsprüfer eine Schlussbilanz für jede Niederlassung erstellen, entfernte sämtliche Vollmachten, wo immer diese eingetragen waren, vor allem bei den Banken, löschte die Firmen aus den Handelsregistern, schrieb den Sponsoren einen kurzen Brief, was alle angesichts der ausbleibenden geschäftlichen Erfolge mit Gleichmut aufnahmen, kündigte die Mietverträge der Büros und reiste weiter.

Paul hatte in der kurzen Zeit viel darüber gelernt, was ein Unternehmen ausmachte, welche Abhängigkeiten es gab und wie ein Konzern prinzipiell strukturiert zu sein hatte. Mit der Rechtsabteilung blieb er in engem Kontakt. Ohne deren Unterstützung wäre er verloren gewesen.

Natürlich waren sämtliche Angestellten sofort informiert worden, als Paul in Kuwait aus dem Nichts auftauchte und mit den Schließungen begann. Aber

irgendwie hoffte jeder, seine Niederlassung wäre nicht betroffen. Ein so drastisches Vorgehen, eine Nacht der langen Messer, wie es anschließend jemand ausdrückte, konnte sich niemand vorstellen.
Die Pakistaner und Inder, die vor zwei Jahren eingestellt wurden, waren alle qualifiziert und erfahren, daran lag es nicht. Sie schrieben nun die Beschwerden. Sie fühlten sich ausgenutzt, falsch eingesetzt, oder gar hinters Licht geführt. Es war das gesamte Konzept, das gescheitert war. Diese Angestellten würden schnell etwas anderes finden, dachte Paul. Angesichts der nachlassenden Konjunktur am Golf blieb das jedoch ein Wunschdenken. In der Regel waren die Mitarbeiter loyal. Sie erwarteten dasselbe von ihrem Arbeitgeber und blieben Jahre treu.
Paul sagte nicht, dass es ihm leidtäte, denn so war es nicht. Er bot an, die Angestellten könnten das Geschäft selbst übernehmen. Er bot sogar eine Finanzierung für die ersten sechs Monate an, aber – alle lehnten ab.

***

Keiner wagte es zu spät zu erscheinen. Im Raum war Stille. Minutenlang wurde kein Wort gesprochen. Jeder blickte vor sich hin oder bewegte die Maus seines Notebooks hin und her. Niemand schenkte sich Kaffee ein oder griff nach den Brezeln.
Jetzt erschien Otto. Neben ihm ging Diana. Den wenigsten war aufgefallen, dass sie sich nicht im Raum befand. Paul fiel es sofort auf. Auch bemerkte er,

dass der Finanzvorstand abwesend war. Paul saß vorne, seitlich von Ottos Platz, der sich wie gewohnt an das Tischende setzen würde. August, sein Vater, kam eine Minute vor Otto und setzte sich Paul gegenüber. Nun trat also Diana neben Otto ein und Paul war klar, was das bedeuten würde.
Otto war in den letzten Jahren in eine unerklärliche Exzentrik verfallen, die nicht zu seinem Alter passte. Niemand konnte sich erklären, was in ihm vorging. Er trug einen Sun Yatsen Anzug. Der war vor allem durch seinen Stehbundkragen und über seinen zweiten berühmten Träger, Mao Zedong, bekannt geworden. Der Anzug entsprang einer Mischung aus einer Uniform und chinesischer, lokaler, bäuerlicher Kleidung. Er hatte zwei aufgenähte Brusttaschen und zwei seitlich aufgenähte Seitentaschen.
Jede Brust- und Seitentasche war mit einer Patte versehen und wurde mit einem Knopf verschlossen. Der Kragen besaß einen engen und kurzen, umgeklappten Falz. Die Jacke wurde mit fünf zentrierten Knöpfen bis oben eng an den Kragen verschlossen. Die Betonung lag auf einer Symmetrie und Ausgewogenheit.
Ottos noch volles, graues Haar war nach hinten gekämmt und er trug seine durch ein massives Gestell geprägte Brille. Vor einigen Jahren war er anlässlich einer Reise nach China auf den Anzug und diese Erscheinung gekommen. Was ihn genau dazu bewogen hatte, war niemandem bekannt. Hatte es mit der dortigen Führungsklasse oder einer plötzlichen Vorliebe, anders zu sein, zu tun?

Sein Auftreten war seit seinem Besuch in China insgesamt wunderlich geworden. In seinem großen Büro befanden sich auf einmal japanische Bonsai-Bäume. Eine Ying und Yang Darstellung hing an der Wand, daneben ein christliches Kreuz. Eine große Landkarte Chinas hing nicht weit entfernt und eines Abends hörte er traditionelle chinesische Musik.
Porträts einer Pipa-Spielerin, einer Guz-heng-Spielerin und einer Sheng-Spielerin waren entlang des Besprechungstisches aufgehängt. Weitere Dinge wie chinesische Masken befanden sich in seinem Aktenschrank.
Was Otto in seinem fortgeschrittenen Alter bewog, diese Leidenschaft zu entfalten, war unerklärlich. Otto war nie viel gereist. Er mochte das nicht. Er bevorzugte es, wenn die Geschäftspartner zu ihm kamen und er sie in seiner Villa bewirten konnte.
Nur die wenigsten internationalen Niederlassungen hatte er besucht. Vielleicht lag darin der Ursprung für seine plötzliche, wenn auch späte Neugierde für die ferne, wieder aufblühende Kultur. Andererseits, so einfach konnte die Erklärung nicht sein.
August fragte ihn einmal in Bezug auf den blauen Anzug, ob er der chinesischen kommunistischen Partei beigetreten wäre, was Otto trocken bejahte. Niemand, der damals Anwesenden verstand, ob die Antwort ernst gemeint war. So wie er sich gab, würde Otto nicht zögern, den ganzen Konzern an die Chinesen zu verkaufen.

Otto schritt mit der Würde des Patriarchen entlang des Tisches. An seinen exzentrischen Aufzug hatten sich seine Mitarbeiter gewöhnt. Er trug gummierte Sohlen, die auf dem Parkettboden kein Geräusch machten. Er schritt wie ein Krokodil, geschmeidig und bereit zuzubeißen. In der peinlichen Stille hörte man nur Dianas Schuhe, wie sie aufsetzten. Diana nahm gegenüber von Paul, neben August Platz. Sie öffnete eine Präsentation. Otto blieb stehen. Er sagte nichts, sah auf seine Mitarbeiter, von rechts nach links.
»Guten Tag zusammen.« Einige raunten kaum vernehmbar ein »Guten Tag.«
»Wie Sie alle wissen, steht unser Unternehmen finanziell schlecht da.« Für eine Sekunde schloss er seine Augen, dann sagte er:
»Miserabel, um es offen zu sagen.« Otto machte eine Pause, sah kurz in die Runde und dann vor sich hin.
»Ich habe entschieden, das Unternehmen nicht komplett zu verkaufen, was viele vielleicht befürchtet haben mochten, sofern sie über unsere Situation nachdachten, jedenfalls nicht das gesamte Unternehmen, meine ich …« Otto räusperte sich. Es kam Bewegung unter die Teilnehmer, einige blickten sich an, andere sahen verdrossen auf den Tisch.
»… was ich aber beschlossen habe ist, wir müssen und zwar aus eigener Kraft das gesamte Unternehmen auf neue Beine stellen.« Otto gab Paul ein Zeichen, er möge ihm Wasser einschenken.
»Wir stehen mit Abstand vor der größten Herausforderung, ich meine wir alle, das ganze Land, Europa,

einfach alle.« Jeder sah so arglos wie er konnte in den Raum. Was meinte Otto?

»Der Klimawandel, die kolossale Veränderung unserer Umwelt.« Otto sprach langsam, mit seiner tiefen, den ganzen Raum füllenden Stimme. Er nippte an dem Wasser. Dann stand er auf, gab Diana ein Zeichen und sie öffnete die erste Folie. Darauf waren nicht die neusten Unternehmenszahlen, wie jeder erwartete, zu sehen, sondern ein Diagramm, das die Zunahme von Stürmen in den letzten zehn Jahren anzeigte. Es folgte ein Diagramm, über die Konzentration von Kohlendioxid in der Atmosphäre und das Ansteigen des Meeresspiegels. Dann folgte eines mit dem Niedergang der Aktien der Rückversicherer, danach die Zunahme der Migration und so weiter.

Otto belegte alles, was er zeigte, mit Zahlen und seine Angestellten wunderten sich über sein Detailwissen.

Schließlich folgten die aktuellen Quartalszahlen. Sie waren niederschmetternd.

»Warum ist das so?«, fragte Otto lauter werdend und sah von einem zum anderen. Jeder hatte Angst, eine falsche Antwort zu geben.

»Weil kaum noch gebaut wird und niemand Kunststoffgranulat für Fenster benötigt, weil die Autoindustrie schon seit Jahren kollabiert und nur noch wenige Spritzgussteile abnimmt, weil weniger Kabelkanäle für Stromkabel benötigt werden, weil weniger Laminatfußböden verlegt werden und so weiter und so weiter. Wir sitzen auf den völlig falschen

Produkten und wir sind eine große Firma, die auf jedem Kontinent produziert und täglich Millionenaufträge benötigt«, donnerte Otto. Dann nahm er einen weiteren Schluck Wasser.

»Jedem von Ihnen ist das alles bekannt und niemand, ich wiederhole, niemand hat auch nur einen Vorschlag eingereicht, wie wir diesem Dilemma entgehen können, niemand!« Otto war wütend. Er machte eine weitere Pause.

»Nach dieser Besprechung werden wir uns von einigen von ihnen trennen, bzw. sie werden ohnehin ausscheiden. Sie würden uns bei der fundamentalen Neuausrichtung im Wege stehen, um es ganz klar auszudrücken.«

Ottos Gesicht war nun wie versteinert. Paul, der sein Profil sah, dachte, es wäre aus Granit. Sein Kopf wurde rot und man sah ihm seinen Zorn an.

»Die komplette Kunststoffsparte, die zwei Drittel unseres Umsatzes ausmacht, die 3.500 Mitarbeiter beschäftigt, wird verkauft werden.«

Es ging ein Raunen durch die Anwesenden. Die dort saßen, sahen sich als Stützen des Unternehmens, als unverzichtbar, allesamt. Die meisten der Anwesenden gehörten eben zu der Kunststoffsparte und sie fragten sich sofort, an wen dieser große Bereich, der dreieinhalb Tausend Menschen beschäftigte, verkauft würde. Otto nannte weitere Einzelheiten. Dann sagte er, der Kunststoff würde nach China verkauft werden. Er schätze die Chinesen außerordentlich und sie wären in der Lage, die Fertigung und die Produktentwicklung weiterzuführen. Es regten sich

Gegenstimmen, sogar Protest, jemand stand auf und verließ wortlos den Raum.

»An die Chinesen? Die werden die Entwicklung abziehen und dann alles stilllegen!«

»Nein, warum sollten sie das tun? Warum sollten sie erst viel Geld investieren und dann die Fertigungen und den Vertrieb sowie die ganze Organisation schließen?« Otto duldete keinen Widerspruch. Seine Stimme wurde noch lauter.

»Ich hatte ausgeführt, welchen dramatischen Problemen wir uns zu stellen haben. Der Umweltbereich ist es, der entscheidend sein wird! Wir werden eine postfossile Wirtschaftsweise bekommen.« Otto gab Diana ein Zeichen, die nächste Folie zu zeigen.

Paul wusste nichts davon, rein gar nichts, bis auf die Notiz, die er am Morgen las und die das Eintreffen von Chinesen ankündigte. Otto verkaufte den größten Teil der Firma und sagte ihm kein Wort? Hielt Otto ihn für so einen Grünschnabel? Er vertraute Diana so viel mehr als ihm? Paul fühlte sich brüskiert, was galt er für Otto? Ob Sissy etwas wusste? Sie würde mit ihm den Konzern erben.

Paul musste sich beherrschen, Diana nicht anzustarren. Er hatte sie vier Wochen lang nicht gesehen. Nicht jetzt, nicht hier, alle würden es bemerken. Er senkte seinen Kopf und blickte vorsichtig, von unten nach oben zu ihr hin. Mein Gott, wie sie ihn anzog. Sie sah ihn unmittelbar an und lächelte ihm zu. Wieder wurde Pauls Hals trocken.

Sie trug ein dunkelrotes Kostüm, es war kastanienrot wie ihr Haar, dazu eine weiße Bluse, Paul fragte sich, ob sie eigentlich Blusen in einer anderen Farbe besaß. Er blickte auf den goldenen Ring an ihrer linken Hand und dann wieder in ihr helles, weißes Gesicht. Wann konnte er sie wiedersehen, alleine? Die Glut war entfacht.

Er hatte den Faden verloren. Otto stand aufrecht und sah wie ein Feldmarschall in den Raum. Was würde er jetzt ankündigen?

»Frau Robinson wird der neue Finanzvorstand, die Vorständin, um es richtig zu sagen.« Otto sah prüfend in den Raum.

»Frau Robinson hat die folgende Präsentation vorbereitet und sie hat ein Konzept erarbeitet, wie wir unsere gewonnenen liquiden Mittel in den Umweltsektor investieren werden.« Otto setzte sich. Diana stand auf und stellte sich neben Otto, der stoisch, die Hände auf dem Tisch gefaltet und in den Raum blickend dasaß. Sie waren eingespielt.

Paul sah zu seinem Vater. Er tat ihm leid. Er tat jedem leid. Otto hatte drei Kinder. August und die beiden Schwestern, Sofia und Mechthild, die ihren Namen hasste und Memmi genannt werden wollte, was nicht besser klang. Sie war 49 Jahre alt und bestand weiter auf Memmi.

Otto hatte eine finstere Seite. Er konnte tyrannisch und unerbittlich sein. Von seinen Kindern verlangte er Leistungen, die keines zu erbringen, imstande war. August war am falschen Platz. Er hatte sich immer gefügt und der Dank war, dass Otto seine Aggressionen, die er nicht zu unterdrücken vermochte, an ihm ausließ.

August kämpfte gegen seine Verletzungen an. Er entwickelte selbst Aggressionen, doch war er klug genug, das heißt, es war eine große Leistung, die Einzige, für die ihn Paul bewunderte, das zu erkennen und ihm gelang es, seine eigenen Aggressionen durch zwei Leidenschaften zu kompensieren.
In diese Leidenschaften würde Otto nicht eindringen. Das war das Bergsteigen und Augusts Passion für moderne Kunst. Er sammelte Kunst und stellte diese in einer kleinen Galerie mitten in Frankfurt aus. August war schlank und asketisch, im Gegensatz zu Otto, der sich sein Leben lang nichts aus seiner Figur machte. Otto war etwas korpulent und hasste Sport.
Da er immer Anzüge mit weiten Sakkos trug, bevor er die Mao Kleidung anlegte, fiel seine rundliche Erscheinung nicht auf.
August verlor sich gelegentlich in Tagträumerei, das heißt, seine Gedanken schweiften ab und er verlor den Faden zu dem, was gesprochen wurde. Als Vorstandsvorsitzender eines Konzerns mit 5.000 Mitarbeitern war August überfordert. August leitete den Konzern auch nicht, das machte Otto von seiner Villa aus. Doch gab das Otto die Gelegenheit, August an jedem Tag, an dem es ihm einfiel, wenn auch nur subtil, spüren zu lassen, was er von ihm hielt.
August hatte über die Jahre eine Neigung zu Depressionen entwickelt und aufgrund der aktuellen Ereignisse und der weitreichenden Entscheidungen, in die er zu keiner Minute einbezogen worden war, litt er nun besonders unter diesen dunklen Tagen. Als er

nun Paul gegenübersaß und Diana das Wort ergriff, sah Paul ihm dieses Leid an. Er war blass und eine Ader seiner rechten Schläfe zitterte.

August wollte nur eines, August wollte raus, raus aus dieser Knechtschaft, aus dem ganzen Konzern, dessen Tätigkeit ihn noch zu keiner Stunde seines Lebens interessierte. Er arbeitete ohnehin kaum in seinem großen Büro, an dem er nur die Skizzen und Gemälde von jungen Künstlern liebte.

Er nahm sich frei, wann immer ihm danach war und das war oft. Er war aus Feigheit, aber vor allem aus einer verbogenen Selbstachtung so lange dabeigeblieben. Er wollte Otto den Triumph nicht geben, dass er mit einer Kündigung ganz ausscheiden oder hinwerfen würde. Diesen einen Moment, in dem er um seine Entlassung bitten würde, wollte er Otto nicht gönnen.

Den herabsetzenden Blick von Otto würde August nicht ertragen. Doch vor den Depressionen hatte er Angst, regelrecht Angst. Er fühlte sich hilflos. Er musste es Isolde, seiner Frau erzählen, doch auch davor fürchtete er sich. Otto würde es erfahren.

Dann schon lieber Sissy, seiner Tochter. August sah hinüber zu seinem Sohn. Der war stark, er kam nach Otto, er würde alles übernehmen. Noch blieb sein Seelenleben in einer Balance, aber wie lange würde das halten? August fragte sich, ob Sofia und Mechthild, seine beiden Schwestern von den weittragenden Entscheidungen wussten.

***

Diana sprach in ihrer wohlklingenden, modulierten Weise, die Paul unter die Haut ging. Sie nannte drei Felder, in die das Unternehmen investieren würde. Nun konnte er sie ansehen. Diana, die Göttin der Jagd.

»Wir erwarten einen Erlös von dem Verkauf an den chinesischen Investor von 900 Millionen Euro. Die verbliebenden 1.500 Mitarbeiter stellen weiterhin Fensterglas her. Das ist, wie Otto sagte, die einzige Innovation, in die wir mit Zuversicht blicken können. Mit der Integration von organischer Fotovoltaik zwischen die Scheiben haben wir Fortschritte erzielt. Noch ist dieser Geschäftsbereich nicht profitabel, wir verlieren aber auch kein Geld.«

900 Millionen Euro, das war ein Geniestreich, dachte Paul.

»Die Ausbeute der Fotovorteilfolien bleibt bisher hinter den Erwartungen zurück. Das ganze Konzept rechnete sich für den Investor nur, wenn er einen sehr hohen Strompreis gegenrechnen kann.« Diana machte eine Pause und schenkte sich Kaffee ein. Überhaupt trank sie viel Kaffee. Sie öffnete die nächste Folie.

Diana redete so souverän, dass man meinen konnte, sie hätte das Konzept, über das sie sprach, schon ein Dutzend Mal vorgetragen. Es ging darum, die Belegschaft zu motivieren, oder besser zu begeistern. Wer nicht mitzog, von dem würde man sich trennen. Das war, nachdem sie berufen worden war, allen

bewusst. Alles an ihr ist perfekt, dachte Paul. Er konnte sie beobachten, saß direkt vor ihr.
Die Art, wie sie sprach, war freundlich, war weder kühl noch warm. Ihr Gesicht verriet nichts über ihre Stimmung, oder ihre Absichten. Der Atmosphäre im Raum schenkte sie keine Beachtung. Sie brauchte das nicht. Die Zuhörer fürchteten sich vor dem, was kam. Diana Robinson waren die wenigsten persönlich begegnet. Sie war nicht gesellig, davon konnte keine Rede sein. Sie verlor kein Wort zu viel, auch wenn ihre freundliche Art etwas den Raum durchdringendes hatte, auch wie sie ihrem Gegenüber in die Augen sah.
Man spürte eine Distanz zwischen ihr und den Zuhörern. Sie blickte nicht herab auf sie. Diana gab niemandem das Gefühl, sie selbst gehöre dazu. Diana stand in einer Entfernung zu denen, die sie umgaben. Sie war für sich, war oben und war unnahbar. Paul saß vor ihr und blickte zu ihr auf.
»Die drei neuen Felder, in die wir investieren werden, sind: Der grüne Städtebau, die Energieproduktion mittels erneuerbarer Energie und hier insbesondere die Fotovoltaik sowie die Wasserstoff-Technologie, die große Fortschritte macht und am Anfang der industriellen Nutzung steht. Es gibt zwei Dutzend Hersteller von Brennstoffzellen, Tankanlagen und Speichersystemen für Wasserstoff.
Keines dieser Unternehmen ist profitabel. Außerdem muss der Wasserstoff ein grüner Wasserstoff sein, um nicht mehr Kohlendioxid zu erzeugen, als man einsparen kann.«

Diana wusste, wovon sie sprach. Daran bestand kein Zweifel.

Der Raum war groß und er war neu renoviert worden. Nur in der vorderen Hälfte befanden sich die Tische, die uförmig angeordnet waren. Die Fenster reichten von der Decke zum Boden und über die Breite des Raumes. Niedrige Heizkörper zogen sich entlang.

Zwischen den grünen Fotovoltaik-Filmen, die sich zwischen den Außenfenstern und den Innenfenstern befanden und einen Abstand zu den Fensterrahmen hatten, schien die Sonne hindurch. Kleine Kreise tanzten auf den hellen Tischen. Der Himmel leuchtete, man sah keine Wolken. Ein kalter Wind wehte an diesem Januarmorgen. Es schneite seit Jahren nicht mehr. Man begann, sich daran zu gewöhnen.

»Trotz allem, in dieser Technik liegt eine große Hoffnung und sie liegt im Zentrum der Veränderung in der Mobilität. Wir erwarten ein enormes Marktpotenzial.

Die Technik der schnell ladenden Batterien mit sehr hohen Leistungen hat ihre eigenen Hürden, die es zu überwinden gilt. Sie liegen nicht darin, die Fahrzeuge selbst herzustellen, sondern ein Stromnetz aufzubauen, das in Hunderten von Orten Millionen von Fahrzeugen gleichzeitig laden kann. Wir haben Untersuchungen darüber.«

»Wer hat das untersucht?«, meldete sich jemand.

»Unsere Berater«, wischte Diana die Frage, oder den Zweifel kurzerhand vom Tisch. Sie sah nur kurz auf den, der fragte. Dann fuhr sie fort.

»Dieses Stromnetz existiert nicht und es wird Jahrzehnte dauern, um es zu installieren. In diesen Diskussionen liegen viele laienhafte und vonseiten der Politik populistische Vorstellungen. Es geht bei der Wasserstofftechnologie auch zunächst nur um den Güterverkehr und große industrielle Verbraucher, für welche die schweren Batterien mit ihren langen Ladezeiten nicht wirtschaftlich sein können. Der Automobilmarkt ist ein ganz eigenes Thema.«
Diana redete noch eine halbe Stunde. Sie kannte sich mit Stromspannungen und Batterien aus. Sie redete über Rolle-zu-Rolle Verfahren für die Herstellung der organischen Fotovoltaik, über die Wertschöpfungskette in der Wasserstofftechnik und sie hatte sämtliche Kennzahlen im Kopf, die es zu berücksichtigen gab.
Dann schloss sie ihre Präsentation. Sie hatte alle Freiheiten, sie war die faktische Vorstandsvorsitzende.
Für den nächsten Tag kündigte sie eine weitere Besprechung an. Es ging um die Neuorganisation. Es war offensichtlich, dass an dieser weiteren Besprechung deutlich weniger Teilnehmer als an diesem Tag erwartet wurden. Auch Hendrik, der Leiter der Konzernentwicklung, würde fehlen.

Kapitel 4

Paul und Tilda bewohnten einen kleinen Bungalow, der in den Siebzigerjahren in einem 90 Grad Winkel gebaut worden war. Sie lebten bescheiden, und unauffällig, jedenfalls gemessen an ihren Verhältnissen. Für Luxus hatten beide keinen Sinn. Geld war für sie ein Mittel zum Zweck, mehr nicht. Paul mochte es nicht, wenn er auf das Vermögen seiner Familie angesprochen wurde. Es erinnerte ihn an die Verpflichtungen, die damit verbunden waren. Auch empfand er es als indiskret, wenn man ihn mit Geld in Verbindung brachte, wen ging das etwas an?
Er wollte normal sein, normal leben, einfach gewöhnlich, ohne aufzufallen. Das entsprach dem Selbstbild, das er von sich hatte. Zwar sah er sich nicht ohne ein Talent, jedenfalls spürte er eine Sicherheit in sich und er meinte auch generell den Aufgaben gewachsen zu sein, die auf ihn zukommen würden, doch er brauchte Zeit. Noch lag alles in großer Ferne. Er sah die einzelnen Schritte vor sich, die er zu gehen hatte.
Es war Freitagabend. Tilda und Paul saßen sich in ihrem Wohnzimmer gegenüber. Der gläserne Wohnzimmertisch stand zwischen ihnen, Otto schlief. Eine Stehlampe in einer Ecke gab etwas Licht. Auf einer Anrichte brannte eine Kerze. Es war still. Still im Haus und still auf der Straße. Es war die Stille zweier Menschen, zwischen denen eine Leere eingetreten war, die sich entscheiden mussten, sich zu trennen, oder irgendwann zu sagen, offen zu

sagen, was sie quälte. Dafür bräuchte es Kraft. Paul hatte diese Kraft nicht. Wie konnte es weitergehen, wann kam das Ende? Die Stimmung war gezwungen und von quälender Distanz.
Es war der erste Abend, den sie gemeinsam verbrachten. Am gestrigen Nachmittag, nach Pauls Ankunft, legte er sich gleich schlafen.
»Du warst lange unterwegs«, sagte Tilda behutsam. Sie schenkte Wein in zwei Gläser ein. Daneben stellte sie Trauben und Käse. Das war zur Tradition bei ihnen geworden. Paul schenkte dem keine Beachtung. Er wäre gerne stumm geblieben.
»Ich musste vier Niederlassungen schließen und habe den letzten Abend in Abu Dhabi verbracht.« Paul atmete durch.
»Ich war in Kuwait, Bahrain, Saudi-Arabien, dem Oman und zuletzt in den Emiraten.«
Paul sah Tilda an. Sie war eine wirklich schöne Frau. Sie hatte ein schmales Gesicht, ihr Haar war lang und braun, eher dünn, jedoch voll. Es leuchtete, von der Lampe beschienen. Sie trug die Perlenstecker, die er ihr schenkte. Sie war schlank. Alles an ihr war harmonisch, zart und edel. Ihre langen Glieder, die Arme und Beine und ihre schönen Hände. Sie hatte helle braune Augen, es war ein Braun, wie es sofort auffiel und einen einfing. Sie bewegte sich mit einer natürlichen Eleganz, manchmal tanzte sie fast.
An diesem Abend trug sie eine helle Hose, die am Bund eng anlag und sich nach unten hin weitete. Ihr Oberteil war eine asiatisch anmutende schwarze seidene Bluse, die mit Seerosen bedruckt war. Sie ging

barfuß, wie sie es oft tat, obwohl es Winter war. Die Heizung im Boden wärmte. Das Schönste an Tilda war ihre heitere Art, ihr Lächeln und ihre nie endende Freundlichkeit sowie stetig gute Laune und sie redete mit einer sanften Stimme.

»Erzähle mir von dir, sprich von dir«, bat sie nach einer Weile aus der Stille heraus. Paul erschrak. Wollte sie jetzt darüber sprechen? »Einfach, was dich bewegt.« Sie erhob sich, ging hinüber zu Paul und setzte sich neben ihn und nahm seine Hand. Paul blieb steif.

»Die Firma«, Paul stockte, passte das überhaupt, war es jetzt nicht eine Zumutung von der Firma zu sprechen?

»Otto will den ganzen Kunststoffbereich verkaufen.« Paul erzählte, was Otto verkündet hatte. Tilda hörte interessiert zu. Sie war Anwältin, sie verstand alles sofort. Während er sprach, fühlte sich Paul unter Druck, als müsse er sich rechtfertigen, ohne dass Tilda etwas sagte. Er war in den letzten Wochen so kalt und abweisend zu ihr, eigentlich ohne einen Grund zu haben, jedenfalls ohne ihr Zutun. Jetzt, an diesem Abend, als sie sich ihm näherte und seine Hand hielt, fühlte er sich elend. Sie war so bezaubernd, so bezaubernd und schön.

»Ich wusste von nichts, keine Ahnung warum nicht. Vielleicht ging alles schnell, ich war unterwegs, aber irgendwie bin ich enttäuscht von Otto.«

»War sie auch da?«

»Wer?«

»Diana, war sie auch da?« Paul fragte nicht, wieso Tilda nach Diana fragte, aber ja sicher, sie musste nach Diana fragen. Er schwieg einen Moment.
»Otto hat sie befördert, sie ist jetzt die Chefin des ganzen Konzerns, das heißt der Holding, in der Otto die neuen Beteiligungen zusammenfassen möchte. Diana ist jetzt Finanzvorständin, aber du weißt ja, wie es ist, mit August und so.«
Tilda machte eine überraschte Gebärde, sie schwiegen. »Sie hat ein Konzept für so etwas wie einen kompletten Neubeginn erarbeitet. Sie plant eine Desinvestition aus dem Kunststoffsektor. Das stellt alles auf den Kopf, was Otto in seinen fünfzig Jahren aufgebaut hat.«
Paul wurde nun etwas lebendiger und erzählte von Ottos kurzem Vortrag zu der Erderwärmung und den Verschiebungen in der gesamten Wirtschaft. Tilda sagte:
»Sie hat völlig recht. Wir müssen in Technologien investieren, bei denen es um die Verminderung von Kohlendioxid und um die Verbesserung des Klimas geht.« Er wollte weitersprechen, da bemerkte er, wie Tilda ihn anblickte.
»Paul, ich möchte mit dir zusammenbleiben, ich möchte mit dir alt werden.« Tilda hörte sich fast demütig an. Sie schmiegte ihren Kopf an seine Schulter.
»Oh mein Gott, Tilda, es tut mir so leid, so entsetzlich leid. Ich weiß, wie gut du bist, wie geduldig.« Pauls Stimme wurde brüchig, ihm kamen Tränen, er

schämte sich. Tilda küsste Paul sanft und legte ihren Zeigefinger auf seinen Mund.

»Ich weiß es, Paul, ich weiß es einfach.« Sie streichelte seine Wange.

»Ich weiß auch, dass du nichts dafür kannst, ja und dass du selbst leidest.« Sie küssten sich und Paul streichelte Tildas Wange.

»Ich möchte dir etwas sagen, Paul, schon lange. Ich weiß, wie gefangen du bist.« Tilda sah Paul mitleidsvoll an.

»Ich möchte noch zwei Kinder, ich liebe Kinder.« Sie sahen sich in die Augen.

»Wir leben zusammen und bekommen noch zwei Kinder und du kannst machen, was du möchtest.« Paul sah betroffen auf den Boden.

»Was meinst du, das ist das Einzige, was ich mir wünsche. Ist das okay für dich?«

»Oh mein Gott, Tilda, es tut mir so leid …« Wieder schwiegen sie.

»Es ist nichts mit ihr, gar nichts.«

»Ich weiß es und ich glaube dir. Das ist es, was dich quält, dass du sie liebst und nicht weißt, was du machen sollst. Sie liebt dich nicht, Paul, sie ist verheiratet und sie wird ihren Mann niemals verlassen.«

Tilda sah Paul traurig an. Paul sah zu Tilda auf. »Ich war in einer Therapiegruppe, unseretwegen. Ich habe mich gefragt, was ich tun kann. In der Sitzung vor mir war Diana. Ich war sehr verblüfft. Sie erkannte mich nicht, oder sie tat so, vielleicht war sie auch zu überrascht.« Tilda nahm einen Schluck Wein und einen Würfel Käse.

»Ich ... ich habe sie angesprochen und sie hat mich verhalten gegrüßt, zögerlich irgendwie.«
»Wann war das?«, fragte Paul.
»Während du weg warst, vor zwei Wochen.« Tilda wartete einen Moment, bevor sie weitersprach.
»Wir setzten uns in eine Bäckerei nebenan und unterhielten uns ganz offen. Sie sagte, was sie anginge, bräuchte ich mir keine Sorgen zu machen. Sie erzählte von ihren beiden Kindern und dass sie ihren Mann niemals verlassen oder betrügen würde. Ihr Mann ist Arzt und sie schien sehr glücklich zu sein.«
Paul wusste nicht, was er sagen sollte. Natürlich half ihm das, aber – stimmte das auch, stimmte das von Dianas Seite? Seine Liebe zu Diana war so intensiv geworden. Dieser kurze Augenblick würde nicht reichen, um seine Gefühle für Diana einfach auszulöschen. Paul stand auf. Er war enttäuscht und erleichtert zugleich. Erregt und zerstreut ging er in die Küche. Er schenkte sich ein Glas Wasser ein.
»Möchtest du auch Wasser, Tilda?«
»Ja, bitte.« Paul brauchte einen Moment Abstand zu ihr. Er blieb in der Küche stehen und dachte nach. Natürlich sie sah alles, sie spürte alles, sie hatte einen scharfen Verstand. Zu glauben, sie würde nicht wissen, was in ihm vorging, war töricht. War es unreif, was er empfand? Er war verliebt in eine ältere Frau, wie ein Junge in seine Lehrerin. Er ging zurück und setzte sich nah an Tilda, so wie sie eben saßen. Tilda dachte nach. Sie sagte nicht die ganze Wahrheit. Diana reagierte nicht so, wie sie sagte. Als

Diana aus dem Raum kam und Tilda sie zwischen Menschen in dem engen Flur ansprach, war sie abgewandt und wollte nicht mit Tilda sprechen, ja sie wurde schnippisch und sagte, sie hätten nichts, worüber sie reden konnten. Sie verließ die Praxis. Dann, nach einem Moment, kam sie zurück und sagte, sie sollten in diese Bäckerei gehen, die sich nebenan befand. Eigentlich sagte sie überhaupt nichts, wonach Tilda ihr Verhältnis zu Paul hätte verstehen können, was sie sehr beunruhigte. In Wirklichkeit sagte sie nur, sie wäre verheiratet und – glücklich, ohne dass es überzeugend klang.

Tilda fragte nach, sie solle offen sagen, wie sie zu Paul stehen würde und natürlich müsse ihr klar sein, dass Paul ihr geradezu verfallen war. Ach ja, ob das wirklich so wäre, sagte sie spöttisch. Sie war selbstzufrieden und mit einem falschen Lächeln blickte sie kurz zu Tilda. Warum war sie überhaupt zurückgekommen, fragte sich Tilda. Um sie zu verunsichern, um ihr eine Art von Dominanz zu zeigen? Warum tat sie das, warum hatte sie das nötig? Tilda wurde klar, sie musste Paul und sich vor dieser Frau schützen.

»Ich muss dir noch etwas sagen, Paul, ich möchte, dass wir beide ganz offen sind, ja … wollen wir ganz offen sein?« Sie sagte das so zärtlich, so hingebungsvoll, dass Paul sanft seine Hand in ihre legte und ihm wieder Tränen kamen. Was für eine wundervolle Frau war Tilda.

»Nach dem Gespräch mit Diana war mir nicht wohl. Wir unterhielten uns gut und sachlich, nicht freundschaftlich. Am Ende blieben wir beide kühl, eine stille Abneigung entstand plötzlich zwischen uns, ich bin mir sicher, dass sie dasselbe empfand.« Tilda dachte nach.

»Ich jedenfalls habe eine ernste Abneigung gegen Diana.« Paul fragte sich, warum sie das so offen aussprach, das musste doch klar sein.

»Paul, ich liebe dich so sehr und sie ist wie eine Dämonin.« Tilda senkte ihren Kopf und drückte Pauls Hand. »Ich bin nicht so stabil, wie du immer denkst, ich bin eine Frau mit Gefühlen und mit einer Ehre.«

»Aber sie kann nichts dafür! Ich bin es, es geht alles von mir aus.« Tilda verharrte lange.

»Verteidige sie nicht«, sagte Tilda plötzlich mit kühler Stimme. Dann sah sie auf und wischte sich Tränen von ihren Wangen. »Ich bin mir da nicht so sicher, Paul. Du verstehst die Zeichen einer Frau nicht, nicht bewusst.« Paul spürte eine Härte bei Tilda.

»Paul, hör zu, ich muss dir noch etwas sagen, ich könnte sie umbringen, sie erschießen, ich könnte eine Waffe kaufen, mich vor sie hinstellen und sie erschießen«, wiederholte Tilda. Sie zog ihre Hand zurück. Ihr sanftes Gesicht sah plötzlich verbittert aus. Ihre Wangen spannten sich an und färbten sich rot. Sie schob ihr Kinn nach vorne, wie Paul es noch nie beobachtet hatte und ihre Augen schienen sich zu weiten. Paul war bestürzt. Das traf ihn mit Wucht.

»Tilda, was sagst du da? Das bist doch nicht du, wie kommst du darauf?« Tilda blickte zornig auf. So

hatte Paul sie noch nie gesehen. Tilda war sanft und klug, wog jedes Wort ab und nun dieser unbändige Zorn?
»Sie zerstört unser Leben, sie zerstört mein Leben. Das macht sie mit mir und dich verführt sie, mit ihrem roten Haar und ihrem Lächeln und ihrer sanften, tiefen Stimme und den zu engen Röcken. Sie zerstört uns beide. Ich meine das ernst, Paul, ich könnte sie erschießen.«
Paul wusste nicht, was er sagen sollte. Was war das auf einmal? Er blickte Tilda an, dann sah er gedankenlos auf die Lampe und danach auf die Trauben, ohne etwas wahrzunehmen. Paul kam sich plötzlich unreif, unfertig vor. Was hatte er angerichtet? Er war 30 und redete wie ein Achtzehnjähriger. Wieso sah er nicht, was Tilda sah? Wieso fand er nicht die Kraft, gegen Diana zu bestehen, wie Tilda es tat? Er hatte eine Rolle als Ehemann und als Vater. War er so naiv, dass er das nicht sah?
»Paul, ich möchte Kinder, verstehst du, ich möchte mein eigenes Zuhause, mein eigenes, in das niemand eindringt und ich möchte in Liebe leben, mit dir. Diese Frau zerstört das alles, du verstehst das nicht.«
Die letzten Worte sagte Tilda mit einer tiefen Ernsthaftigkeit. Still saßen sie nebeneinander. Dann stand Tilda auf, ging in die Mitte des Raumes und blieb dort stehen. Sie streifte ihre Bluse ab, öffnete ihren BH, ließ ihn zu Boden fallen, sah zu Paul und ging in das Schlafzimmer. Paul folgte ihr.

✳✳✳

Paul besuchte seinen Großvater Otto. Es war die wöchentliche Besprechung, die sie jeden Dienstag, am Vormittag, abhielten. August nahm nicht teil. Meist dauerte ihre Unterredung nur eine Stunde. Otto lebte alleine mit drei Angestellten in der Villa, die sein Vater erworben hatte.
Diese Jugendstilvilla lag in einem vornehmen Stadtteil, mit weiten parkähnlichen Grundstücken. Die Villa hatte eine geschotterte Zufahrt und befand sich hinter großen Kastanienbäumen. Sie hatte drei beeindruckende Erker. Jeder war mit aufwendigen Schnitzereien versehen. Die weißen Außenwände unterhalb der Dachschräge enthielten geschwungene Fachwerkverstrebungen. Die übrige Fassade war in verblasstem Gelb. Auf der Rückseite führte eine in Mauern eingefasste breite Treppe hinunter in den Garten, zu alten Bäumen und kleinen Springbrunnen und verwitterten Bänken entlang der Wege.
Sie hatten sich lange nicht gesehen. Otto trug seinen Anzug.
»Bevor du erzählst, wie es am Golf war, muss ich dir etwas sagen, das mir Sorgen macht.« Paul saß Otto in dessen Besprechungszimmer gegenüber. Das Zimmer lag im Erdgeschoss und hatte neuerdings einen Bildschirm, eine Kamera und eine Freisprecheinrichtung. Auch einen Laptop besaß Otto.
Der Raum war ebenfalls mit Jugendstilmöbeln eingerichtet. Sie saßen an einem ausklappbaren Kulissenlicht. Die Stühle hatten fein geschnitzte

Rückseiten, waren schwer und die Sitzflächen waren mit grünem Samt bezogen. Ein Schreibtisch, der über zwei massive, exakt gleiche Unterbauten verfügte, stand an der Wand. Den Schreibtischstuhl, mit seinen geheimnisvollen Schnitzereien, hatte Paul schon als Kind bewundert. Er war aus schwarzem Buchenholz und sein Großvater hatte ihn einmal als Art Nouveau Stuhl bezeichnet.
Seine hölzerne Lehne befand sich ein Dreieck bildend über einer Ecke und zog sich seitlich nach vorne. Feine Schnitzereien waren auf der Fläche der Lehne zu sehen. Seine Sitzfläche wurde von großen messingfarbenen Nieten gehalten und bestand aus gepolstertem Leder.
An der Wand zogen sich von einer Seite zur anderen Regale entlang. Die Regale waren ebenfalls schwarz und aus Buchenholz. Über die Jahre hinweg hatte sich Literatur über Kunststofftechnik, juristische Literatur und eine große Sammlung an literarischen Klassikern angesammelt.
Zwei Chesterfield Sessel und ein Chesterfield Sofa befanden sich in einer Ecke. Neben den Sesseln standen jeweils Beistelltische. An der Wand hingen zwei Porträts, Ölgemälde, die Ottos Eltern zeigten. Stolz und offen blickten sie dem Maler entgegen. Wenn Otto etwas Heikles zu besprechen hatte, bat er seine Gäste in die Chesterfield Sitzgruppe und wenn es nach fünfzehn Uhr war, bot er Cognac an. Es hatte alles seine Routine in Ottos Leben. Auf dem alten, glänzenden Parkettboden lag ein Perserteppich, dessen Fransen stets gerade ausgerichtet waren. Durch

die Farben des Raumes, den Teppich mit seinen Ornamenten, durch die ledernen Möbel und das alte, edle Holz entstand eine behagliche und vornehme Atmosphäre.

»Lass uns rüber sitzen«, sagte Otto. Langsam stand er auf, ging hinüber und versank schwerfällig in dem tiefen Sessel.

»Du hast die vier Niederlassungen geschlossen.« Paul wusste nicht, ob das eine Frage, oder eine Feststellung war.

»Ja, es ist alles erledigt. Wir bezahlen noch drei Monate lang die Gehälter und alles andere ist abgemeldet und aufgelöst.« Paul wollte weitere Einzelheiten erzählen. Otto unterbrach ihn.

»Gut«, sagte er nachdenklich.

»Also, was ich sagen will: Es gibt noch eine fünfte Niederlassung, von der du wahrscheinlich nichts weißt.« Otto sah Paul fragend an.

»Eine Fünfte? Nein, davon weiß ich nichts.«

»Sie ist in Ghana und wurde von dem Verkaufsleiter, du weißt schon, der Name ist mir entfallen, als letzte gegründet.« Paul war überrascht und sah Otto fragend an, sagte aber nichts. Er dachte an den Verkauf an die Chinesen. Es gab wohl vieles, was er nicht wusste.

»Ja, ich weiß schon, du wirst dich fragen, wie ich das zulassen konnte.« Otto lächelte verlegen, was selten bei ihm vorkam.

»Es gibt eine Kunststoffindustrie in Ghana. Kunststoff ist ja kein Hightech. Man stellt ein paar Extrusionsmaschinen auf und produziert alles Mögliche.

In Ghana gibt es bestimmt zwei Dutzend Kunststoffverarbeiter. Sie machen diese kleinen Tropfer und Schläuche für die Bewässerung und so was. Natürlich sind wir auch dort nicht die Einzigen, die das Granulat liefern. Die Preise sind im Keller, wie überall.

Wir sollten die Niederlassung schließen. Die Chinesen werden das nicht tun. Die kleinen Niederlassungen haben wir aus dem Vertrag genommen, die wollten die Chinesen nicht.« Otto machte ein besorgtes Gesicht.

»Es ist nur so, vielleicht ist es mein Alter, aber die Leute, die wir eingestellt haben, tun mir leid. Sie haben keine Chance, etwas anderes zu finden. Die waren richtig euphorisch, als wir das Werk geöffnet haben und jetzt, nach zwei Jahren, machen wir das wieder zu.«

»Wieso weiß ich nichts von der Niederlassung?«, fragte Paul. »Ich meine, wieso tauchen die nicht bei unseren anderen internationalen Firmen auf?« Warum hielt ihn Otto so auf Distanz?

»Ja, das ist so, ich dachte erst, das wird sowieso nichts mit den Ghanaern und habe die kleine Firma privat sozusagen finanziert. Ganz ehrlich Paul, mir war das peinlich, ein Abenteuer von Anfang an und ich wollte nicht, dass die ständig in dem ganzen Reporting auftauchen.« Otto sah Paul verschmitzt an.

»Man kann ja nichts mehr geheim halten heutzutage.« Paul dachte, dass Otto wirklich alt wurde. Wie kam er zu so einer Investition, außerhalb des Konzerns?

»Na schön, verkaufen wir sie oder schließen die Firma. Wie heißt sie denn und wer ist der Geschäftsführer und wo liegt sie, in der Hauptstadt?«

»Das weiß ich alles nicht, Paul. Du würdest mir einen großen Gefallen tun, wenn du dich darum kümmerst.« Otto erhob sich wieder schwerfällig, ging zu seinem Schreibtisch, stützte sich auf seinen Knöcheln ab, nahm eine Mappe und gab sie Paul, der ihm gefolgt war. »Hier steht alles drin.«

Paul öffnete die Mappe und überflog die Seiten. Dann nahm er wieder Platz und vertiefte sich. Nach einigen Minuten sah er auf und blickte zu Otto.

»Na ja, die scheinen sich ja Mühe zu geben. Der Umsatz ist zumindest ständig gewachsen und auch die Belegschaft.« Paul schloss die Mappe wieder. Sie schwiegen für einen Moment.

»Was du über die Erderwärmung gesagt hast, fand ich ausgezeichnet. Ich hatte mir auf dem Rückflug genau das überlegt.« Paul blickte zu Otto, der versunken und nachdenklich dasaß.

»Danke Paul, das stammte eigentlich alles von Diana. Sie hat mich überzeugt, den großen Schritt zu machen.«

Otto sah für einen Moment hoch an die Holzdecke. »Ich bin ja ein alter Mann. Was da aber auf die Welt zukommt, ist entsetzlich. Vor allem reagieren wir überhaupt nicht, wie es sein müsste. Alle warten auf die nächste Klimatagung, warten darauf, dass die anderen was tun, um selbst keine Nachteile zu haben, das ist doch verrückt, nicht wahr? Ich kann mir gar nicht ausmalen, was diese Trockenheit, die wir seit

Jahren haben, noch bewirken wird. Wir sind so schwerfällig geworden, es ist unglaublich. Man müsste sofort das Abwasser zu Trinkwasser aufbereiten, aber die Infrastruktur zu ertüchtigen wurde ja unmöglich bei uns, die Bürokratie und so weiter.... Diese entsetzlichen Stürme, die wir selbst ja noch gar nicht haben, zerstören, was Menschen in hundert Jahren aufgebaut haben. Ich bin zwar Chemiker, doch die eigentlichen klimatischen Zusammenhänge verstehe ich nicht. Es geht um klimaschädliche Gase, so viel ist klar. Was ist so schwierig daran, das alles zu stoppen?«

»Die Ökonomie«, sagte Paul. »Es ist ganz einfach. Alle Veränderungen werden mit den heutigen Kosten für Energie verglichen. Da kommen wir nicht raus und natürlich, die allgemeine Schwerfälligkeit, das sehe ich auch so. Unser Land ist unglaublich satt.« Paul sah Otto fragend an.

»Warum hast du mich nicht eingebunden, in die Entscheidung den Kunststoff zu verkaufen, oder wenigstens informiert?« Paul machte eine Pause.

»Ich will nicht aufdringlich oder unbescheiden sein, aber ich verstehe es so, dass ich den Konzern irgendwann übernehmen soll.« Paul sah Otto durchdringend an.

»Das war die wichtigste Entscheidung in der Firmengeschichte und ich wusste von nichts?« So hatte Paul noch nie mit Otto, vor dem er einen großen Respekt hatte, gesprochen.

»Du hast mich aus Princeton zurückgeholt. Ich habe einen Heidenrespekt davor, den Konzern zu leiten.

Mir ist aber nicht klar, was du willst. Möchtest du wirklich die ReInvestition, oder möchtest du den Erlös in einer Stiftung anlegen, die Beteiligungen aufbaut? Ist dir meine Meinung...?«
Otto unterbrach Paul etwas barsch.
»Unsinn, Beteiligungen sind Unsinn. Wir sind Unternehmer, keine Finanzleute. Wir investieren in grüne Technologie, so wie Diana es plant.
Ja, du hast recht, das hätte ich tun sollen, ich hätte dich natürlich einbinden müssen. Das war, wie zuvor erwähnt, alles Dianas Idee. Sie hat die Chinesen aus dem Hut gezaubert. Es ging alles rasant. Die Vereinbarung mit denen ist gut, sie hat das gut hinbekommen.
Auch die Idee mit den neuen Investitionen sind von ihr, alle. Sie hat das lange vorbereitet und dann schnell durchgezogen. Ich habe nicht daran gedacht, dich in die Besprechungen mitzunehmen, das heißt, wir haben alles über dieses Ding hier abgewickelt.«
Otto wies auf die Kamera und den Bildschirm. »Ich bin es halt gewohnt, Entscheidungen alleine zu treffen.« Paul schoss plötzlich ein Gedanke durch den Kopf. Entgegen seiner Gefühle für Diana sagte er:
»Du solltest sie das nicht alleine machen lassen. Wie gut kennst du sie, kannst du ihr vertrauen?«
»Ich dachte, du schätzt sie, oder mehr sogar, wenn ich das richtig beobachte.« Otto blickte Paul fragend an und es war eine Festigkeit in seinem Blick. Ach, darauf wollte er die ganze Zeit, hinausdachte Paul.
»Was nein, da ist nichts, nichts, was du meinen könntest.« Paul konnte seine Unsicherheit nicht

verbergen, sah verlegen auf den Boden und rutschte nervös in seinem Sessel zur Seite. Sein Gesicht wurde fahl. Gerade vor Otto war es ihm peinlich, dass er dastand, wie jemand, der nicht Herr seiner Gefühle war.

»Sei nicht naiv, Junge, werde erwachsen.« Otto sah Paul missbilligend an. Dann sagte er:

»Aber lassen wir das, es ist auch deine Sache, jedenfalls solltest du vorsichtig sein, man könnte darüber reden, deine Frau vor allem, sie wirkt bekümmert und zieht sich zurück. Ich bemerke auch einen wachsenden Zorn bei ihr.«

»Zorn, gegenüber was?«

»Wie gesagt lassen wird das, ich wollte es aber einmal erwähnen, ich mag Tilda, verletze sie nicht.« Das war an Klarheit nicht zu überbieten, dachte Paul.

»Gut, wer wird den Verkauf abwickeln und wer verhandelt die neuen Investitionen? Diana?«

»Nein, natürlich nicht, das heißt, sie ist natürlich dabei, aber das rein juristische macht unsere Hausbank mit unseren Anwälten und Spezialisten. Außerdem sind unsere Wirtschaftsprüfer dabei, ist doch klar.«

»Ich möchte an allen Entscheidungen beteiligt werden«, sagte Paul mit fester Stimme und aller Deutlichkeit. Es war eine eindeutige Forderung. So kannte ihn Otto nicht.

»Ja, sicher, natürlich. Ich schreibe eine Notiz, du wirst in alles eingebunden werden«, sagte Otto etwas gleichgültig und Paul wusste nicht, ob das gespielt war, um zu übertünchen, dass er Paul übergangen hatte. Otto nahm eine schwarze Kladde zur Hand und schrieb langsam und sorgfältig hinein.

»Du kannst auch Vollmachten bekommen, Prokura, für die Holding.« Das spielte für den Verkauf zwar keine Rolle, aber war ein Beweis für Ottos Vertrauen in Paul.

»Wie gesagt, es geht um drei Bereiche: der grüne Städtebau, die Energieproduktion mit Fotovoltaik, vor allem aber um schwimmende Solaranlagen, eine neue Anwendung, die sich schnell ausbreitet, und die Wasserstofftechnologie. Wir werden ein großes Investitionsvolumen haben.«

Von schwimmenden Solaranlagen hatte Paul gelesen. Das war eine vielversprechende Technik. Man musste wie bei allen Innovationen schnell sein und das richtige Marktsegment für sich festlegen.

»Noch mal zu Diana«, antwortete Paul. »Wir kennen sie nicht. Sie ist erst seit zwei Jahren bei uns. Niemand kennt sie privat, niemand hat jemals ihren Mann kennengelernt, oder weiß, in welchen Kreisen sie verkehrt. Sie soll Golf spielen.« Nach einer kurzen Pause fügte Paul hinzu:

»Ich meine das jetzt ganz sachlich, ohne jeden Hintergrund.« Da es offensichtlich war, dass er kaum seine Augen von Diana nehmen konnte, meinte er, diese Bemerkung machen zu müssen. Otto setzte seinen sturen Blick auf.

»Diana ist die Einzige in der ganzen Firma, außer dir, die den nötigen Horizont, den Willen und die Durchsetzungsfähigkeit hat, den ganzen Umbruch durchzuziehen.« Beiden kam es gleichzeitig in den Sinn, dass Otto in den langen Jahren niemanden neben sich duldete. Das rächte sich jetzt. Dass August überfordert war, wurde nie ausgesprochen. Von diesem Haus, von diesem Raum und von diesem Sessel aus leitete Otto seit Jahren die Firma, was alles andere als zeitgemäß war. Otto war selbstherrlich und bisweilen unbelehrbar. Er hielt an dem fest, was er kannte. Nun war man am Ende angekommen und wenn es Diana gelang einen Konkurs abzuwenden und in neue Technologien zu investieren, dann sollte man sie das machen lassen.

Auf der anderen Seite, Otto dachte nach, hatte Diana wirklich auch etwas Durchtriebenes. So falsch lag Paul nicht, auch wenn Otto ihn bisher für einen Grünschnabel hielt. Otto blickte hoch auf die Stöße der Holztafeln an der Decke, die ihn schon immer störten.

Nun war Paul herangereift, um die Leitung des Unternehmens an sich zu ziehen. Das war es, was er von ihm erwartete. Er musste nach der Macht greifen, von sich aus. Aber nun war auch Diana da. Wie sollten sie miteinander klarkommen und Paul schwärmte auch noch für sie, dabei war er mit einer klugen und schönen Frau verheiratet! Auf Diana zu verzichten, erschien Otto unmöglich zu sein.

»Ja, vielleicht ist sie etwas verschlagen, da könntest du recht haben. Du wirst aber mit ihr klarkommen müssen.« Dann sagte Otto:

»Ich werde müde, Paul. Nur noch eines, das habe ich auch noch nicht erwähnt, es ist aber wichtig.« Paul sah Otto aufmerksam an.

»Es gibt einen Dr. Thomas Watson, der lebt in London. Er ist 45 Jahre alt, im besten Alter und stammt von dort. Watson war bei einem Broker angestellt und hat viel Geld verdient. Er hat mehrere Investmentfonds aufgelegt. Mit einigen investiert er völlig unbefangen in Kohlekraftwerke und den Kohleabbau in Australien und China und sogar in Ölraffinerien in Nigeria. Mit einem anderen Fonds investiert er in grüne Energie. Wie ernsthaft er das macht, weiß ich nicht.

Das ist wohl sein Greenwashing, so nennt man das glaube ich. Er möchte genau dieselben Firmen übernehmen, mit deren Eigentümern Diana Gespräche führt.« Otto blickte Paul an, als ob er prüfen wolle, ob Paul die Fragwürdigkeit Watsons verstanden habe. Otto konnte von einem Moment zum anderen hellwach sein. Er erhob sich wieder, ging zu seinem Schreibtisch und entnahm eine zweite Mappe, die er vorbereitet hatte und nun Paul reichte.

»Watson ist mit allen Wassern gewaschen und das ist harmlos ausgedrückt.« Otto wurde etwas laut und sagte mit einem strengen Blick:

»Ich habe ein Dossier über ihn anfertigen lassen. Das ist in der Mappe. Watson ist gefährlich, er schreckt vor nichts zurück, ihm ist wirklich alles zuzutrauen. Er verleumdet seine Konkurrenten, die für ihn Gegner sind, er lässt sie von der Presse angreifen, kauft sich in ihre Firmen ein und ist ein extrem aggressiver Investor. Er ist zu allem fähig, wirklich zu allem.« Otto sah Paul ein zweites Mal prüfend an, ob der seine Warnung verstanden habe.

»Wenn ich es mir so überlege, du musst auf Diana aufpassen, Watson könnte versuchen sie für sich zu nutzen, das gehört zu seinen Methoden. Die guten Zeiten, bei denen sich Wettbewerber zur Jagd trafen und die Preise absprachen, sind vorbei.« Otto hob bedauernd seine Schultern und machte eine wunderliche Grimasse. »Die Bürokratie bringt uns um.« Otto stand mit einem Lächeln auf und verabschiedete sich von Paul. Kopfschüttelnd und vor sich hin murmelnd, ging er hoch in seine zweite Bibliothek, wo er sich hinlegen würde.

Kapitel 5

»In Ghana gibt es nicht nur zwei Dutzend Kunststoffhersteller. In Ghana gibt es eine ganze Kunststoffindustrie.« Amadou Amadiume war ratlos. Ungläubig senkte er den Hörer und sah aus dem Fenster. Er konnte nicht glauben, was ihm gesagt wurde. Es war ein schöner Morgen, acht Uhr. Eben war er gut gelaunt im Büro erschienen. Er trug wie jeden Tag ein weißes Hemd und eine blaue Hose, die zu einem Anzug gehörte. In einer Hand hielt er eine aufgerollte Zeitung und in der anderen seine braune Ledertasche. Er wollte, da der Tag keine besonderen Ereignisse versprach, Kaffee trinken und in Ruhe die Nachrichten lesen.

Da rief ihn jemand an, der sagte, er wäre der Enkel von Otto von Hernsbach, von Mr. Otto, wie sie ihn nannten, obwohl sie ihn noch nie zu Gesicht bekamen. Sein Name wäre Paul von Hernsbach und er wolle das kleine Werk schließen, einfach so, das sagte er, aus dem Nichts heraus.

»Are you crazy, man?« Das Werk, das sie seit zwei Jahren aufbauten, in das er und seine Leute ihr ganzes Können steckten, das für ihr aller Auskommen sorgte, sollte geschlossen werden, nur weil es so einem jungen Schnösel gerade einfiel? Wusste der, was er tat, wusste er, was das für ihn, Amadou und alle anderen und ihre Familien bedeuten würde, ja welche Hoffnungen er zerstörte?

Amadou war sofort klar, welche Bedeutung dieses Telefongespräch haben würde. Er setzte sich

aufrecht hin, rückte seine Brille zurecht und fragte, so gelassen er in seiner Erregung konnte, wer das entschieden habe.
Paul erschrak, jetzt als er es ausgesprochen hatte, spürte er Amadous Entsetzen. Er kannte diesen Amadou nicht, wusste nicht, wie er aussah und nicht, was er dachte und zu leisten vermochte. Er hatte seinen Namen in den Unterlagen gesehen. Paul wurde klar, wie wenig erfahren er war. Er hätte mit aller Vorsicht fragen sollen, fragen, wie es liefe in Ghana, ob das Werk seine Ziele erreichen würde und dann vorsichtig nachfragen, ob es andere Möglichkeiten gab, wo sie arbeiten könnten. Paul verstand seine Wut.
Are you crazy, man? Das hatte er gerufen. Nun wurde ihm klar, was er tat. Er antwortete, dass Otto das entschieden habe, was einer Entschuldigung, ein Abschieben auf einen anderen gleichkam. Es war etwas feige. Sie würden die Firma schließen, weil sich die Von Hernsbach Gruppe aus dem Kunststoffmarkt zurückziehen werde.
»Wir verkaufen die Werke an einen Investor aus China.« Das saß. Amadou ließ seinen Kopf in die Richtung des Tisches sinken. Das war der nächste Schock, denn diese Begründung war so plausibel und gefährlich, wie die Tatsache, dass Ghana zwischen der Elfenbeinküste und Togo lag.
»Sie können natürlich versuchen, für die zu arbeiten. Ich nehme an, die Chinesen sind dafür offen.«
Die sind dafür offen, sollte das ein Witz sein, wusste der Kerl, wovon er sprach? Es war klar, was das

bedeuten würde. »Forget that shit!«, fauchte Amadou. Er war so wütend, wie noch nie. »What a nonsense!« Die Arbeitsbedingungen würden katastrophal werden. Eine völlige Kontrolle des Tagesgeschäftes würden die Chinesen aufsetzen. Das komplette Abziehen der Gewinne würde folgen. Eine Geheimniskrämerei unter den Chinesen, die man herschicken würde, wäre ebenfalls eine unerträgliche Folge. Am Ende sollte die Firma nicht so profitabel sein, wie sie es erwarteten, würden sie ihn als Erstes rauswerfen und dann das Werk schließen und nur die Kunden behalten. Was für eine Katastrophe ergab sich da aus heiterem Himmel? Was sollte er antworten?
Er winkte durch das Fenster seines Büros, das zu Kevin, dem Finanzchef, ging. Kevin würde Rat wissen. Kevin kannte die Zahlen und die Planung der nächsten Jahre und darauf kam es jetzt an. Kevin stand mager, in seinem blauen, ordentlich gebügelten Hemd und seiner roten Krawatte vor ihm. Amadou beruhigte sich wieder. Es ging um alles oder nichts. Er stellte sein Telefon auf Lautsprecher. Vorsichtig antwortete er:
»Das kann ich ja versuchen, ich meine, mit den Chinesen zu sprechen.«, seine Zweifel waren unüberhörbar, »aber hören Sie, ich weiß nicht, ob Sie Ghana, oder Afrika kennen, oder?«
»Nein, weder noch«, antwortete Paul kurz. Er war nun konzentriert und aufmerksam. Er sprach leise, dehnte seine Worte. Paul verstand nun in jeder Hinsicht, was er mit seinem Anruf auslöste. Nur nach

Ghana reisen wollte er nach den vier Wochen am Golf nicht und irgendwie musste er es denen ja sagen.

»Wo sind Sie eigentlich in Ghana, ich meine, in welcher Stadt?« Amadou begriff, dass der Anrufer nicht das Geringste wusste, er wusste nicht einmal, wo sie waren. Amadou rollte voller Unverständnis mit den Augen. Er flüsterte Kevin zu:

»Sie wollen unser Werk schließen« und schüttelte seinen Kopf. Dann fügte er hinzu: »Sie kappen uns ab, wie man ein Seil durchtrennt, weil es etwa störendes mit sich zieht.« Er zeigte mit seiner Hand, wie ein Messer etwas durchtrennte.

»Wir sind in Sekondi-Takoradi, das heißt in Takoradi. Das sind zwei Städte, die zusammengefügt wurden.« Nun überlegte Amadou, wie er dem Enkel von Mr. Otto in zehn Minuten, die ihr Gespräch höchstens dauern würde, klarmachen konnte, dass sich Ghana und vor allem ihre Stadt Takoradi für seine Investitionen besonders eignete. In der Eile fiel ihm nichts Überzeugendes ein. Er wurde für einen Moment hektisch, sagte lautlos etwas zu Kevin, er musste jetzt etwas antworten, aber was?

»Erzähle ihm von uns, erzähle von der Stadt, von der Industrie und unseren Universitäten, erzähle von unserem Leben«, flüsterte Kevin so leise, dass Amadou es kaum verstehen konnte. Amadou begriff, was Kevin meinte. Er begann von der Stadt zu sprechen und wie von einer unbekannten Kraft geleitet, sagte er genau das richtige. Er musste über die

geschäftlichen Möglichkeiten sprechen, doch zunächst holte er weit aus.
»Hier gibt es die Whin River Lagune. Die liegt mitten in der Stadt. Sie wurde von den Briten als erstem Tiefwasserhafen an der Goldküste gebaut und 1928 eröffnet. Es ist eher ein See. Wir haben hier das Sekondi-Takoradi Sportstadion. Darin haben 20.000 Menschen Platz. Ja und die Kunststoffindustrie … eigentlich leiden wir unter dem ganzen Kunststoff, dem Abfall«, sprang er in das nächste Thema.
»Wir bräuchten hier biologisch abbaubaren Kunststoff. Aber die Chinesen bringen jedes Jahr Millionen Tonnen neuen Plastik. Wir ersticken darin. Das wenigste wird gesammelt und recycelt. Eigentlich wäre das Recyceln von Plastik, das entscheidende Geschäft hier. Abnehmer für Granulat gibt es hier ja, wie Sie wissen. Wir haben hier eine sehr große Plastikindustrie, mit hunderten von Firmen, welche die verschiedensten Produkte herstellen. Afrika blüht auf, glauben Sie mir. Wir haben hier die Takoradi Polytechnic, ein Berufsausbildungszentrum und das Takoradi Technical Institute TTI. Das TTI hat eine Kooperation mit dem MIT in Boston. Es gibt sogar eine Städtepartnerschaft Bos-ton-Sekondi-Takoradi. Das MIT hat hier ein Fabrication Lab eingerichtet, das Erste in Afrika.« Amadou sprudelte seine Sätze heraus und Paul wurde klar, um was es ihm ging. Amadou wusste nicht, ob ihm dieser Paul wirklich zuhörte. Beide dachten jedoch an dasselbe, nämlich an das, was die Welt wirklich bewegte.

»Wie sind denn die Energiekosten und wie ist überhaupt die Energieversorgung in Takoradi?«, fragte Paul nun mit Interesse.

»Wir haben ausreichend Energie, exportieren die sogar. Sie kennen bestimmt den Volta-Stausee. Der produziert das meiste. Das Problem ist, dass die eigentliche Stromversorgung nicht zuverlässig ist, gerade hier, in diesem Industriegebiet, in dem wir sind. Die erneuerbaren Energien produzieren übrigens über 300 Mio. kWh. Wir haben eine große Rechtssicherheit in Ghana und viele internationale Investoren.« Paul dachte nach. Er war Ökonom. Er verstand sofort diese Zusammenhänge und vernahm die Beklemmung, die in Amadous Stimme lag und sein Gewissen begann ihn zu quälen. Das Bild, das man sich in Deutschland von Afrika machte, war bekanntlich erbärmlich. Im Gegensatz zu den Angloamerikanischen Medien wurde nur über Kriege, Korruption, Hungersnöte und Armut berichtet. Paul war klar, dass es ein anderes Afrika gab. Sie unterhielten sich weiter über die Kunststoffindustrie und den sich ergebenden Markt des Kunststoffrecyclings.

Dann schweifte Paul ins Private ab, er wollte Zeit gewinnen. Er musste überlegen, was er machen konnte. Was sollte er diesem Amadou erzählen? Dass Otto sich von einem Verkäufer hatte überreden lassen? Dass er wahrscheinlich müde war und seine Ruhe haben wollte und sich unter einem Land wie Ghana nichts vorstellen konnte? Wie kam dieser Verkaufsleiter überhaupt darauf, in Ghana zu investieren? Sollte er Amadou fragen, der musste es wissen, doch dann würde er offenbaren, dass er selbst rein gar nichts wusste? Nur um etwas zu sagen, erzählte Paul, er wäre, wie zuvor erwähnt, Ottos Enkel, dreißig Jahre alt und August, sein Vater, wäre der Vorstandsvorsitzende. Seine Frau hieße Mathilde und würde Tilda genannt und sie hätten einen kleinen Sohn, der auch Otto hieße. Freizeit habe er eigentlich nicht, er fahre Rennrad, das war alles. Amadou und Kevin wunderten sich etwas, dass Paul auf einmal diese unwichtigen Nebensächlichkeiten erzählte, was sollte das? Etwas gereizt erzählte Amadou nun auch von seiner Familie. Er habe drei Kinder und dass er an der University of Sussex Chemie studiert habe, wo er wohnte und dergleichen.

Dann öffnete Paul sein Memo über Amadous Niederlassung und las aus dem letzten Halbjahresabschluss. Sie erreichten alle Ziele, wie prognostiziert. Was wollte man mehr? Paul wurde klar, dass Amadou eine gute Besetzung war. Er erschien ihm ausgewogen und routiniert zu sein und hatte in England studiert.

Amadou fragte sich, ob Paul wusste, dass der Verkaufsleiter, der die Firma eigentlich installiert hatte, nie in Ghana gewesen war. Sie hatten sich auf einer Tagung in Athen kennengelernt. Abends beim Bier, Amadou schwärmte von Ghana und der Verkaufsleiter war schon sehr redselig geworden, beschlossen sie die Firma in Ghana zu gründen.

Es war eine Kneipenentscheidung, ohne Substanz, ohne Plan und ohne ein wirkliches Ziel. Der

Verkaufsleiter pflegte eine Leichtigkeit mit solchen Ideen. Ghana war einfach etwas Neues, was ihn reizte, es war die Laune des Momentes, die am nächsten Tag hätte verfliegen können. Was sollte ein deutscher Konzern, der überhaupt keinen Bezug zu Afrika hatte, mit so einer Niederlassung? Otto überzeugte er scheinbar zwischen Tür und Angel, innerhalb von fünf Minuten, während Otto sich unwohl fühlte und seine Tabletten einnehmen wollte. Doch am Ende, funktionierte es. Amadou war sich nicht sicher, ob es klug wäre, Paul das zu sagen. Paul könnte zu der Überzeugung kommen, dass sie keine wirkliche Verpflichtung gegenüber der kleinen Firma in Ghana hätten.
»Hören Sie, Paul, Sie können diese Fabrik nicht schließen. Das wäre eine Katastrophe für uns, uns alle und unsere Familien. Wir sind profitabel, darauf kommt es doch an, nach zwei Jahren Profitabilität, das muss erst einmal jemand schaffen. Für Sie ist das doch hier eine winzige Investition. Ich habe eine Strategie, die kann ich Ihnen erklären und Ghana ist das beste Land in Afrika …«
Beide schwiegen. Das Gespräch drohte zu enden. Da sagte Kevin, der ungeduldig geworden war, dass das Wesentliche nicht angesprochen wurde. Er redete laut, sodass Paul es hörte: »Der Klimawandel, der ist das eigentliche Problem, hier und in Europa, darum dreht sich doch alles!« Paul schwieg einen Moment. Dann antwortete er:
»Natürlich, du hast recht.«

»Es geht um Flüchtlinge, um Migranten, es geht um die Hitzewellen, die Wasserversorgung und Stürme.« Kevin war erregt. Warum redeten Amadou und Paul so einen Unsinn? Amadou verstand, was Kevins beabsichtigte.

»Die meisten Flüchtlinge emigrieren innerhalb Afrikas. Aus Ghana wandern weniger als 10.000 Menschen aus. Aber das Zehnfache oder noch mehr, niemand weiß es genau, kommt nach Ghana! Paul, das musst du wissen: Das ist vor allem wegen der stabilen politischen Verhältnisse so und weil es noch immer Arbeit gibt.« Kevin und Amadou sahen sich an. Kevin gab ihm ein Zeichen, er solle weiter sprechen.

»Nur 20 % der Ghanaer sagen, sie wollten nach Europa. Tatsächlich sind es nur ein paar Tausend, die das tun, verstehst du Paul?«

»Ja, sicher.« Paul wurde immer unsicherer. Mit wem konnte er sich besprechen?

»Das Problem ist, dass diejenigen, die wirklich gehen, die Jungen sind, die einen Abschluss haben, die sogar Ingenieure oder Ärzte oder Chemiker, oder Biologen sind, verstehst du?« Er hielt einen Moment inne.

»Es wandern die aus, die wir brauchen. Die Chinesen kommen hierher. Paul, das musst du dir vorstellen. Die Chinesen haben ihre eigenen Methoden. Als Erstes schaffen sie Abhängigkeiten. Sie wickeln die Elite ein und schmieren sie, laden sie nach China ein und hofieren sie. Die fühlen sich dann kolossal wichtig. Dann zählen die Gesetze, die es hier auch gibt, nichts mehr. Ist erst alles kaputt, vor allem die Finanzen, sind die Mineralien in China, dann gehen sie wieder, die Chinesen.« Kevin machte eine Pause. Paul sagte:

»Okay, Amadou und Kevin, ich bin Paul, wenn ihr einverstanden seid.«

»Ja natürlich, natürlich bin ich einverstanden.« Amadou war erregt und empfand diese Bemerkung als nebensächlich, nachdem, was er eben erklärt hatte, den Appell, den er sagte und eigentlich die Verzweiflung, die er ausdrückte. Er lachte kurz, um freundlich zu wirken. Sein Lachen war nicht herzlich, sondern es lag ein ernster und erwartungsvoller Ton darin.

»Wir lassen alles so wie es ist, wir schließen die Firma nicht. Ihr habt völlig recht.« Paul dachte nach. «Lasst mich überlegen, was wir tun werden.« Paul schwieg wieder für einen Moment. Es war die erste selbstständige Entscheidung, die er traf. Dann sagte er:

»Ich schicke euch die Zusammenfassung unserer neuen Strategie, die neuen Investitionen, unsere ganzen Überlegungen. Ihr werdet sofort verstehen, was wir vorhaben. Was mich interessiert, ist die Lagune, von der Amadou erzählt hat. Wir werden einen Projektentwickler übernehmen, der schwimmende Solaranlagen konzipiert. Vielleicht können wir in Takoradi ja eine bauen.«

Amadou konnte sich unter einer schwimmenden Solaranlage nichts vorstellen und die Strategie interessierte ihn überhaupt nicht. Er hatte seine Strategie,

die war klar und einfach. Doch er war erleichtert, er und Kevin klatschten sich ab. Dann atmete er tief aus. Er hatte eben ihre Existenz gerettet. Amadou wusste nicht, wer dieser Paul war, doch war er ein guter Zuhörer und schien zugänglich zu sein.
»Ich möchte dir ein Konzept für das Recycling von Plastik zuschicken, ist das okay? Das ist es, was wir hier dringend brauchen.«
»Ja, natürlich, schick das her.« Pauls Interesse lag woanders. Er fragte sich, ob Amadou seine Vision verstehen würde. »Gibt es eine technische Zeichnung der Lagune, ihre genauen Maße und ihre Tiefen sowie ihre Zuströme und Abläufe?« »Again such a bullshit«, sagte Amadou leise zu Kevin und fasste sich mit der flachen Hand an seine Stirn. Wie sollte es so etwas geben, wusste dieser Paul, wovon er sprach?
»Ich sehe nach, das heißt, ich frage die Stadtverwaltung, das Bauamt.« Amadou hielt den Hörer zu und beide lachten. Die Vorstellung, wie er vor einem Beamten im Bauamt erscheinen würde und der ihn verständnislos ansah, war herrlich. Eine detaillierte technische Zeichnung? Machte der Witze? Die Unterlagen der Engländer von 1920 gab es. Die lagen noch in demselben Schrank, verstaubt und unberührt. Paul und Amadou verabredeten sich telefonisch für die nächste Woche. Amadou rief seine Arbeiter zusammen. Paul fühlte sich besser.

Kapitel 6

Der radikale Verkauf von zwei Dritteln des Unternehmens schlug hohe Wellen. Auf diese brutale Weise hatte sich noch keine Firma dieser Größe auf den Klimawandel reagiert.

Ein Staatssekretär meldete sich, versprach Unterstützung bei allem, wobei er nicht erwähnte, was er damit meinte. Nebenbei wollte er wissen, ob von Hernsbach in finanziellen Schwierigkeiten sei. Die Politik schien sich zu sorgen.

Die Gewerkschaften fragten nach den Arbeitsplätzen und bezweifelten offen die serösen Absichten von Hernsbach. Auf allen Seiten bestanden Vorurteile gegen eine chinesische Investition.

Die Medien baten um Interviews. Otto grollte irgendwas, diese Provinzler verstünden nichts von China, hätten nie von Deng gehört und ein Interview geben mochte er schon gar nicht.

Diana trat auf. Sie gab eine Pressekonferenz im Foyer der Von Hernsbach Zentrale. Man fragte misstrauisch, was man mit dem Erlös machen würde. Ob man sich nicht erst am Kapitalmarkt umsehen wolle und wie man sich in neuen Märkten zurechtfinden würde.

Diana beherrschte auch dies. Sie sprach souverän und hinterließ überzeugend den Eindruck, dass man eine direkte Investition in Unternehmen beabsichtigen und mithin neue Arbeitsplätze schaffen würde. Im Übrigen hätten die Chinesen sich dazu verpflichtet, die Fertigungsstätten dort zu belassen, wo sie waren. Etwas anderes würde nicht den geringsten Sinn ergeben, was eigentlich jedem klar sein musste.

***

Es war Februar. Paul wurde von dem Lehrstuhl für Ökonometrie seiner Universität, an der er studiert hatte, eingeladen, einen Vortrag zu den Veränderungen des Unternehmens seiner Familie zu halten. Paul beriet sich mit Otto und rief auch Diana an.
Man beschloss, die internen Überlegungen, vor allem die ökonomische Situation, die steuerlichen Fragen und die Pläne für Neuinvestitionen nicht in den Vortrag einzubeziehen. Paul würde nur über die allgemeine Motivation des Vorhabens sprechen.
Der Leiter des Lehrstuhls druckste herum. Das wäre ja gerade das interessanteste. Dann stimmte er in der Hoffnung zu, man könnte Paul während der Diskussion diese Details entlocken. Der Vortrag sollte am ersten März gehalten werden.
Paul wurde gebeten, Englisch zu sprechen. Man beabsichtigte, Pauls Vortrag aufzunehmen und in YouTube-Kanal der Universität zu veröffentlichen.

***

Der Vorlesungssaal hatte 150 Plätze. Die Hälfte war belegt. Paul würde eine Stunde sprechen. Er zeigte keine Folien. An der Seite des Institutsleiters betrat er durch eine Seitentür den Saal. Der Professor stellte Paul vor.

»Ihr Unternehmen wagt einen bedeutsamen Schritt«, begann der Professor, ein schmallippiger, gedrungener Mann im karierten Anzug, als hege er, neben seinem Lob, einen leisen Zweifel am Erfolg des Vorhabens. Der Professor übergab das Wort an Paul.
Zwei Kameras richteten sich auf Paul. Vor zwei Jahren war er hier Student, dachte Paul.
Paul war eher unauffällig. Er trug einen dunklen Anzug, ein weißes Hemd und trat bescheiden und höflich auf. Er war mit seinem Fahrrad gekommen. Paul war schlank. Er trug sein Haar mittellang, zu einem Scheitel gekämmt. Hin und wieder trug er einen Bart. Er hatte, wache blaue Augen, ein schmales Gesicht und etwas hochstehende Wangenknochen. Seine Augenbrauen begannen buschig zu werden. Paul war 1,78 groß. Sein Haar bildete eine Tolle. Paul machte einen asketischen Eindruck, war aber keinesfalls dünn, eher trainiert wie ein Läufer.
Er lachte während seines Vortrages nie, machte keine Scherze, sondern war dagegen ernst und konzentriert. Humor war keine Gattung, die er beherrschte.
Den Teil der Begrüßung hielt er zur Erleichterung der Studenten knapp. Paul sprach glatt und schnörkellos.
»Es geht um einen realen Zustand«, begann Paul. »Die Wirklichkeit, den Zustand einer Katastrophe. Wenn sie, wo auch immer sie sich auf der Welt befinden, die lokalen Zeitungen lesen, beziehen sich die Ursachen dieser Katastrophe nicht auf das

fragliche Land, das heißt nicht auf die eigene Regierung. Das können die Journalisten der meisten, ich würde sagen der Mehrzahl der Länder nicht wagen.
Es ist eine stereotype und vermeintlich universelle Erkenntnis, dass man ohne eine gemeinsame, weltweite, planerische und einvernehmliche Lösung nichts erreichen kann.
Sind keine gemeinsamen Handlungen vereinbart, lohnen sich einzelne staatliche Maßnahmen nicht, das heißt, man würde das eigene Land nicht solchen Nachteilen aussetzen. Das würde es in jeder Hinsicht zurückwerfen. So ist die Haltung der Regierungen und der Wortführer seit Jahren, bis zum heutigen Tage.
In Bezug auf tragfähige internationale Vereinbarungen hat sich in den letzten Jahrzehnten nichts geändert. So schlicht und so brutal, muss man die Situation auch hier beurteilen, in unserem Land«, sagte Paul und machte eine Pause.
»Wenn sie genau hinsehen, ist die Energiewende ein unfertiges Fragment. Seit Jahren gibt es Konferenzen, an denen hochmögende Menschen teilnehmen und man ringt ständig um neue Vereinbarungen. Inzwischen sind nicht weniger als 35 Weltklimakonferenzen abgehalten worden.
Es gibt unbestimmte, allgemeine, aber auch durchaus dringende Befürchtungen. Die internationalen Handelsabkommen sind in Gefahr. Seit dem unsäglichen amerikanischen Präsidenten, entwickeln die Staaten einen bizarren Egoismus, das heißt

eigentlich einen völlig rückständigen ökonomischen Nationalismus.

Das schadete allen, aber alle nahmen es hin, weil es für die Ruhigstellung der eigenen Bevölkerung von Nutzen zu sein scheint. Die mit Abstand größte und katastrophalste Folge der Erwärmung der Erde sind die Unwetter und die praktisch gleichzeitig auftretende Trockenheit. Man kann die sich anbahnenden Umwälzungen durchspielen, sie alle kennen das.

Die ökonomischen Folgen drohen die Volkswirtschaften geradezu zu zermalmen. Die Rückversicherer werden als Erste kollabieren. Sie können für die zur Normalität gewordenen Schäden nicht mehr aufkommen. Dem wird ein kompletter Niedergang des Versicherungswesens folgen. Endlos langen Regenfällen folgen Überschwemmungen. Bahnstrecken werden unterspült und Autobahnen versinken im Morast, der sich aus ihrer Umgebung bildete. Der Verkehr, auch der Luftverkehr, wird durch die Stürme längst unberechenbaren Risiken ausgesetzt. Der Meeresspiegel wird ansteigen und Millionen Menschen ihre Heimat nehmen.

Die Millenniumziele der Vereinten Nationen bestanden aus acht Entwicklungszielen für das Jahr 2020. Unwillige Regierungen, wie die des ehemaligen amerikanischen Präsidenten, aber auch die des australischen Premierministers und des brasilianischen Präsidenten weigerten sich, die Kohle und Ölnutzung zu beenden.« Paul machte eine Pause und trank Wasser. Er hatte sich zu seinem eigenen Erstaunen in Rage geredet.

»Zudem plant China Hunderte neuer Kohlekraftwerke, obwohl seine großen Zentren besonders unter der Luftverschmutzung leiden. Das war im Jahr 2020. Die Lobby der Energiekonzerne hat sich organisiert und ist stark und nicht aufzubrechen. Von ihnen und ihren Investoren geht die eigentliche Gefahr aus.«
Paul dachte darüber nach, wie weit er gehen konnte.
»In England, in London gibt es einen Lobbyisten, den Namen will ich nicht nennen, rechtlich geht das nicht. Sie finden seine Firma in Brüssel und seine Investmentfonds im Internet. Er macht Geschäfte mit Green Washing und verkauft wertlose Umweltlabels. Dieser Mensch ist eine Gefahr, wie früher die Pest es war.«
So hatte Paul noch nie gesprochen. Seine Stimme war laut und schrill geworden und offensichtlich sprach er aus seiner Wut heraus, nicht aus rationalen Überlegungen. Paul erschrak darüber, was er sagte. Vor Menschen zu sprechen, war er nicht im Geringsten gewohnt. Man sah ihm seine Erregung an. Er war jung und unerfahren, das war offensichtlich.
»Unternehmen aus dem Kohlebergbau bezahlen Gruppen, die den Klimaschutz bekämpften. Sie arbeiten erfolgreich gegen die Regulierung zu den Reduktionen der Emissionen.
Klimaleugner versuchen systematisch die Medien und die politischen Parteien und hier vor allem die rechten Parteien zu manipulieren. Auch einzelne Wissenschaftler werden korrumpiert. Unternehmen flüchten sich in das Green Washing, das heißt, sie

verfolgen eine systematische Irreführung der Konsumenten, indem sie sich in einem besonders günstigen Licht darstellten. Alles ist verlogen. Sie geben mit nichtssagenden, zum Teil völlig wirkungslosen Aktionen vor, sich gegen den Klimawandel zu stemmen. Es ist ein erbärmliches Spiel.

Der Schlüssel, um die Verlangsamung und schließlich einen Stillstand der Erderwärmung zu erreichen, liegt in einer post fossilen Wirtschaftsweise. Das würde die bisherige Ökonomie, die alleine auf Wettbewerb ausgerichtet ist, auf den Kopf stellen.

Im Pariser Klimaabkommen wurde der Ausstieg aus den fossilen Energieträgern fest vereinbart. Alleine, auch das hilft nicht. Die Zersplitterung einzelner Interessen und die Taktik, Ziele und Unterziele auseinanderzuzerren und abzuwarten, was die anderen tun, verhindert eine Realisierung dessen, was vereinbart worden ist.

Jedoch gibt es Unternehmer, die genau diese Art der neuen Ökonomie anstreben. Zu denen gehören auch wir. Im Kern geht es um eine Nachfrage nach kohlendioxidfreien Produkten, um ein gesteuertes Wachstum in bestimmten festgelegten Bereichen und die kontrollierte Beendigung klimaschädlicher Technologien.

Gegen Ende des letzten Jahres hat sich die allgemeine Stimmung auf der Ebene einzelner Länder verändert. Die nationalen Klimaziele wurden verschärft. Die Europäische Union verabschiedete einen ambitionierten Green-Deal.

Doch steckt man nun, heute in der Umsetzung und kämpft gegen einen eisernen Widerstand an. Vor allem die Energieerzeuger, insbesondere die Kohleindustrie, die Immobilienbesitzer und die prosperierende Autoindustrie, die zwar offiziell die Elektromobilität fördert und Versprechungen macht, doch in Wirklichkeit an Verbrennern, vor allem dem Diesel festhält, kämpfen gegen immer weitere Einschränkungen.

Unsere Branche, die Kunststoffindustrie, ringt ebenfalls mit besonders großen Herausforderungen. Sie ist für die Verschmutzung der Weltmeere mit Mikroplastik und für ein hohes CO_2 Ausstoß mitverantwortlich.

Wem ist geholfen, wenn wir unsere Kunststoffproduktion verkaufen und nicht stilllegen? Verringert sich der CO_2 Ausstoß, oder nimmt der Eintrag von Plastik in die Meere ab, wenn plötzlich Chinesen unsere Werke betreiben?

Nein, natürlich nicht. Wir tun aber das, was ein verantwortungsvoller Investor tun kann. Es geht um die optimale, der Allgemeinheit zugutekommende Nutzung von Kapital, unser Kapital, für das wir, das heißt unsere Gesellschaft, die Verantwortung trägt. Es geht auch um Arbeitsplätze, um Existenzen. Wir werden neue Arbeitsplätze schaffen. Das wird aber Jahre dauern. Wir nehmen das Heft in die Hand. Wir tun das, was wir tun können.

Ganz ehrlich sage ich ihnen, ich habe Angst. Angst vor den starken Gegenkräften, den gewissenlosen Lobbyisten und der Langsamkeit der Regierung.

Wir verfolgen, was die Lobbyisten tun, wo immer sie sind. Zusammenfassend geht es darum, ob das Kollektiv der Menschen, oder nur der einzelne fähig ist vorausschauend zu denken und zu handeln. Vielen Dank.«

Beifall setzte ein. Noch nie hatte ein Unternehmer so schonungslos und selbstkritisch gesprochen. Einige Professoren versuchten Paul Details aus der letzten Bilanz und die genaue Investitionsstrategie zu entlocken. Paul sagte kein Wort.

Kapitel 7

Es war April geworden und es war heiß, es war, als ob es längst Sommer wäre. Der Frühling dauerte nur wenige Wochen und setzte Ende Februar ein.
Klimaanlagen waren in jedem Haus üblich geworden. Sie gingen früh in Betrieb und konsumierten Strom. Das Wasser wurde zum ersten Mal rationiert.
Die Bevölkerung erschrak. Die Behörden wurden gezwungen, Abwasser für die Beregnung der Felder einzusetzen. Das war eine Neuerung, die nur langsam vor sich ging. Wie alle Projekte, welche in die öffentliche Infrastruktur eingriffen, dauerte alleine schon die Planung eine lange Zeit. Aktivisten sträubten sich dagegen und strengten Gerichtsprozesse an.
So nahmen die Ernteerträge von Getreide, Kartoffeln, Mais und Zuckerrüben ab. Landwirte verloren ihren Besitz und die Preise für Lebensmittel erhöhten sich jedes Jahr.
Der Verkauf der Kunststofffertigung war wie geplant zügig verlaufen. Die von Hernsbach KGaA war schon immer eine Holding für Beteiligungen. Aus rechtlicher Sicht war ein Unternehmensteil, der ebenfalls als Aktiengesellschaft eingetragen war, dessen Anteile aber nicht gehandelt wurden, aus der KGaA herausgelöst worden. Der Eigentümer und alleinige Entscheider war Otto von Hernsbach.
900 Millionen Euro mussten nun reinvestiert werden. Für diese gewaltige Summe machten die beratenden Banken, es waren zwei, verschiedene

Vorschläge auf der Basis von Dianas Konzept. Otto wollte grundsätzlich in neue, umweltfreundliche und vielversprechende Technologien investieren. Diana formulierte die Ziele, welche die Banken zu berücksichtigen hatten. Nachdem das bekannt geworden war, trafen in jeder Woche einhundert Teaser und Exposés sein.

***

Paul liebte es, mit seinem Rennrad am Sonntagmorgen, wenn die Straßen leer waren, die Sonne noch im Osten stand und der Tag kühl war, über das Land zu fahren.
Meist fuhr er sechzig Kilometer, wofür er zweieinhalb Stunden benötigte. Manchmal begleitet ihn Alex, der jede Sportart von Windsurfen bis Tennis und Fußball beherrschte. Heute würde Alex nicht mitkommen, er arbeitete.
 Paul mochte es entlang der Felder, der Hecken und entlang der Pferdekoppeln zu fahren. Auf den Koppeln waren bisweilen Fohlen zu sehen. Sie lösten sich mit Kuhweiden ab. Später begegneten ihm Enten und Gänse, die auf den Weihern langsam ihre Kreise zogen, oder mit ihren Jungen, die aufgereiht eines hinter dem anderen folgten und ohne ein erkennbares Ziel zu haben, über die Wiesen watschelten. Vor allem liebte Paul die Stille des frühen Tages.
Tilda schloss sich ihm an, seit die Saison vor wenigen Wochen begann. Nach ihrem Gespräch im

Januar hatte sie beschlossen, so viel Zeit wie möglich mit Paul zu verbringen, und der Sport, die Bewegung, verband sie auf eine unsichtbare und intensive Weise. Sie fühlte sich Paul nahe, wenn sie hintereinander herfuhren, sie fühlte sich geborgen und gleichzeitig spürte sie, sie würde auf Paul achtgeben. Ein Mädchen aus der Nachbarschaft, sie hieß Henriette, kümmerte sich um den kleinen Otto. Tilda besaß ein Pferd, mit dem sie viel Zeit verbrachte und mit dem sie an Dressurwettbewerben teilnahm, doch das musste jetzt warten.

An diesem Morgen strahlte Tilda vor Glück. Sie war heiter, füllte gut gelaunt ihre Flaschen mit Wasser auf und zog leise singend ihr Trikot an. Sie steckte einen Müsliriegel und eine Banane in ihre Rückentaschen, stieg in die Schuhe mit den Aufsätzen für die Klickpedale, zog den Helm auf und war lange vor Paul draußen, vor der Garage.

Tilda war im zweiten Monat schwanger. Der Test, den sie an diesem Morgen, das heißt vor einer Stunde, machte und noch einmal wiederholte, war eindeutig. Sie würde es Paul sagen, aber noch behielt sie ihr Glück für sich.

Paul nahm ihre fröhliche Stimmung wahr und er dachte auch an den Grund ihrer Heiterkeit. Sie spürten beide, dass sie einen besonderen Moment brauchten, um nachzufragen, oder um die Neuigkeit preiszugeben. In beiden staute sich in dem Augenblick die Freude. Ohne es auszusprechen, warteten sie auf einen Augenblick, der ihre Harmonie in den

Mittelpunkt ihrer ganzen Aufmerksamkeit stellen würde.

Im Moment drängten sich die Vorbereitungen auf, die sie ablenkten. Seit Januar, noch als Paul am Golf war, trainierte Tilda in einem Studio, das eigens stationäre Rennräder hatte. Nun folgte sie Paul, ohne sich besonders anstrengen zu müssen. Sie wechselten sich in der Führung ab. Tildas gute Laune übertrug sich auf Paul. Er scherzte und schlug die Strecke vor, die sie an diesem Morgen fahren würden. Zu Weihnachten hatte Tilda für sie Trikots bestellt. Weiße Oberteile, mit blauen Streifen und blaue Hosen. Team Otto. Das brachte Paul auf die Idee, man müsste ein Von Hernsbach Team gründen, Von-Hernsbach-Peleton. Das würde gut zum Vorhaben des Konzerns passen.

Paul pflegte in einen Gedankenstrom zu verfallen, sobald einige Kilometer zurückgelegt waren. Meist war es belangloses, den Alltag betreffendes, was er besorgen wollte etwa, oder Begebenheiten aus der Firma, die ihm plötzlich in den Sinn kamen und wieder verschwanden.

Diese Gedanken kamen und gingen, lösten sich auf und kehrten zurück. Oft waren es dieselben Bilder, die er nacheinander wahrnahm. Es war, was ihn in den letzten Tagen beschäftigte, oder was lange zurücklag, was ihn selbst betraf, oder auch etwas, was ihm bei anderen aufgefallen war.

Die Gedanken schoben sich ineinander, tauchten auf und flauten ab. Sie waren ohne Ordnung, doch am Ende nach den zweieinhalb Stunden war es Paul, als

hätte er für dieses oder jenes Problem eine Lösung gefunden und als ob alles, worüber er nachdachte, eine Struktur bekommen hätte. Dieses Nachdenken unter der Anstrengung des Fahrens, war ein Grund geworden, warum er an jedem Sonntagmorgen, an dem es das Wetter erlaubte, seinen Ausflug startete.
Dass Tilda ihn neuerdings begleitete, störte ihn nicht im Geringsten. Im Gegenteil, auch er nahm es so wahr, dass alleine das schweigende hintereinander herfahren sie verband und in den letzten Wochen, nach dem Gespräch, das sie hatten, mochte er diese Nähe.
Wollte man den Windschatten nutzen, musste man sich konzentrieren, um einen bestimmten, sehr geringen Abstand gleichmäßig einzuhalten. An diesem Morgen aber ging kein Wind. Tilda fuhr vorneweg. Sie waren einige Zeit unterwegs und bogen um eine scharfe Kurve, die in der Mitte eines Dorfes lag. Die nächste Landmarke war ein kleiner See, der zu ihrer linken Seite auftauchen würde.
Paul verstand nicht, dass Menschen behaupteten, es gäbe verschiedene Wahrheiten. Das hieß doch nur, es gäbe verschiedene Blickrichtungen, letztlich verschiedene persönliche Interessen. Die Frage war immer, ob Menschen von einem Sachverhalt betroffen waren, oder nicht? Das war schon alles, daraus speiste sich ihr Urteil.
Es gab Fakten, unwiderlegbare Tatsachen, den Realismus und sonst nichts. In Pauls Vorstellung dominierte der Materialismus. Er stand im Zentrum seines Denkens. Es gab Gesetzmäßigkeiten, die

rational und wissenschaftlich und empirisch nachgewiesen waren. Den Idealismus hielt Paul für eine Idee überspannter und weltfremder Menschen, die nichts von Ökonomie verstanden. Es war alles eine Frage der bewiesenen und sachlichen Information. Alles war messbar, die einzig wahre Wissenschaft kam nach Pauls Meinung aus der Ökonometrie. Und letztlich gab es den Zufall und keineswegs so etwas wie eine Vorbestimmung.

Sie gelangten an den See und bogen in die Richtung des nächsten Zieles ein, eine Burg, die klein, aber dennoch stattlich auf eine Kuppe gesetzt war.

Paul machte sich schon gar nichts aus der Theologie. Der Glaube an Gott war für ihn Menschen erdachte und nicht zu beweisende Theorie. Paul wiederholte immer wieder den Satz von Immanuel Kant über die selbst verschuldete Unmündigkeit des Menschen, was er aber eher politisch als philosophisch verstand. Das erschien ihm lebensnah und wirklich zu sein. Dieser Gedanke, von dem Paul schon lange überzeugt war, wiederholte er nun ein paarmal hintereinander.

Die Naturwissenschaften waren längst auf einem Niveau, welche die alten, theoretischen Glaubenssätze als wirklichkeitsfremd überführten. Die Astrologie und die Esoterik hielt Paul für kompletten Unsinn. Es gab für ihn nur eines und das war die Wirklichkeit.

Paul war Ökonom. Die Ökonomie war für Paul die einzige überzeugende, ja über allen anderen stehenden Wissenschaften. Nur die Ökonomie mit ihren mathematischen Modellen war in der Lage, das wirklich Existierende abzubilden, das sich materialisierende Leben zu simulieren und dieses lebendig zu machen.

Und Paul war vor allem Unternehmer, das war seine Identität, so jung er war. Er dachte nicht über lange Zeiträume, sondern orientierte sich an den drei Monaten bis zum nächsten Quartalsabschluss. Ein Jahr wurde durch vier geteilt, das war, so neu die Bilanzen für ihn waren, auch Pauls Lebensrhythmus geworden.

Sie fuhren eine Steigung hinauf und der Gedanke riss ab.

Tilda interessierte sich für Menschen. Sie las psychologische Publikationen, manche waren anspruchsvoll, manche waren auch nur Hefte, die am Bahnhof auslagen. Paul wunderte sich nicht, dass sie die Therapiegruppe aufgesucht hatte. Sie redete oft davon, wie Menschen veranlagt waren, über ihre Temperamente, ihre inneren Neigungen, seelischen Zustände und ihre Auffassungen über sich selbst, die Geständnisse, die sie machten, und überhaupt ihren Blick auf das Leben.

Paul unterstellte ihr bisweilen im Stillen, sie würde einem Müßiggang nachhängen, weil sie kaum arbeitete und sich mit Kunst und ihrem Pferd beschäftigte.

Das große Unternehmen war es, das er gerade wegen seiner jugendlichen unbeweglichen Ansichten als für sein Leben dominierend empfand. Kunst gab es, nach Pauls Auffassung nicht. Es gab nur die

Interpretation von Kunst. Kunst an sich konnte keinen Wert haben. Wert hatte das, was man aus Kunst ableitete, künstlich ableitete und willkürlich.

Moderne, gegenstandslose Kunst hatte für Paul schon gar keinen Wert. Die wahre Kunst bestand nach Pauls Auffassung darin, einem Gegenstand durch eine kreative Wortfindung einen Wert beizumessen, den es in Wirklichkeit nicht gab. Es gab Künstler und es gab Menschen, die durch das gekonnte Formulieren schlanker Sätze aus irgendwelchen Gegenständen oder Abbildungen etwas machten.

Alles, was das moderne Leben ausmachte, jedes Haus, jede Straße, jeder Kindergarten, jede Universität, jede Vergnügung, einfach alles musste erwirtschaftet werden. Steuern mussten erwirtschaftet werden, Versicherungen und so weiter und das alles hing von Menschen ab, die bereit waren etwas zu leisten, hingebungsvoll zu leisten, die nach vorne blickten und tatkräftig waren, die Optimisten waren und die sich von ihren Zielen nicht abbringen ließen.

Der Pessimismus dieser Zeit hatte eine Form der radikalen Bequemlichkeit angenommen. So war die Gegenwart, sie war eine Gegenwelt, wie Paul es nannte. Er fühlte sich nicht akzeptiert von dieser Welt, fühlte sich nicht gemocht und nicht verstanden. Er war ehrgeizig und fleißig, auch als vierte Generation einer Familie, der ein großes Unternehmen gehörte. Paul fühlte sich außerhalb seiner kleinen Welt alleine und isoliert. Wieder rissen seine

Gedanken und sprangen woanders hin. Seine Überzeugungen litten bisweilen unter einer Enge, sie waren wie verkrampft. Er versuchte, diese Enge abzustreifen, sofern sie ihm gewahr wurde. Er suchte danach, weitsichtig und liberal zu sein. In die Verstiegenheit und Enge seiner Ideen geriet Paul nur dann, wenn er ohne Widerspruch aus seinem Innersten schöpfte.

Tilda war spezialisiert auf Stiftungsrecht. Das war ein Gebiet, bei dem es nur selten Konflikte gab. Sie fasste für zu gründende Stiftungen Verträge ab. Sobald es Verstimmungen gab, wurden Spezialisten eingeschaltet. Tilda arbeitete drei Tage in der Woche und auch nur vormittags, das war alles, was sie an Herausforderungen hatte. Paul gestand sich aber ein, dass das auch seine Schuld war. Er hatte Tilda gebeten, nicht länger zu arbeiten. Das entsprang einem impulsiven Gedanken. Es war seine konservative Haltung, die besagte, Otto bräuchte seine Mutter, immerhin war er erst eineinhalb Jahre alt. Obwohl er ihn liebte und stolz auf ihn war, nahm sich Paul wenig Zeit für Otto. Meistens schlief Otto, wenn Paul nach Hause kam.

Die Fahrt dauerte nun eine Stunde. Bald würden sie die erste Pause machen. Es war eine alte Bank, die unter einem Kastanienbaum stand. Der Ort bot eine schöne Aussicht über das weite Tal, das sie durchquerten und sie genossen jedes Mal aufs Neue diesen Moment.

Über seine Gedanken zu Tildas Beruf als Anwältin, schweiften Pauls Gedanken auf ein anderes Thema.

Der mysteriöse Anschlag auf die Solaranlage Lago de Eucalipto war noch immer nicht aufgeklärt. Die Polizei kam nicht voran, obwohl die portugiesische Regierung alle Anstrengungen unternommen hatte, die Täter zu finden. Es wurde Spanien eingeschaltet, aber auch dort fand man nichts, kein Hinweis ergab sich. Man wusste nicht, wie viele Täter es waren, nichts war beobachtet worden, kein Fahrzeug war aufgefallen, keine Besonderheiten bei den Übernachtungen in der Nähe des Staudamms, Fußspuren konnten wegen des Regens nicht gesichert werden.

Nur der Mord an Leandro Almeida schien plausibel zu sein, so schrecklich dieses Verbrechen auch war. Leandro hatte die Täter offenbar überrascht. Die Tatsache, dass sie ihn einfach erschossen und die ganzen Umstände, ließen geradezu auf eine Verschwörung schließen.

War aus der portugiesischen Regierung jemand beteiligt? War es ein Wettbewerber, der in dem hart umkämpften Projekt nicht zum Zuge gekommen war? Solche Menschen gab es in dieser Branche nicht. Aber was steckte sonst dahinter? Hatte man alle Passagiere geprüft, die in den Tagen nach dem Anschlag von Portugal oder Spanien ausflogen? Das war nicht möglich. Spanien hatte zu viele Flughäfen und so versuchten es die Behörden gar nicht erst.

Der Innenminister ließ sich die Passagierlisten der folgenden fünf Tage geben. Vielleicht konnte das noch von Nutzen sein, auch wenn gerade von Madrid-Barajas die Maschinen im Viertel-Stunden-Takt starteten. Alle, die irgendwie interessiert waren, die

Regierungen, die Presse, die Fachwelt, alle rätselten, welches Motiv hinter der Zerstörung der Anlage stehen konnte. Der portugiesische Innenminister stand unter Druck. Er versprach, den Anschlag aufzuklären, koste es, was es wolle. Das lag nun drei Monate zurück.

Paul fiel plötzlich wieder ein, dass Tilda schwanger sein konnte und eine Freude stieg in ihm auf. Dianas Anziehung hatte nach Ottos Warnung, die ihm sehr zu denken gab, nachgelassen. Auch sah er sie nicht oft. Die Routinebesprechungen waren auf einmal im Monat reduziert worden. Paul war in den Aufsichtsrat eingezogen.

Das Unternehmen, welches er übernehmen sollte, gehörte zur Kunststoffsparte und war mit verkauft worden. Er schaltete einen Gang hoch und überholte Tilda. Unter dem Baum wollte er sie nach der Schwangerschaft fragen. Sie stellen ihre Fahrräder an den Baum, öffneten die engen Schuhe und nahmen ihre Riegel aus den Taschen.

»Ist etwas, ist etwas Besonderes?« Paul wagte es nicht über Tildas Bauch zu streichen. Er konnte sich auch irren.

»Ich bin schwanger, wir bekommen ein Baby.« Tilda wandte Paul ihren Kopf zu. Ihre Augen leuchteten, sie strahlte vor Glück, sie wurden feucht. Sie saßen auf der alten Bank, die schon immer dort angebracht war und sich um den mächtigen alten Baum wandte. Trotz ihrer überschwänglichen Freude musterte Tilda jede Bewegung und jede Geste von Paul.

Paul war gelöst, seine Freude war echt. Er war nicht der Typ, der lautstarke Jubelschreie ausstieß. Tilda sah ihm sein Glück an.

»Die ganze Fahrt über habe ich darauf gewartet, wann ich dich fragen könnte.«

Sie hatten so oft zusammen geschlafen, dass es einfach passieren musste und nun war es so gekommen.

»Im Dezember ist es so weit«, sagte Tilda, bemüht darum, sich Pauls Besonnenheit anzupassen.

Von der ganzen Situation mit Diana war sie so überlegt und vorsichtig geworden, dass sie, ohne es bewusst wahrzunehmen, nichts falsch machen wollte. Es gab Momente, da verbog sie sich geradezu, um Paul ja nicht zu verletzen, oder ihn gar abzuweisen. So blieb sie in diesem Moment, der ihr Herz mit Liebe füllte, so vorsichtig erfreut, wie Paul es war. Tilda war ängstlich und sie war misstrauisch ihrem Glück gegenüber.

»Dann wissen wir im Juli, ob es ein Junge, oder ein Mädchen wird«, sagte Paul und fügte erschrocken hinzu, weil er meinte, das könne als Präferenz verstanden werden und Tilda verärgern:

»Nein, natürlich ist das nicht wichtig« und er legte seinen Arm um Tilda, die ihn nachsichtig anblickte, aber nichts darauf erwiderte.

»Du kannst dir schon einmal Namen für beide Geschlechter überlegen«, sagte Tilda und fügte hinzu, dass das wohl etwas mütterlich klang.

»Wie wäre es mit Josephine oder Thomas?« Paul erschrak, er dachte an Thomas Watson, den Otto erwähnte und den er nicht vergessen hatte, sondern ganz im Gegenteil, er sammelte Informationen über ihn. So verrückt es sein mochte, dachte Paul, Watson war der Einzige, dem der Anschlag in Portugal zuzutrauen war und inzwischen kannte Paul auch Watsons Motiv.

Diana hatte mit dem Projektentwickler für Portugal Wealdstone & Wolfhart Consultants Kontakt aufgenommen und Watson war wohl dabei, genau diese Firma zu übernehmen. Seine Gedanken schweiften von dem Thema, das ihn zu quälen begann, wieder ab und er dachte an das Baby.

»Thomas, na ja, vielleicht?«, sagte Paul zögerlich, »Josephine ist wunderschön.« Er wollte noch etwas Nettes, etwas Liebevolles zu ihr sagen.

»Du bist so gut, Tilda«, sagte Paul und dann sagte er:

»Ich liebe dich.« Tilda vermochte nichts zu erwidern. Was er sagte, berührte sie bis in ihr Innerstes. Sie hielten lange ihre Hände und blickten schweigend hinunter in das Tal. Sie hatte ihn wiedergewonnen, dachte Tilda, er gehörte wieder ihr alleine. Als sie sich bereit machten weiterzufahren, kam plötzlich, aus irgendeinem verborgenen Gedanken ihr Misstrauen wieder zurück. Plötzlich sah sie Diana vor sich, wie sie Paul umgarnte und er wieder wortkarg ihr gegenüber wurde.

Als sie nebeneinander den kleinen Weg hinunter zu der Landstraße gingen, fuhr ein älterer weißer Toyota langsam an ihnen vorbei. Es saßen drei Männer in dem Wagen.

»Der hat uns schon zweimal überholt«, sagte Tilda und sah fragend zu Paul hin.

»Das ist mir nicht aufgefallen«, erwiderte Paul und blickte dem wegfahrenden Wagen hinterher. Es war acht Uhr an einem Sonntagmorgen. Jedes Auto fiel auf dieser abgelegenen Landstraße auf.

Sie stiegen auf ihre Räder. Es lagen eineinhalb Stunden vor ihnen. In einer Stunde würden sie an einem der Weiher eine zweite eine Pause machen. Sie fuhren einige Minuten. Es näherte sich der Toyota wieder. Dieses Mal kam er aus der Gegenrichtung hinter einer Kurve hervor. Er fuhr schneller als vorher. Paul befand sich hinter Tilda. Sie bemerkten beide den Toyota.

In dem Augenblick, als er fast auf der Höhe von Paul war, bemerkte Paul, dass sein Hinterreifen Luft verlor. Er hielt abrupt an und rief Tilda zu, sie solle warten. Tilda hörte nicht und die Lücke zwischen ihnen wurde größer. Paul stieg ab, um seinen platten Reifen zu untersuchen. Der Toyota machte einen Schlenker nach links und fuhr auf Paul zu. Er wollte ihn rammen.

Er ließ sein Rad fallen und sprang über einen kleinen Graben hinweg auf eine Wiese. Der Toyota fuhr beinahe in den Graben hinein, steuerte nach rechts, der Fahrer gab Gas und der Wagen schlingerte auf die andere Straßenseite, die rechte, aus der er gekommen war.

Der Fahrer bremste ab, der Wagen fing sich. Schließlich hielt er nach einigen Metern auf der rechten Fahrbahn. Ein Mann stieg aus der hinteren

linken Tür. Er trug eine braune Cordhose und eine grüne Steppjacke. Sein Haar war gescheitelt, er war schlank und bewegte sich gelassen. Er mochte vierzig Jahre alt sein.
Der Fremde, der im Übrigen sehr groß war, hielt ein Jagdgewehr mit einem Zielfernrohr in der Hand. Paul mochte sich dreißig Meter von ihm entfernt befinden. Der aufrecht stehende Mann legte das Gewehr in Ruhe an und lehnte sich mit seinem Körper gegen die linke Seite des Wagens.
Paul war für eine Sekunde wie erstarrt. Sollte er in den Graben springen, oder nach hinten weglaufen, mit diesen Schuhen, auf dem Asphalt? Der Wald war weit. Die Bewegung konnte ihn retten. Er lief los. Tilda hatte angehalten und blickte zurück. Sie zitterte, dann schrie sie aus Leibeskräften – »Nein!« In diesem Augenblick raste ein Volkswagen hinter der Kurve hervor. Es saßen fünf junge Männer darin. Abzubremsen war unmöglich. Der Fahrer lenkte den Golf geistesgegenwärtig auf die linke Fahrbahnseite und streifte den Mann, der das Gewehr hielt. Der wirbelte um die eigene Achse und stürzte auf die Fahrbahn. Man hörte die jungen Männer durch die geöffnete Scheibe johlen, einer wandte sich um und zeigte den Mittelfinger, ein Bass wummerte.
Der Volkswagen beschleunigte und verschwand hinter der nächsten Kurve. Der gestürzte Mann rührte sich nicht. Nach einem Moment stiegen die beiden anderen aus. Paul hielt erst inne. Dann rannte er weiter dem Wald entgegen.

Die beiden zerrten den Verletzten in das Auto und fuhren davon. Nach wenigen Augenblicken waren sie nicht mehr zu sehen.

Paul setzte sich außer Atem nieder, hielt seinen Kopf gesenkt und bewegte ihn ungläubig hin und her. Tilda ließ ihr Rad fallen und rannte auf ihn zu. Sie stürzte über eine Wurzel in dem Moment, als sie Paul erreichte und umarmte und küsste ihn. Sie war blass, Tränen standen ihr in den Augen.

Lange verharrten sie so. Dann kam das Gefühl in Paul auf, der Toyota könnte zurückkehren. Erst wollte er weiterfahren. Tilda rief die Polizei.

Den Toyota fand man in der nächsten Stadt auf einem Parkplatz. Die Kennzeichen waren abmontiert. Sie waren gestohlen. Es fanden sich Blutspuren in dem Wagen. Auf dem Lenkrad, dem Schalthebel, oder den Türen waren keine Fingerabdrücke. Die Polizei fand mehrere Haare, wem auch immer die gehören mochten. All das führte später zu nichts. Auch der Wagen war gestohlen. Vor zwei Tagen in Holland. Die drei Männer hatten kein Wort verloren. In welcher Sprache sie sich unterhielten, konnten Paul und Tilda nicht sagen.

Nur eines war sicher: Paul sollte ermordet werden. Er wisse nicht, wer das getan haben könnte, sagte Paul der Polizei. Über den Vorfall wurde ein paar Tage in den Medien berichtet. Paul war durch seinen Vortrag bekannt geworden. Die Sensationspresse verstieg sich zu unsinnigen Spekulationen. Nach wenigen Tagen verschwand das Thema wieder aus den Medien.

Paul und Tilda bezogen in den nächsten Tagen ein Reihenhaus, das unauffällig in einem Frankfurter Stadtteil lag. Ein Zaun wurde um den Garten errichtet. Sie gaben überall, wo es notwendig war, Tildas Geburtsnamen an und achteten darauf, dass sie in keinem Adressenverzeichnis auftauchten. Die Fenster und die Türen ließen sie absichern. Die Tür, die vom Garten her in den Keller führte, wurde zugemauert.

***

Vier Monate lagen seit den Ereignissen in Portugal zurück. Thomas Watson war mit sich zufrieden. So weit war er noch nie gegangen, das heißt, es waren seine Leute, die den Betriebsleiter erschossen und ihn unter die Schwimmer schoben, weil er sie gesehen hatte. Es war nicht geplant, doch das kam Watson entgegen.
Sein Denken hatte sich in den letzten Jahren verdunkelt. Er fantasierte schon immer Gewalt über Menschen zu haben. Es war etwas Unbarmherziges in ihm aufgezogen, etwas, das ihn anstachelte und ihm die Freiheit gab, alle Hindernisse und alles, was sich ihm in den Weg stellen würde, zu liquidieren, auf die eine, oder die andere Art. Dieser Mord gab ihm ein Gefühl der Größe.

***

Es kam der Tag, da begannen sich die Dinge zu ändern. Das platte Leugnen der Phänomene der klimatischen Veränderungen ließ sich nicht mehr durchhalten. Die Unwetter bedrohten das geordnete Zusammenleben der Menschen. Es gab politische Verwerfungen, die noch vor kurzer Zeit undenkbar waren.
Die Europäische Union stand am Rande des Zerfalls. Die Nationalstaaten besannen sich auf ihre Eigenständigkeit und rüsteten militärisch auf. In den Polargebieten gab es erste militärische Konflikte um Rohstoffe. Sie waren zugänglich und die großen Blöcke zögerten nicht, das zu nutzen.
Noch waren es Söldner und keine regulären Armeen, die vorgeschickt wurden. Die Handelsabkommen drohten nicht mehr ernst genommen zu werden. Schiedsgerichte, ohne eine wirkliche Rechtsprechung, unter welche die Rechtsfragen unterminiert werden konnten, dienten als rettende Instanzen, um Handelskonflikte, von denen es immer mehr gab, zu lösen.
Thomas Watson war bewusst geworden, dass seine Asset-Managementfirma ohne einen grünen Anstrich vom Markt nicht mehr ernst genommen werden würde. Er schrieb an seine Aktionäre: Ein grünes Portfolio, gleich wie umfangreich es ist, wird einfach erwartet. Man stimmte ihm zu.
Seinen Leuten gab er mit auf den Weg:
»Die Automobilindustrie entwickelt unter einem enormen Druck Elektroantriebe. Batterien und Brennstoffzellen, basierend auf Wasserstoff, werden

als Wunder der Technik gefeiert. Wir werden sehen, ob das gerechtfertigt ist. Die Nachfrage nach Wasserstoffantrieben ist in Wirklichkeit lächerlich gering. Im Übrigen ist die Regierung unfähig, dem Mangel an Halbleitern und an Ladesäulen beizukommen.«

Die allgemeine Situation verschlimmerte sich bedrohlich. Wegen der verheerenden Wetterbedingung geriet die Wirtschaft in immer größere Schwierigkeiten. Die Arbeitslosigkeit war in jedem Land hoch. Eine Million Menschen strömten jedes Jahr nach Europa. Vielleicht waren es auch zwei Millionen. Die Übersicht hatte niemand mehr. Das führte zu großen Spannungen und hohen Ausgaben.

Thomas Watson hatte sein Auge auf eine Firma geworfen, die mit großem Erfolg schwimmende Solaranlagen projektierte und diese Projekte verkaufte. Alleine, die Eigentümer suchten zwar einen Investor, doch als sie mithilfe einer Bank begriffen, um wen es sich bei der Watson Asset Management handelte, antworteten sie nicht mehr auf die drängenden Anfragen von Watsons Leuten.

Watson war über die Jahre immer aggressiver geworden. Sein Erfolg machte ihn blind für die Wirklichkeit, für das Für und Wider, des ausgewogenen Miteinanders im Geschäftsleben. Sein wesentlicher Antrieb rührte daher, dass Watson, je vermögender er geworden war, nicht mehr innehalten konnte und noch reicher werden wollte. Seine Gier hatte einen krankhaften Höhepunkt erreicht. Er strebte danach, ein Vermögen von 100 Millionen britische Pfund zu haben. Ab dieser Summe galt man seiner Meinung nach als reich und in Kreisen der Hochfinanz als anerkannt.

Portugal war entsetzt. Es war nicht nur ein monetärer Verlust, sondern auch eine nationale Schmach, das mit so viel Sorgfalt und Steuergeldern errichtete Kraftwerk zu verlieren.

Der portugiesische Geheimdienst war immer drängender beauftragt worden, die Hintermänner des Anschlages auf die Solaranlage der Lago de Eucalipto Talsperre aufzuspüren. Thomas Watson genoss es unbekannterweise in den Medien zu sein. Die Lago de Eucalipto Anlage war von Wealdstone & Wolfhart Consultants Ltd.., kurz WWC, einer deutsch – britischen Ingenieurfirma, die Projekte für grüne Energie entwickelte, geplant worden. Ihre Eigentümer, James Wealdstone und sein Partner Hugo Wolfhart, waren diejenigen, die Watson so schmählich abblitzen ließen.

Diese Brüskierung drang über Wochen hinweg immer tiefer in Watsons Bewusstsein. Es zermürbte ihn, quälte ihn in der Nacht und nach einiger Zeit, er saß in seinem BMW und fuhr die Zufahrt zu seinem Anwesen hoch, beschloss er impulsiv, wie es zu seiner Gewohnheit geworden war, das Prestigeprojekt von Wealdstone & Wolfhart zu zerstören. Auch wenn eine Untersuchung ergeben sollte, dass die Verankerung zerstört worden war, die Verletzlichkeit der Technik von Wealdstone & Wolfhart würde offenbar werden.

Parallel zu den entstehenden Diskussionen, würde Watson dafür sorgen, dass Gerüchte über eine fehlerhafte Auslegung, eine Leichtfertigkeit, eine verminderte Ausstattung an Sicherheitstechnik, um Geld einzusparen, was vorher angeblich vertraglich festgelegt worden wäre, in den Medien erscheinen würde.

Wealdstone & Wolfhart würden bankrottgehen, sie würden auf Knien zu ihm zurückkehren und ihr Unternehmen für jeden Preis, den er zu bezahlen bereit war, anbieten.

Alleine, nachdem sich die Anlage in Trümmern auftürmte und Watsons Experten in aller Stille die vermeintlich wahren Gründe des Untergangs lanciert hatten, blieben die beiden Eigentümer, die sofort Konkurs anmeldeten, noch immer still.

Nach einiger Zeit fand Watson heraus, dass die Firma Von Hernsbach, die große Summen in Umwelttechnik investierte, eine schwerreiche Unternehmerdynastie, kurz davor stand Wealdstone & Wolfhart zu übernehmen. Nun ging es um sein Prestige, auch wenn niemand davon erfuhr, was er vorhatte. Er musste sofort zuschlagen, um den Kauf zu verhindern. So nahm der Überfall auf der Straße seinen Anfang.

Kapitel 8

Es war Mai. Thomas Watson machte einen eigenwilligen Eindruck auf Diana. Der Grund, warum sie überhaupt seiner Einladung folgte, war die Tatsache, dass Paul Vorsitzender des Aufsichtsrates geworden war und das nur wenige Monate, nachdem sie zur Finanzvorständin berufen worden war.

Diana mochte zwar, dass Paul sie umschwärmte, fühlte sich geschmeichelt und hätte auch gegen das eine oder andere Rendezvous nichts gehabt. Aber wie Paul eben so war, er getraute sich scheinbar nicht und Tilda, seine Frau, die sie in der Bäckerei kurz gesprochen hatte, hielt ihn zurück.

Obwohl es umgekehrt war und es Diana nicht zustand, empfand sie Tilda als Konkurrentin. Sie mochte Tilda auf den ersten Blick nicht. Diana empfand ihre freundliche Art als aufgesetzt. Das Streicheln über den Arm und wie sie dabei lächelte, die kleinen, warmherzigen Bemerkungen, die platte Frage, ob es ihr gut gehe, was sollte all das? In was für einer betulichen und gutherzigen Welt aus Puderzucker lebte Tilda? Das war alles nicht jene Wirklichkeit, wie Diana sie lebte. Das Leben war hart. Man musste sich nehmen, was man bekommen konnte. So sah es Diana. Auch blickte sie deshalb auf Tilda herab, weil sie wegen eines einzelnen Kindes fast nicht arbeitete.

Für die Position des Vorsitzenden des Aufsichtsrates empfand sie Paul schon wegen seines Alters als zu unerfahren und überfordert. Sie hielt Paul auch für

engstirnig. Er sprach viel von einem Realismus und der Simulation mit ökonometrischen Methoden und schien alle Entscheidungen von kurzfristigen und vor allem planbaren Erfolgen abhängig zu machen. So jedoch konnte für Diana keine Innovation gelingen und auch keine Übernahme zum Erfolg werden.
Sie war selbst Betriebswirtin und Controllerin, doch so wie Paul auf die Zahlen des Unternehmens fixiert war, hielt sie ihn für einen Buchhalteradtypen, der selbst keine Ideen hervorbrachte und der alles infrage stellte, was nicht berechenbar war und kurzfristig einen Gewinn abwarf. Eigentlich hielt sie Paul für dröge und ohne Fantasie und für ein halbes Kind.
Nachdem sie für wenige Wochen diese Freiheit bekommen hatte, erfolgreich den größten Teil des Unternehmens verkaufte und eine gänzlich neue strategische Richtung einschlagen wollte, von der sie völlig überzeugt war, von August Pauls Vater, war kein wirkliches Handeln zu erwarten und als Otto ihr dann Paul vor die Nase setzte, war sie verbittert und überlegte das Unternehmen zu verlassen.
Dann kam überraschend der Anruf aus London. Ein Dr. Thomas Watson lud sie ein, seine Firma kennenzulernen und gegebenenfalls dorthin zu wechseln. Er war der Eigentümer von Watson Asset Management. Das Unternehmen legte Fonds auf, die in Umwelttechnik investierten und Watson hatte wohl auch direkte Anteile an einzelnen Firmen. Das interessierte Diana sofort.

Diana hatte Pauls Vortrag gehört, doch sie hielt das, was er sagte, für übertrieben. Woher wusste Paul das alles? Sie nahm ihn nicht ernst. Dass er auf Watson anspielte, verstand sie nicht. Eine Emilia MacLeod hatte Artikel über Watson geschrieben. Der Name sagte ihr nichts und was wahr und was erfunden war, vermochte niemand zu sagen.

Diana empfand Watson gleichwohl vom ersten Augenblick an als schwierig. Er holte sie selbst mit seinem BMW vom Flughafen Heathrow ab. Am selben Abend wollte Diana zurückfliegen. Watson war eher klein. Er trug einen Anzug, der von einem Schneider gefertigt worden war. Die blaue Farbe des Stoffes glänzte. Dazu trug er eine in braunen Farben gemusterte Krawatte und ein weißes Hemd, dessen Manschetten durch rote, ein Wappen tragende Knöpfe gehalten wurden. Sein Haar war kurz und voll, seine Augenbrauen buschig. Seine Oberlippe war schmal und stand hinter der Unterlippe zurück, was seinem Gesicht einen unverfrorenen Ausdruck gab. Bisweilen grinste er sarkastisch. Er war glattrasiert. An seinem linken Handgelenk trug er eine große Uhr, die den Eindruck machte, schwer zu sein. Seine Augen waren braun, sein Gesicht schmal und er hatte einen Höcker auf seiner Nase, der ihm etwas Hartes gab. Sein Erscheinen wirkte gepflegt, was durch ein blumiges Rasierwasser ergänzt wurde.

Stoisch stand er abseits der anderen Wartenden am Ausgang. Diana ging auf ihn zu. Es konnte nur er sein.

Watson fragte Diana nichts, nicht einmal wie der Flug gewesen wäre. Er redete selbst. Sie gingen zu seinem Wagen, den er vor dem Gebäude geparkt hatte. Es waren allgemeine Dinge, über die er sprach. Über den Brexit etwa, oder die neuen Gebäude in der Londoner City, wo Watson offenbar sein Büro hatte, was er zweimal fallen ließ. Er machte einen sehr selbstbewussten Eindruck. Irgendwann bemerkte Diana zum Brexit:

»Ich habe damals dagegen gestimmt.« Watsons Mimik blieb verschlossen. »Wägt man die Vor- und Nachteile der Mitgliedschaft ab«, sprach Diana weiter, »dann geht es nicht um Agrarsubventionen, oder den Fischfang, sondern um den Freihandel. Ohne die EU wird das niemals funktionieren und wir haben nichts in der Hand, um neue Abkommen durchzusetzen, bis heute nicht. Was wir haben, sind neue Zölle. Wo soll da der Vorteil sein?« Watsons Gesicht blieb reglos. Diana sah nichts in seinem Gesicht, dass darauf hinwies, was er denken mochte.

»Ach was, die EU schrieb uns alles vor, bis ins kleinste Detail. Wir werden uns ohne die Gängelung der EU wie früher entwickeln, vor allem können wir schnell und frei Entscheidungen treffen. Die Handelsabkommen werden demnächst vereinbart«, sagte er plötzlich, nach seinem langen Schweigen.

»Wer konnte wissen, dass in den USA ein alt linker Präsident gewählt wird?« Watson sprach in einer Art, als duldete er keinen Widerspruch. Das Thema war damit beendet.

Ihre weitere Unterhaltung blieb an einer Oberfläche. Sie führten auch ihre jeweiligen Gedanken nicht zu Ende. Sie unterhielten sich wie zwei Fremde, die ein Thema als Brücke nutzten, um warm miteinander zu werden, weil man für eine gewisse Zeit beisammen war, nicht schweigen konnte, aber kein wirkliches Interesse an der anderen Person hatte. Watson pflegte eine so dominante Art zu sprechen, dass sich Diana fragte, ob er jemanden, der Entscheidungen traf, neben sich dulden könnte.

Sie fuhren in eine Tiefgarage in der City und stellten den Wagen ab. Watson ließ Diana in die Richtung eines gläsernen Fahrstuhls vorgehen und sie gelangten auf eine der mittleren Etagen, in der Watson Asset Management die gesamte linke Seite angemietet hatte.

Als sie die große Lobby des Bürotraktes beitraten, saß ganz vorne eine Sekretärin, die hinter einem Tresen aus Nussbaumholz sitzend in einer Tastatur tippte. Der Tresen wurde von unten beleuchtet. Sie sah kurz auf, grüßte tonlos, ohne mit ihrem Blick bei den Eintretenden zu verharren und vertiefte sich wieder in ihre Arbeit.

In dem großen Besprechungsraum, den sie betraten, standen Wasser, Kaffee und unter einer Folie Sandwiches bereit. Die Aussicht auf London beeindruckte Diana und wie wahrscheinlich jeder Gast es tat, trat sie an die Fensterfront und sah hinüber zum London Eye und zum Parlament. »Was für eine herrliche Aussicht«, sagte Diana.

Watson überging diese Bemerkung, ohne eine Miene zu verziehen. Er nahm eine Fernbedienung von der Mitte des Tisches. Niemand kam zu ihrem Gespräch dazu, obwohl nach der Anzahl der Büros zu schließen, bestimmt zwanzig Mitarbeiter anwesend sein konnten. Alles war verschlossen. Offene Büros gab es nicht. Die Wände waren ebenfalls aus dunklem Nussbaumholz. Diana empfand diese lautlose Umgebung als bedrückend.

Watson vermied jeden Small Talk. Er schaltete auf einem Bildschirm eine Präsentation ein. Dann setzte er sich, Diana tat es ihm nach und zügig ging Watson die Präsentation durch.

Offensichtlich hatte er nicht vor, sich viel Zeit zu nehmen. Er zeigte die einzelnen Fonds, seine Beteiligungen, sogar die letzten Jahresabschlüsse und dann präsentierte er mit unterdrücktem Stolz seine Lobbyfirma. Diana verstand, dass Watson eine wichtige Rolle auf der Seite der Klimaskeptiker spielte.

»Sie investieren vor allem in Kohlekraftwerke und den Kohlebergbau und in Stromanbieter, die keine grüne Energie haben, aber dafür Atomkraft. Deren Lobbyisten scheinen eine Rolle bei der Verhinderung der Umstellung auf saubere Energie zu spielen, oder nicht?«

Diana sah Watson fragend an. Sie wunderte sich, dass er sich so offen zu diesen rückständigen Technologien bekannte. Watson stand auf der falschen Seite, stellte sie erschrocken fest.

»Was wir machen, muss profitabel sein«, war Watsons schlichte Begründung. Er zeigte die nächste Folie und fügte hinzu, als hätte das, was er zeigte, noch immer seine Berechtigung:

»Wir haben zunächst in Solarenergie und Windkraft investiert. Die Förderungen gingen aber so stark zurück, dass ich diese Fonds aufgebaut habe.«

Watson nahm seinen Blick von dem Bildschirm und wandte sich Diana zu. »Glauben Sie etwa, dass die Erderwärmung und der sogenannte Klimawandel von Menschen ausgelöst wurde?« Er schüttelte seinen Kopf, nahm eine Flasche Wasser, fragte Diana mit einer Kopfbewegung, ob sie etwas wolle und sagte: »Niemals, das ist doch alles Gerede.« Diana entgegnete etwas hilflos:

»Sie wissen doch, wenn Sie ein Blatt Papier um einen Fußball wickeln, entspricht das der Atmosphäre, die um die Erde geht.«

»Ja, das habe ich verstanden«, sagte Watson auf eine Art, die ausdrückte, er wolle nicht belehrt werden.

»Was wollen Sie damit sagen?«

»Na, wie verletzlich die Erde ist.« Watson ignorierte diese Bemerkung von Diana. Er hatte konkrete Ziele, die er aus dem Gespräch mit Diana zu erhalten beabsichtigte. Vor allem wollte er erfahren, welche Investitionen von Hernsbach plante. Das war das Wichtigste.

Wealdstone & Wolfhart war an von Hernsbach gegangen, was erst eine kurze Zeit zurücklag. Für Watson war danach der Schritt, den Anschlag auf Paul in Auftrag zu geben, kein großer mehr. Er wollte hart sein und unnachgiebig. Seit dem Anschlag in Portugal war er noch entschlossener geworden. Es zog ihn geradezu dahin, einen Gegner, der nicht klein beigab, auszuschalten. Der Moment, in dem er hörte, dass die Leute, die er für Lago de Eucalipto gewonnen hatte, alle drei aus der Armee stammten und sich auf solche Aufträge spezialisierten, den Betriebsleiter ausgeschaltet hatten, gab ihm das ein Gefühl der Kühnheit, der Macht und der Befriedigung. Er blieb über einen ganzen Tag erregt und spürte, dass ihn nichts aufzuhalten vermochte. Er war ein Sieger.

Dann wollte Watson mehr über Paul erfahren. Was für ein Typ war er, welche Schwächen hatte er? Und schließlich wollte Watson Diana beeindrucken und sie einschüchtern. Er suchte einen Zugang zu von Hernsbach und als er las, dass Paul zum Vorsitzenden des Aufsichtsrates berufen worden war, dachte er, Diana, deren Aufstieg er verfolgte, konnte darüber nicht glücklich sein.

Sollte Diana eine neue Stelle suchen, würde er ihr etwas anbieten, das sie allerdings nicht annehmen konnte. Er beabsichtigte nur dieses eine Gespräch mit ihr zu führen. Watson hatte einen Köder und den warf er jetzt aus.

»Wir beabsichtigen ja zur Klimaneutralität etwas beizutragen, das heißt, wir wollen zurück zu erneuerbaren Energien. Mir ist klar, dass Kohlekraftwerke, wegen der hohen Emissionskosten für Kohlendioxid nicht mehr lange profitabel produzieren können. Eigentlich sollten die 100 Euro pro Tonne

Kohlendioxid schon in diesem Jahr erreicht sein. Wir konnten das aber verhindern.« Watson sagte dies, ohne jede Regung. Diana sah ihn erstaunt an. Was sagte er da, hörte sie richtig?
Watson öffnete eine neue Präsentation. »Was ich Ihnen hier zeige, ist vertraulich, etwas ganz Neues. Das ist ein Verfahren, dass wir erfolgreich während der letzten drei Jahre verhindert haben. Jetzt setzt es sich aber durch, jedenfalls bekommen sie hohe Fördermittel und ich habe vor, diesen Markt zu kontrollieren.« Watson öffnete die nächste Folie.
»Dafür brauche ich einen Geschäftsführer, oder eine Geschäftsführerin, die in der Lage ist, einen ganz neuen Geschäftsbereich aufzubauen und die von der Notwendigkeit, die Post Fossile Phase umzusetzen, überzeugt ist.« Von letzterem war längst jeder überzeugt, dachte Diana, außer ihm vielleicht.
»Interessant«, sagte sie gedehnt und wandte ihren Kopf zum Bildschirm. Dass Watson eine groteske politische Haltung hatte, war nun offensichtlich. Dann zeigte Watson die neue Innovation, wie Kohlendioxid reduziert werden konnte.
»Bei der Pyrolyse wird das in der Biomasse gebundene Kohlendioxid dauerhaft verfestigt. Das heißt, die Menge Kohlendioxid, die in der Biomasse ist, wird neutralisiert und kann nicht entweichen. Das nennt man wie gesagt, Pyrolyse.« Watson blickte wie gebannt auf den Bildschirm.
»Man bezeichnet den Vorgang als backen. Wie gesagt, wird die Menge an Kohlendioxid gebunden,

die vorher in der Biomasse war«, wiederholte er. Watson sah zu Diana hin.

»Das ist einfach und überzeugend. Die Kohle wird als Dünger verwendet. Außerdem speichert sie Wasser und hält die Böden feucht. Die Energiebilanz ist in dem Sinne positiv, dass bei der Pyrolyse Energie freigesetzt wird und anderweitig genutzt werden kann.« Watson zeigte weitere Folien.

»Natürlich muss der Prozess in einem großen Maßstab stattfinden, damit der Effekt einer Kohlenstoffabsenkung für die Atmosphäre bemerkbar wird. Ungefähr die Hälfte der Kohlenstoffverbindungen in der Biomasse werden umgewandelt.«

Dann zeigte Watson Details des physikalischchemischen Prozesses und Beispiele von den wenigen Großanlagen, die in Betrieb waren. Er sprach etwa eine halbe Stunde und erklärte viele Details.

»Ich verstehe«, sagte Diana schließlich. »Biomasse verfällt und dabei wird der gespeicherte Kohlenstoff frei. Durch die Pyrolyse wird der Hälfte dieses Kohlenstoffes sozusagen verschlossen.« Diana dachte nach, dann sagte sie:

»Es müssen große Mengen an Biomasse verarbeitet werden, um einen Nutzen zu bekommen und wenn ich Sie richtig verstehe, wird die notwendige Energie durch den Pyrolyse Prozess selbst erzeugt.«

»Richtig«, sagte Watson, sah kurz an die Wand und nickte. »Man benötigt zwischen 500 und 700 °Celsius und das kommt durch den Vorgang selbst. Man kann sogar noch Energie für andere Zwecke nutzen, für Fernwärme und dergleichen. Es ist einfach genial.«

Das war also der Grund, warum er sie eingeladen hatte, dachte Diana. Er brauchte eine Geschäftsführerin für diese neue Technik. Allerdings wäre das ein weiter Abstieg für sie. Sie wollte einen Konzern aufbauen und hatte fast eine Milliarde Euro hierfür. Doch Diana war auch gefangen von Watsons Energie, die mit jedem Wort, das er sprach, hervortrat. Watson war ohne Zweifel eine Persönlichkeit, die einen in ihren Bann zog.

»Ich habe vor zwanzig Jahren mit nichts angefangen«, erklärte Watson und warf Diana einen Blick zu.

»Man muss erst einmal ein profitables Geschäft haben, bevor man sich idealistischen Zielen zuwendet.« Watson stand auf, streifte sein Sakko ab und entfernte eine Folie von den Sandwiches. Er stellte das Tablett auf den Tisch.

»Bitte, greifen Sie zu.« Watson legte sich ein Sandwich in eine Serviette und begann zu essen. Diana dachte, die Pyrolyse befand sich noch im wissenschaftlichen Stadium, es wurden erste kleine Anlagen projektiert. 3-4 große Anlagen sollten angeblich arbeiten, doch wie profitabel waren die und wie zuverlässig? Insofern konnte Diana mit diesem Angebot ohnehin nichts anfangen. Man könnte Patente prüfen oder einen kleinen Anlagenbauer übernehmen. Mehr war nicht möglich.

Dieser Mensch, so fragwürdig er war, sprühte vor Ideen und Energie. Seine Kreativität schien kein

Grenzen zu kennen. Diana spürte aber auch die negative Kraft, die in Watson war. Er setzte eine Miene auf, die keinen Widerspruch duldete. Sein Gesicht behielt einen unverändert starren Ausdruck. Man konnte nicht erkennen, was er dachte. Er blickte unbeteiligt zu seinem Gegenüber und plötzlich sagte er mit einer Bestimmtheit, die keinen Widerspruch duldete, wie die Dinge zu sein hätten. Diana war beeindruckt von Watson. Sie war selbst eine Frau mit Format und war sich dessen bewusst, doch sie bekam etwas Furcht vor diesem Menschen.

»Wie sieht denn die Von Hernsbach Gruppe ihren Weg in Kohlendioxid freie Technologien?« Watson fragte so beiläufig, während er von seinem Sandwich abbiss, dass die Frage als völlig nebensächlich und um die Zeit des Essens zu überbrücken, verstanden werden konnte. Natürlich war Diana klar, welchen Charakter ihr Besuch vor allem hatte. Das Angebot musste sie einfach ausschlagen. Einen Austausch zwischen Konkurrenten sollte man jedoch nie ausschlagen. Sie nahm sich ein Sandwich, legte es ebenfalls auf eine Serviette und schenkte sich Kaffee ein.

»Wie Sie wahrscheinlich wissen, haben wir Wealdstone & Wolfhart übernommen. Schwimmende Solaranlagen sind seit zehn Jahren in Asien verbreitet. Wir halten diese Technik für eine vielversprechende Möglichkeit, Kohlendioxid neutrale Energie zu produzieren.« Plötzlich schoss Diana ein Gedanke durch den Kopf, jetzt, wo sie Watson kannte …

»Sie haben von dem schlimmen Anschlag in Portugal gehört?«, fragte sie und blickte Watson aufmerksam an.

»Ja, natürlich eine schlimme Sache.«

»Wer könnte dahinterstecken?« Diana musste diese Frage einfach stellen.

»Nun ja, man hat die Verankerung während eines Sturmes gelöst. Das ging wohl schnell. Irgendjemand, der entweder gegen die Solarenergie an sich ist, weil er vielleicht eine andere Technik hat, oder man hat etwas gegen die Firma, welche die Anlage errichtet hat, weil man selbst Interesse hatte, ein Wettbewerber mit großen Ambitionen ...«, doch noch während er sprach, bis sich Watson auf die Zunge. Das war zu deutlich. Er ärgerte sich über seine Eitelkeit, die ihn dazu verleitete, diese Andeutung zu machen, nur um ihn als jemanden dastehen zu lassen, der alles wusste, auch über diese Sache.

»Aber natürlich wäre das völlig verrückt«, fügte er schnell hinzu. Er brauchte ein anderes Thema.

»Was für ein Mensch ist denn Paul von Hernsbach? Ich meine, er ist ja noch jung für die Position, die er hat.« Diese Frage traf Diana. Die Wirkung von Watsons halb offener Selbstbezichtigung, welche Diana als unfassbar und wie in einem Nebel aufnahm, brachte sie alleine schon aus der Fassung.

Was hatte Watson da angedeutet? … gegen die Firma, welche die Anlage errichtet hat … jemand, der selbst Interesse hatte … wie kam er darauf, das war am wenigsten plausibel…man verlor täglich Aufträge. Es sei denn … konnte das tatsächlich sein?

Watson ließ die Anlage zerstören und der Mord an dem Betriebsleiter war vielleicht ein Beiwerk, oder auch nicht, es war geplant, zur Abschreckung?
Diana wurde unruhig. Hatte er dann auch den Anschlag auf Paul in Auftrag gegeben? Nein, das war unmöglich. Aber wer steckte sonst dahinter? Es war ebenso mysteriös wie die Sache in Portugal. Wie konnte sie dieses Gespräch beenden?
»Was haben Sie eben gefragt?«
»Wie finden Sie es, dass ein so junger Kerl wie dieser von Hernsbach plötzlich dem Aufsichtsrat vorsteht, Ihr Chef ist, sozusagen?« Diana schwieg einen Moment. Etwas hielt sie zurück, doch dann verwarf sie ihre finstere Vermutung. Etwas anderes überwog, sie verlor ihren Argwohn, der ihr innewohnte und sie zuverlässig davor bewahrte, eine unbedachte Äußerung zu tun. Sie antwortete:
»Ja, natürlich ist er zu jung, viel zu jung. Vor zwei Jahren war er noch Student.« Watson sah Dianas Unruhe.
»Ist er verheiratet?«
»Ja, das ist er, mit Mathilde, sie nennen sie alle Tilda.« Diana lächelte spitz, als sie das sagte. Sie setzte sich auf, legte ihre Arme auf den Tisch und schob ihren Kopf nach vorne. Watson spürte ihren Zorn. Es war auch etwas Spöttisches in Dianas Art, wie sie Tilda aussprach.
»Paul ist Ökonom, durch und durch. Für ihn zählen Zahlen, alles muss berechenbar sein.« Diana ignorierte ihr Misstrauen. Sie hatte das noch nie

ausgesprochen und es drängte sie sich jemandem, einem Fremden, zu öffnen.

Das war einfacher, als mit ihrem Mann, oder ihrer Assistentin zu sprechen, was beides unmöglich war. Watson würde sie nie wiedersehen, aber soweit dachte sie in dem Augenblick nicht, jedenfalls nicht bewusst. Diana war wütend. Genau aus dem Grund, den Watson ansprach, war sie ja nach England gekommen und nun entlud sich ihr Zorn gegen Tilda.

»Mathilde arbeitet nicht. Sie pflegt einen gediegenen Müßiggang. Sie haben einen kleinen Sohn, auf den passt sie den ganzen Tag auf«, sagte Diana herablassend.

»Sie hat ein teures Pferd, um das kümmert sie sich, und sie nimmt an Dressurwettbewerben teil.« Dianas Gesichtsausdruck konnte nicht spöttischer sein.

»Und Sie, mögen Sie Mathilde?«, fragte Watson schalkhaft. Dianas Blick sagte alles, sie musste nicht antworten.

»Wissen Sie, Paul ist hinter mir her, er starrt mich an, er kann kaum seinen Blick von mir wenden.«

»Und?«

»Nichts, er getraut sich nicht, hat Angst vor seiner Tilda, die auf ihn aufpasst wie ein Wachhund.« Watson lachte leise und sah dabei auf seinen Notizblock. Er pochte mit einem Kugelschreiber darauf und wartete ab.

»Die Banken haben eine Liste mit Firmen zusammengestellt, die wir übernehmen könnten. Paul will alles persönlich bis in das kleinste Detail prüfen, als wenn er das könnte und dann nach Aktenlage entscheiden.« Diana machte eine wegwerfende Handbewegung.

»Es vergeht unendlich viel Zeit, wir müssen uns schnell entscheiden. Firmen im Umweltsektor sind begehrt, wie Sie wissen.«

»Was für Firmen suchen Sie denn, vielleicht kann ich helfen?«

»Ach, Planer für grünen Städtebau, Energieproduktion natürlich, vor allem Fotovoltaik, ja und Wasserstofftechnologie. Aber ich sollte das gar nicht erzählen«, sagte Diana und es wurde ihr unangenehm, dass sie diese internen Dinge ausplauderte.

Nein, das solltest du wirklich nicht, dachte Watson. Er lächelte wieder vor sich hin. Sie unterhielten sich noch eine Stunde. Watson versuchte so viel von Diana zu erfahren, wie es möglich war. Diana erzählte noch, dass Paul ein Projekt in Ghana entwickelte, eine schwimmende Solaranlage in der Stadt Sekondi-Takoradi. Das Projekt hätte schnelle Fortschritte gemacht und Paul wartete auf die Genehmigung der Regierung. Die Finanzierung würde er selbst übernehmen und die Anlage betreiben.

»Wie haben sie eigentlich durchgesetzt, was sie vorhin sagten? Ich meine, die 100 Euro pro Tonne Kohlendioxid zu verhindern?«

»Ach, das ist so:« Watson verfiel wieder in seine Großspurigkeit.

»Den Mächtigen muss man Freundlichkeiten zukommen lassen. Dann öffnen sich Türen und besondere Erkenntnisse lassen sich gewinnen. Jede Partei ist da gleich. Sie unterscheiden sich nur in dem, was

sie beanspruchen, sie verstehen? So etwas wie eine moralische Integrität ist doch nur etwas für Verlierer.« Er hat sich nicht wirklich im Griff, dachte Diana. Er scheint niemanden zum Reden zu haben. »Nein, im Ernst, ich habe mit den finanziellen Auswirkungen argumentiert. Wer will seinen Wählern schon so hohe Kosten zumuten?«
Gegen fünfzehn Uhr brachen sie auf und Watson fuhr Diana zurück zum Flughafen.
»Überlegen Sie es sich, das Angebot steht«, sagte Watson zum Abschied und stieg in seinen BMW.

***

Nachdem Thomas Watson durch einen Zufall, er suchte im Internet achtlos Pauls Namen, die Aufzeichnung von dessen Rede in der Universität sah, gefror er zu Eis. Die Angriffe auf seine Firma waren zersetzend, es war Rufmord und eine Aufforderung ihn, Thomas Watson zu vernichten. Es war klar, dass er gemeint sein musste. Watson schäumte vor Wut. Dieser Paul war kurz davor seinen Namen auszusprechen, beherrschte sich im letzten Moment. Sein Geschäft wurde in den Dreck gezogen. Wie kam er dazu? Dieser verschlagene Kerl hatte ihm Wealdstone & Wolfhart vor der Nase weggeschnappt. Watson beruhigte sich kaum. Er verließ sein Haus und ging im Garten spazieren.
Dieser Paul sprach verständlich, er war gut informiert. Er erschien sympathisch und bescheiden zu sein. Das große Unternehmen, das er vertrat, gab

ihm Gewicht. Der radikale Schritt, den von Hernsbach machte, lenkte die Aufmerksamkeit der Medien auf deren anarchisches Konzept. Was sie taten, war genau, was der Mainstream erwartete. Paul würde von Talkshow zu Talkshow gehen.
Watson wägte ab, wie er diesem Treiben begegnen konnte. Er war ein Lobbyist und hatte das Werkzeug, dagegen vorzugehen. Was er am meisten fürchtete, war die Aufgabe seiner Anonymität und dass Paul noch mehr profitieren würde von dem gezielten Störfeuer gegen ihn. Denn dass es Paul nur um seine Eitelkeit ging, war sicher für Watson.
Watson spielte alle Möglichkeiten durch. Man musste ein Exempel statuieren.
Am nächsten Tag kehrte Watsons Zorn zurück. Er war in seinem tiefsten Inneren getroffen. Das war genau, was er nicht ertrug. Ein Angriff auf seine Person. Dieser Schnösel wagte es, ihn anzugreifen? Er rief dazu auf, ihn ausfindig zu machen? Was für Folgen hätte das, wenn er plötzlich im Zentrum eines großen Interesses stehen würde?
Paul...der würde ihm in der Zukunft im Wege stehen konnte. So überzeugt, ja hysterisch wie er ihn angriff, würde er nicht nachlassen ihn zu zerstören. Was hatte er noch vor? Er hatte Geld. Damit konnte man eine Rufmordkampagne, eine Hexenjagd auslösen. Wie lange würde es dauern, bis der linke Pöbel vor seiner Tür stand? Hatte es sich Paul zum Ziel gemacht, ihn persönlich zu vernichten? Ihn, ihn persönlich? Er hatte vor der größte Investor in Energie, gleich welcher Art, in England zu werden. Dafür

musste er nun einmal hart sein. Watson sah sich an der Spitze eines Weltkonzerns. Noch hatte er zwanzig Jahre Zeit.

Paul hatte nicht nur Wealdstone & Wolfhart weggeschnappt. Er würde ihm bei weiteren Investitionen im Wege stehen. Es herrschte Krieg!

Es versagten seine Leute, die in Portugal noch so zuverlässig arbeiteten. Watson kochte vor Wut. Die Idee, ihn zu rammen, war tatsächlich töricht. Der Plan war es offensichtlich, es wie einen Unfall aussehen zu lassen, doch es trat genau das ein, was Watson befürchtete.

Sie verfehlten ihn und wären fast selbst verunglückt und damit aufgeflogen, was eine Katastrophe geworden wäre. Man hätte alles zu ihm zurückverfolgt. Dass der Schütze verletzt wurde, war dann ein Zufall, der vorkommen konnte, auch wenn er unvorsichtig war. So wie ihm die ganze Sache geschildert wurde, hätten sie auch seine Frau erschießen müssen, wobei das nichts ausgemacht hätte, außer dass es mehr Zeit kostete und die Gefahr, dass noch ein Fahrzeug kam, war nun einmal da. Einer war für den Transport, der andere für die Aufklärung zuständig, der Dritte war der Schütze. Alles in allem waren sie ein eingespieltes Team.

Es musste nun aber andere Leute her, eine ganz neue Idee musste ausgearbeitet werden. Watson beschloss das auch deshalb, weil er eine Freude darin fand, den Mord akribisch zu planen. Watson geriet in höchste Erregung bei dem Gedanken über Leben und Tod zu entscheiden.

Kapitel 9

In Europa stieg die Temperatur zum ersten Mal auf 40° Celsius. Die Trockenheit führte zu einer Panik. Wasser wurde noch mehr rationiert, wer es verschwendete, wurde mit einem hohen Bußgeld belegt. Deutschland ging davon aus, mit einer modernen Infrastruktur ausgestattet zu sein. Tatsächlich war das Gegenteil richtig. Man wusste nichts über eine zeitgemäße Wasserversorgung.

Was als Wasserwerk bezeichnet wurde, waren oft einhundert Jahre alte Rohrleitungen, die über veraltete Pumpen, mit niedrigem Wirkungsgrad Brunnenwasser förderten. Von einer Aufbereitung konnte keine Rede sein.

Abwasser wurde gereinigt und in Flüsse und schließlich ins Meer geleitet. Die Bevölkerung kümmerte sich nicht um diese Themen. Die Wasserversorgung war außerhalb der allgemeinen Wahrnehmung und generell ein dröges Thema, für das man sich nicht interessierte.

Es gab tausende kleine Wasserverbände, die sich einer Zusammenlegung zu größeren Strukturen verweigerten. Die Wasserversorgung in Deutschland war dieser Katastrophe nicht gewachsen.

Es machten sich 2 Millionen Menschen aus Pakistan, Afghanistan, Syrien, Nordafrika und Zentralafrika auf den Weg nach Europa. In Afrika lebten 1,5 Milliarden Menschen. Es waren wenige, die das Wagnis eingingen. Europa verhielt sich so ambivalent, wie man es seit Jahren immer tat. Sich offen gegen die Flüchtlinge zu stemmen, kam nicht infrage. Die Regierungen gaben vor, nach hohen ethischen Prinzipien zu handeln. Andererseits fürchtete man eine weitere kulturelle Verschiebung und hohe Ausgaben.

Unter denen, die nach Deutschland wollten, befanden sich Samuel und Junaiba Amadiume. Sie waren der Neffe und die Nichte von Amadou Amadiume.

Beide würden zur Elite ihres Landes gehören. Samuel war 25 und hatte Elektrotechnik mit einem Schwerpunkt Ökonomie studiert. Er war ausgebildeter technischer Manager, wenn auch ohne Erfahrung. Junaiba, die 27 war, hatte ihr Medizinstudium abgeschlossen und war Ärztin für Allgemeinmedizin. Sie studierten in Accra, wo ihr Vater in der Verwaltung der University of Ghana arbeitete.

Sie waren beide intelligente junge Menschen und ihnen war klar, dass man gerade sie in Ghana brauchte. Entgegen der Überzeugung ihres Onkels, sahen sie jedoch nicht, dass sich das Land entwickelte. Sie würden nichts verdienen und nicht vorankommen, egal, wie qualifiziert sie waren.

Ihre Familie gehörte nicht zur Elite, die das, was erwirtschaftet wurde, oder von außen kam, unter sich aufteilte. Das war es, was sie eigentlich empörte und ihre Loyalität zu Ghana nicht aufkommen ließ.

Sie wollten beide nicht für immer nach Europa, genauer nach Deutschland, sondern vielleicht fünf Jahre dort verbringen, Geld verdienen und sich weiter qualifizieren und danach nach Accra zurückkehren und die gewonnenen Verbindungen nutzen. Sie hatten sich das genau überlegt. Ihnen war auch klar, dass man sie in Deutschland nicht mit offenen Armen empfangen würde. Sie würden sich durchsetzen müssen, hätten vielleicht Hunger, oder würden von der Polizei geprügelt und erpresst. Vor allem war die Frage, wie sie ohne ein Visum nach Deutschland einreisen konnten.

Von Amadou, dem Bruder ihres Vaters, hatten sie gehört, dass die Firma, für die er arbeitete, von einem jungen, intelligenten und offenen und sehr vermögenden Mann geführt wurde. Sie wussten aber nicht, wer das war und ihren Onkel nach seinem Namen fragen, wollten sie nicht.

Amadou würde sofort verstehen, was sie vorhatten. Sie waren sich jedoch sicher, dieser junge Fremde würde ihnen helfen, würde sie bei sich wohnen lassen und ihnen eine Stelle besorgen. So kannten sie die Hilfsbereitschaft aus Ghana, wenn jemand reich war. Nur, irgendwie mussten sie erst mal nach Deutschland kommen. Den Namen der Firma kannten sie, sie hieß wie die Niederlassung ihres Onkels. Etwas ratlos saßen sie in Samuels Studentenzimmer, das er noch immer bewohnte, zusammen. Da fiel ihm ein, der Name des Eigentümers, oder des Geschäftsführers müsste im Internet, auf der Seite der Firma zu finden sein.

»Natürlich«, sagte Junaiba. »Du hast recht.« Hastig öffnete Samuel seinen Computer. Es gab eine Wikipedia Seite. Das machte es einfach. Der Aufsichtsratsvorsitzende hieß Paul von Hernsbach und der Vorstandsvorsitzende August von Hernsbach.

»Was für ein lustiger Name«, sagte Junaiba. »August, wie der Monat. Aber wer ist der, der die Firma leitet, wer ist der Chef?«, fragte sie.
»Das ist August, der mit dem lustigen Namen. Er ist der Vorstandvorsitzende.«
Sie beschlossen an die allgemeine Firmen-E-Mail-Adresse an August von Hernsbach zu schreiben. Auf der Internetseite der Deutschen Botschaft hatten sie gesehen, dass es eine passende Regelung für ein Visum gab. Dort stand: Visum zur qualifizierten Erwerbstätigkeit (z.B. Blaue Karte EU), wenn die Beschäftigung aus wirtschaftlicher Sicht notwendig ist und die Arbeit nicht zeitlich verschoben oder aus dem Ausland verrichtet werden kann (Bescheinigung des Arbeitgebers erforderlich, die auch bei der Grenzkontrolle vorzulegen ist)
Samuel und Junaiba wurden euphorisch und waren voller Freude. Sie klatschten sich ab. Am nächsten Morgen würden sie eine Antwort erhalten.
Sie schilderten, wie sie auf August kamen, nämlich durch ihren Onkel, den sie nicht weiter vorstellten. Sie beschrieben kurz, wer sie waren und dass sie nach Deutschland reisen wollten, ungefähr fünf Jahre bleiben und bei ihm wohnen wollten. Dass das nicht während der ganzen fünf Jahre sein sollte, ließen sie weg, sie hielten das für selbstverständlich. Zuletzt baten sie August höflich, ihnen bei der Stellensuche zu helfen und sie benannten ihre Abschlüsse. Dann sandten sie die E-Mail ab.

***

Unter den Flüchtlingen waren die Wege, wie sie nach Europa gelangen konnten, bekannt. Auf dem Landweg drohte die geringste Gefahr durch ein Unwetter das Leben zu verlieren, doch man musste über den Irak in die Türkei und weiter nach Griechenland, was wegen der Willkür der Türken und der großen Entfernung unmöglich war. Dieser Weg kam für die Syrer, Afghanen und Pakistaner infrage. Die Afrikaner mussten über das Mittelmeer, oder als blinde Passagiere in einem Schiff fahren. Beides war gefährlich und sie hingen von Schleppern ab, die sie ausraubten, oder als Sklaven verkauften. Zweifellos war die Reise für Afrikaner am schwierigsten. Wer Verwandte oder Freunde in Europa hatte, konnte sich einladen lassen.

Es war das, was Samuel und Junaiba vorhatten. Inzwischen waren viele Familien in Europa. Die oft ähnlichen Namen machten es den Behörden schwer zu bestimmen, ob jemand wirklich verwandt war. Was man in jedem Falle brauchte, war Geld. Viele gingen los, ohne zu wissen, wie sie es schaffen konnten. Doch alles erschien besser, als Zuhause zu verdursten, oder in die Armee zu müssen, oder einen Mann zu heiraten, der seine Frau schlug und sie sowieso verließ. Natürlich war auch diese Kategorie eine Minderheit, wie überall. Doch es litten viele und sahen keine Perspektive. Was alle wussten war, dass in Europa die Bevölkerung zurückging. Das machte ihnen Hoffnung. Erst musste man durch die Hitze bis ans Meer gelangen, dann Geld für ein Boot haben und danach hoffentlich gerettet werden. Eigentlich war all das unmöglich.

***

Diana suchte Paul in seinem Büro auf. In den letzten Wochen hatte ihr Verhältnis eine Veränderung erfahren. Paul war zwar noch immer von Diana angezogen, doch ging diese Anziehung in eine Manie über, das heißt seine Zuneigung zu ihr, die er bisher kaum verbergen konnte, verlief in Episoden und hing von seinem aktuellen Antrieb und seiner Stimmung ab.

Sie selbst entwickelte hingegen eine leichte Abneigung gegen Paul. Nachdem sie zu Watson gesagt hatte, wie sie auf Paul herabsah und ihren Unwillen gegen Tilda äußerte, verfestigte sich beides. Was wollte Paul von ihr? Sie war zehn Jahre älter, sie beide waren verheiratet. Das Einzige war, dass sie sich geschmeichelt fühlte, wenn er sie so offensichtlich anschmachtete. Diana nahm sich vor, ihm das zu sagen, sollte er seine Avancen nicht unterlassen.

Die Firma zu wechseln, kam für Diana nach dem Gespräch mit Watson nicht infrage. Sie musste mit Paul ein vernünftiges Verhältnis finden, das ihr gestattete, frei zu entscheiden. Dann wäre sie zufrieden. Sollte sie Paul vor Watson warnen? Besser nicht, sie würde sich selbst einem Verdacht aussetzen und Paul und Otto würden ihr Vertrauen in sie verlieren.

Paul blieb nach außen hin ohne Regung und konzentriert, auf das, was er tat, als Diana hereinkam.

»Paul, wir sollten einmal reden«, sagte Diana und das erschreckte Paul, der annahm, sie wolle über sich und ihn sprechen. Er wurde nervös. Blass stand er auf und bat Diana an seinem Besprechungstisch Platz zu nehmen. Sein Hals wurde trocken.

Diana begann über ihre Arbeitsteilung zu sprechen. Nach einer Weile verstand Paul, auf was sie hinaus wollte. Es galt, über die gewaltigen Investitionen zu entscheiden.

»Wir haben die drei Felder festgelegt. Den grünen Städtebau, bei dem wir zuerst eine Beratungsfirma übernehmen wollten, die Energieproduktion über erneuerbarer Energie und die Wasserstofftechnologie. Was haben wir bisher tatsächlich gemacht?

Wir haben Wealdstone & Wolfhart übernommen, einen Projektentwickler. Das ist schön, auch wenn uns das kaum Umsatz bringt. Wir wollten für die Fotovoltaik und die Windenergie große Projekte übernehmen, das, was Wealdstone & Wolfhart erarbeitet, aber nicht selbst ausführt.

Alles, was uns die Banken empfehlen, liegt sehr lange auf deinem Schreibtisch und nichts geht voran. Wie möchtest du weitermachen?« Diana, die ruhig in Pauls Büro eingetreten war, wurde aufgebracht. Die Situation war für sie klar. Sie machte die Vorarbeit und Paul war nicht imstande ihre Pläne zu bewerten. Er war hoffnungslos überfordert. Für einen Moment war Paul ratlos. Ja, es stimmte, er ließ sich Zeit. Er arbeitete an einer Matrix, die dazu geeignet sein sollte, die Auswertung zu systematisieren. Paul stand auf und druckte, was er entworfen hatte, aus und zeigte es Diana.

»Paul, entschuldige, das ist lächerlich, das hast du in den ganzen Wochen fertiggebracht? Hast du die Teaser und Exposés gelesen? Wir haben bestimmt hundert in einer Woche bekommen und müssen vorankommen.« Paul schluckte, Diana hatte recht.

»Ich habe bestimmt zwanzig ausgewertet. Fünf davon sollten wir uns näher ansehen«, sagte Paul leise und zögerlich. Er war in die Defensive geraten und Diana sagte ihm auf den Kopf zu, dass er nichts fertigbrachte. Es war richtig, er machte das zum ersten Mal und musste erst eine Methode entwickeln, wie er vorgehen wollte, wie es eben seine Art war. Das sollte so systematisch und logisch sein, so wie er es immer tat.

»Du kümmerst dich um dein Projekt in Sekondi-Takoradi. Das ist schön, bringt uns aber keinen Schritt weiter. Dein Partner Amadou Amadiume hat dir ein Konzept für Müllrecycling in Ghana geschickt. Was ist damit? Hast du das gelesen, wie findest du es? Was hast du ihm geantwortet?«

Paul sah sie betroffen und schuldbewusst an. Natürlich hatte er Amadous Vorschlag gelesen, doch sie hatte recht. Er konnte keine Entscheidung treffen, weil er das Ganze nicht einschätzen konnte. Das Einzige, was Paul zu tun imstande war, war es auf eine theoretische Art Bilanzen zu lesen und das, was er vorfand, ebenso theoretisch zu bewerten.

Neue Ideen waren ihm fremd. Diana schien ihm völlig überlegen zu sein. Er fühlte sich klein und ihr nicht gewachsen und ertappt. Schon während der letzten Wochen plagte ihn sein Gewissen.
Er fühlte, dass er alles verzögerte, doch er verdrängte den Gedanken. Es war nicht so, dass er nichts getan hätte. Paul ging noch einmal zu seinem Rechner und druckte, was er bearbeitet hatte. Er verglich, wie profitabel die Märkte waren und wie sich das in den Unternehmen widerspiegelte, die sie vorgeschlagen bekommen hatten. Er untersuchte alle Kennzahlen dessen, was zu erwarten war und was er in den Bilanzen fand.
»Das ist schön, Paul«, sagte Diana und bemühte sich nicht herablassend zu wirken. »Aber das kann auch das die Business Intelligence machen.« Sie konnte Paul nicht wie einen Schuljungen dastehen lassen, davon jedoch, waren sie nicht weit entfernt.
»Wir können es so machen. Du kümmerst dich um Wealdstone & Wolfhart, die haben wir nun übernommen, das heißt, die Entscheidung hast du ja getroffen«, sagte Diana, um einen aufmunternden Ton bemüht und um Pauls Blamage abzumildern. »Dann überlegst du, was du Amadou antworten möchtest. Sein Konzept ist gut und ausgereift. Er braucht nur dein Okay, die Umsetzung macht er schon selbst.« Diana sah Paul an und erwartete eine Bestätigung dessen, was sie ihm auftrug. Doch Paul schwieg und behielt seinen Blick auf seine Unterlagen gerichtet. Dann fuhr sie fort: »Es gibt eine neue Idee, in die wir investieren könnten.«

Diana berichtete Paul ausführlich von der Pyrolyse und erklärte auch den physikalisch-chemischen Prozess und die technischen Details. Dann legte sie ein einfaches Blatt Papier auf den Tisch, auf dem Firmen aufgelistet waren, die entsprechende Anlagen bauten. Sie schwieg und sah Paul an.
»Den Rest besprechen wir mit Otto und August. Für mich ist klar, wie unsere Investitionen aussehen.«
Was sie sagte, war so überzeugend, dass Paul nichts darauf erwidern konnte. Diana stand auf und blieb vor Paul stehen. Sie wollte noch irgendetwas Verbindliches, irgendetwas zu Pauls Aufmunterung sagen.
»Du brauchst Erfahrung im Operativen Paul. Leite eine Firma und in zwei Jahren kannst du solche Entscheidungen treffen.« Damit meinte sie wohl die Investitionen, die zur Auswahl standen. Paul vermochte nichts zu sagen. Er schwieg betreten und sah auf Dianas schöne weiße Hände. Dann verließ sie sein Büro.
Sie hatte vergessen ihn zu fragen, wie es ihm und Tilda nach dem Anschlag ging. Das hatte sie, obwohl das einige Wochen zurücklag, noch nicht getan. Die dachte einfach nicht daran.
Für Paul war diese Unterredung eine Qual. Er musste sich ändern. Sie hatte recht. Er sollte ein operatives Geschäft leiten, Personal führen, täglich mit den Abteilungen sprechen, sich um die Technik und die Entwicklung kümmern und den Vertrieb überwachen. All das kannte er nicht aus der Praxis.

Seine Wirklichkeit war allerdings eine andere. Die Erinnerung an den Moment, bei dem der Fremde sein Gewehr auf ihn anlegte, kreiste in Pauls Kopf.
Er versuchte, diese Erinnerung zu unterdrücken. Er war ausgeliefert und hilflos in dem Moment, dem Tode nahe. Tilda wäre ebenso kaltblütig erschossen worden. Wenige Augenblicke vorher waren sie glücklich, waren versöhnt und liebten sich.
Was sollte Paul dazu Diana sagen? Dass er unter einem Schock stand, dass er diese Gedanken nicht aus seinem Kopf bekam, die Bilder, die sich ständig wiederholten, dass er nackte Angst hatte und ihn diese Angst nicht mehr losließ?
Würde er das zugeben, dann würde er sich gegenüber Diana noch kleiner machen. Sie wäre auf eine herablassende Art verständnisvoll und mütterlich, würde ihn spüren lassen, dass er da schon herausfinden würde und dergleichen. Sie würde irgendeinen Kommentar abgeben, in dem eine Verlogenheit lag. Paul war verbittert. Hatte Diana ihn angerufen, nach dem Attentat, ihm geschrieben, oder ihn gar besucht?
Er müsste reden, aber er tat das nicht. Tilda war die Einzige, mit der er offen darüber sprechen konnte. Doch Tilda verfiel in Schweigen. Sie zog sich zurück, ritt mit ihrem Pferd aus, sagte nicht, wo sie war und kümmerte sich um Otto, dem sie eine besondere Zärtlichkeit entgegenbrachte. Sie war schwanger. Ihr Wunsch war in Erfüllung gegangen und dann blickte sie – aus dem nichts - dem Tode ins Auge

und sah, wie Paul beinahe erschossen worden wäre. Paul war sicher, sie wusste nicht, was sie tun sollte. Der Augenblick des Überfalls verschwand wohl auch nicht aus ihrer Erinnerung, er mochte ewig andauern. Sie flüchtete sich in das Banale, ritt mit ihrem Pferd über die Wiesen in der Nähe des Stalls, indem es untergebracht war und lenkte sich mit Nichtigkeiten ab.

Nein, mit Tilda konnte er jetzt nicht darüber sprechen. Paul verbarg sich in seinem Büro. Er konnte jetzt nicht hinaus, Firmen besuchen, Menschen die Hand geben, sich unterhalten, über Belangloses und Wichtiges sprechen. Das war unmöglich. Vor komplizierten Vorträgen hatte er Angst. Er würde nichts verstehen. Paul konnte sich nicht konzentrieren, er musste alleine sein, nur die Stille und die Einsamkeit halfen ihm jetzt.

Die Auswertung der Bilanzen dieser Firmen und der ganzen Unterlagen, die er erhalten hatte, war genau das, was ihm half. Es würde Wochen dauern, bis er sich aus seiner Befangenheit befreien konnte. Vielleicht schaffte er es aber auch nie. Pauls Selbstbewusstsein war von Grund auf erschüttert. Er hatte Schmerzen, seelische Schmerzen erfahren. Er war innerlich so unruhig, dass er sich einbildete zu zittern, doch tat er das nicht.

Diana würde all das nicht verstehen, wiederholte er. Sie war ihm fremd geworden und er meinte ihre Kälte zu spüren. Es fehlte Diana an Empathie und Verständnis. Er sollte sich von ihr lösen, doch dafür fehlte ihm nun erst recht die Kraft. Paul hatte allem, was sie vorschlug, zugestimmt, er suchte Ruhe. Er wollte weiter an der Auswertung der Bilanzen arbeiten, ja und das andere musste erledigt werden. Er musste alleine sein.

Gegenüber Tilda empfand Paul Scham und er fühlte sich schuldig, auch wenn es hierfür nicht den geringsten Grund gab. Auf eine unbestimmte Art und Weise, fühlte er sich für alles, was geschah, verantwortlich. Sie war eine so gute und geduldige Frau und Paul dachte immer wieder daran, dass sie ihr zweites Kind in ihrem Bauch trug. Dieses Bild, von dem wachsenden Kind, trug er in sich.

Er nahm sich Dianas Liste und ging im Internet die Firmen durch. Pyrolyse, das kannte er nicht. Es ging um Kohlendioxid Reduktion und war auf den ersten Blick interessant. Woher hatte sie das nun schon wieder? Paul las, was er fand. Am Ende dachte Paul, einen Konzern konnte er leiten, nur kein einzelnes Unternehmen, doch er war ja auch nur der Aufsichtsrat. Otto hatte sich was dabei gedacht. Nachdem er sich ihr so widerstandslos ergeben hatte, würde Diana von nun an erst recht die Entscheidungen treffen.

Paul dachte an Otto, der war müde, August nicht interessiert und er? Ein Grünschnabel? Ja, das war er. Er musste an sich arbeiten.

Aus dem Reitstall brachte Tilda einen jungen Kater mit. Der hatte ein hübsches rotweißes Fell. Sie nannten ihn Joseph und installierten eine Katzenklappe. Joseph fing bald an, Mäuse vor der Haustür und im Flur abzulegen. Diese Begebenheit mit dem Kater schweißte die kleine Familie aufs Neue und auf eine geheimnisvolle Weise zusammen.

Eines Abends, als sie zusammensaßen und Otto auf Tildas Schoß eingeschlafen war und Paul Joseph kraulte, der das schnurrend genoss, sagte Paul:

»Alle waren schockiert, alle nahmen Anteil. Otto besuchte uns und August kam sofort, meine Schwester rief an und meine Tanten. Mit Sissy habe ich danach noch lange telefoniert. Die Presse hat berichtet, das Fernsehen, es war ein einziger Aufruhr, eigentlich im ganzen Land. Nur Diana – die hat sich nicht gemeldet.« Er sah Tilda an. »Wusste Diana irgendetwas, ich meine etwas mehr?«, fragte Paul, mehr zu sich selbst sprechend. Tilda war müde. An Diana denken, mochte sie jetzt nicht. Sie machte eine Gebärde, die besagen sollte; vielleicht?

»Hatte sie ein schlechtes Gewissen und konnte uns nicht in die Augen sehen?« Paul schwieg und dachte nach. Dann sagte er:

»Woher wusste sie von dem neuen Verfahren, der Pyrolyse? Das ist nicht ihr Gebiet, sie versteht nichts davon. Es ist merkwürdig, welche Details sie kennt. Sie war völlig überzeugt davon. Sie muss mit jemanden gesprochen haben. Wer war das?«

Kapitel 10

Paul und Alex verabredeten sich im Restaurant des Tennisclubs, in dem Alex spielte. Aleksandar Vlado Jočić war groß. Er maß 1,95 Meter. Er war der geborene Sportler. Alex war schlank und kräftig. Seine Arme und Beine waren durch den fast täglichen Sport muskulös. Sein Haar war schwarz, kurz und drahtig. Sein Gesicht länglich, besonders sein Kinn, es war knochig und markant, seine Nase groß, seine Stirn hoch und er hatte helle, wache, braune Augen.
Alex beschäftigte sich mit zwei Dingen. Mit seiner IT-Firma und mit dem Sport. Er hatte eine Freundin, bei der er gelegentlich übernachtete. Zu ihm selbst kam sie nie. Er mochte das nicht. Für eine Familie habe er keine Zeit, meinte er. Das sagte er nur Paul und seinen engstes Freunden. Zwanzig Jahre würden noch vor ihm liegen, um eine Familie zu gründen.
Alex konnte sich kein Bild davon machen, wie es war, Kinder zu haben, an eine Frau gebunden zu sein oder gefragt zu werden, wann er nach Hause käme, war wohl so etwas wie sein Alptraum. Er mochte es, mit Frauen zu schlafen, mit älteren und mit Jüngeren.
Vor allem mochte er es, wenn er gefragt wurde, ob sie ihn wiedersehen würden. Alex war nicht unfair, machte keiner Frau etwas vor. Er war grundsätzlich ehrlich und offen, auch im Geschäftsleben, doch er war hart und direkt.
Er konnte sich durchsetzen. Gegenüber den Banken und gegenüber seinen Kunden und gegenüber den

Frauen. Alleine seine Erscheinung trug dazu bei. Erwartete man ihn im Anzug, trug er Dunkel mit Nadelstreifen. Eng sitzend, mit breiten Schultern, einem hellen Einstecktuch und Manschetten. Auch trug er eine Brille bei diesen Gelegenheiten.

Stieg er in seinen Porsche, um zum Tennis zu fahren, pflegte Alex eine Sonnenbrille, Sneakers und eine weiße Baumwollhose anzuziehen. Dazu trug er einen klassischen Tennispullover, mit blau weiß gestreiftem V-Ausschnitt. Er wohnte in einem 100 Quadratmeter Penthouse in Frankfurt-Mitte. Zur Arbeit nahm er das Rennrad. Er warf seinen Rucksack auf den Rücken und zischte durch die Stadt.

Die Besuche bei seiner Mutter waren weniger geworden. War er unterwegs, rief er sie an, aus der Bahn, oder vom Flughafen. Seiner Schwester schickte er eine Zeit lang Blumen zum Geburtstag, bis er es einmal vergaß und dann unterließ. Alex hatte es zu etwas gebracht, aus dem nichts.

Für Literatur, Theater oder Musik hatte Alex keinen Sinn. Ging er zu Fuß, oder fuhr mit dem Rennrad, steckte er sich AirPods in die Ohren und hörte, was gerade in den Sendern lief. Manchmal spät abends streamte er eine Serie. Er war umgänglich, höflich, hatte auch Humor, doch er war auch distanziert. Seinem Gegenüber gab er nicht das Gefühl, sich für sie oder ihn zu interessieren. Für die Belange anderer mochte er nicht mehr, als wenige Minuten aufwenden.

Allerdings gönnte er jedem seinen Erfolg. Generell mochte Alex erfolgreiche Menschen. Er mischte sich nie in deren Leben anderer ein und sagte fast nie, dass er jemanden für eine Leistung bewunderte. Alex blieb generell distanziert. Soweit es ihn interessierte, war Alex ein guter Beobachter. Er war intelligent, spielte auch gelegentlich Schach, eine Tradition seiner Familie und hatte eine rasche Auffassungsgabe.

Im täglichen Umgang verfolgte er auf eine subtile, auf eine verborgene Weise seinen Vorteil. Dieser Umstand, war das zentrale Motiv seines Handelns.

Paul respektierte Alex. Ja, Paul war sogar so etwas wie ein Vorbild für ihn. Dessen war er sich nicht bewusst, aber wenn Paul ihn anrief, hatte Alex immer Zeit.

Alex trat aus der Umkleidekabine. In einer Hand hielt er seine Sporttasche, mit dem Aufsatz für den Schläger, in der anderen den Schlüssel für seinen Porsche. Paul wartete auf der Terrasse. Die Plätze unter den Schirmen waren voll besetzt. Es war Sonntagnachmittag und die Sonne brannte vom Himmel. Die Gäste blieben nicht lange.

»Wie es mir geht?« Paul lachte bitter auf die Frage von Alex hin. Er war nervös. Das blieb selbst Alex nicht verborgen. Von dem Attentat, das zwei Wochen zurücklag, hatte Alex natürlich gelesen. Auch wurde eine Zeit lang auf Twitter und Facebook, die zentralen Informationsquellen für Alex, darüber geschrieben. Sie hatten auch kurz telefoniert. Paul strich sich immer wieder durch sein Haar und über sein Gesicht und rutsche auf seinem Stuhl vor und zurück.

»Lass uns reingehen. Hier ist es voll.« Paul stand auf und nahm sein Glas. Sie wechselten auf einen hinteren Platz im Restaurant.

»Die ganze Zeit bin ich unruhig. Schlafen kann ich überhaupt nicht mehr. Vielleicht sollte ich zu einem Therapeuten. Tilda geht schon lange zu einer Therapeutin, unseretwegen, ich meine wegen Diana und mir.«

»deinetwegen und Diana, noch immer?« Das war eine typische Frage für Alex.

»Eigentlich geht's um zwei Sachen bei Diana. Sie hat echt Ahnung davon, wie man einen Konzern führt. Sie schüttelt das alles aus dem Ärmel, obwohl sie auch nur zehn Jahre älter ist. Für mich ist einfach alles neu.

Manchmal ziehen Dinge wie eine weiße Leinwand, die von rechts nach links gekurbelt wird, an mir vorbei. Sie sieht, was für ein Theoretiker ich bin. Sie hat ja auch recht«, sagte Paul selbstkritisch.

Paul nahm einen Schluck aus seinem Wasserglas. Alex bestellte ein Weizenbier. Pauls Selbstkritik gefiel ihm nicht. Paul erzählte weiter:

»Man kann nicht sagen, dass alles mit allem zusammenhängt. Eigentlich hat das eine mit dem anderen nichts zu tun.« Alex verstand nicht. Er ließ Paul weiterreden.

»Unsere Firma hatte bis vor Kurzem 5.000 Mitarbeiter. Wir haben eine Holding und hatten ein Dutzend Tochterfirmen.« Paul sah auf sein Glas.

»Jeden Tag gibt es mit den Banken was zu entscheiden. Jeden Tag stapeln sich die Berichte der ganzen

Abteilungen auf meinem Tisch. Ich bin jetzt Vorsitzender des Aufsichtsrates.« Paul sah Alex wächsern und aufgelöst an. So hatte Alex ihn noch nie gesehen. Was war los? Er verstand noch immer nicht. Ja, das Attentat natürlich.

»Du hast doch deine Leute, deinen Vorstand, die alles erklären.«

»Soll ich die anrufen und sagen erklär mir mal das und jenes? Alex, du hast keine Ahnung, wie wenig ich verstehe. Ein Konzern ist wie eine Regierung und der Chef muss souverän sein und unantastbar. Andere Leute entscheiden, wen ich sehe und was sich lese. Was ist denn das für ein Leben?«

»Du bist aber nicht der Chef. Das Operative macht Diana. Du kannst dir alles vorlegen lassen und natürlich kannst du Fragen. Wo ist das Problem? Die wissen alle, dass du vor zwei Jahren aus der Uni gekommen bist. Also, was steckt wirklich dahinter?« Alex empfand Pauls Verhalten als Gejammer.

»Na ja, das Operative, ich meine, das Tagesgeschäft ist es ja auch nicht. Wir haben den ganzen Kunststoffbereich verkauft. Otto und Diana, im Alleingang. Sie haben mich nicht mal informiert, ich war nie dabei.«

Alex sah Paul ungläubig an.

»Ohne dir was zu sagen? Was halten die von dir? Wie hat das Diana mit Otto hinbekommen?« Paul beantwortet die Frage nicht direkt.

»Mein Job ist es jetzt, die ganzen Neuinvestitionen zu prüfen. Otto macht das nicht mehr und August ist ja sowieso überfordert. Ich kann nur eines machen.

Ich kann die Bilanzen prüfen, die Märkte scannen und das war's.«

»Hm und was ist denn jetzt mit dir und Diana?« Paul sah Alex an. Sein Zustand war jämmerlich. Dann erzählte er alles. Eigentlich wusste es Alex. Sie hatten darüber gesprochen. Er erzählte, wie er sich von Diana angezogen fühlte, wie er sich dagegen wehrte, wie er jede Faser ihres Körpers bewunderte, wie er sie anstarrte, sie liebte, wie er mit sich rang und wie Tilda ihm half.

Er erzählte, wie Diana ihm sagte, er habe keine Ahnung und er solle sich um die kleine Investition in Ghana kümmern. Sie nahm ihn nicht ernst. Wahrscheinlich verspottete sie ihn. Sie würde alles an sich ziehen und er Paul würde völlig sein Gesicht verlieren. Alex lehnte sich zurück und dachte nach. Dann sagte er mit einer tiefen Stimme:

»Was ist denn das für eine Looser-Scheiße?« Alex rückte zurück an den Tisch.

»Wir kennen uns, seit wir fünf Jahre alt sind. So was…«, er unterbrach und machte eine Pause. Dann sagte er:

»Ich nehme an, du willst meinen Rat, oder nicht?«

»Ja, natürlich, auch. Ich muss aber einfach mal alles erzählen.«

»Zum Erzählen geh in den Wald, was soll das Gejammer? Mein Gott, Paul, wach auf. Du gehst in deine Firma und sagst Diana, du bist der Chef. Du willst über alles informiert werden, über alles. Was denkst du, was Otto mit der vor zehn Jahren gemacht hätte?

Er hätte sie in ihrer Selbstherrlichkeit durch den Fleischwolf gedreht und dann gefeuert, aber hochkant. Paul, Mensch, reiß dich zusammen. Du bist nun mal der Erbe Eures Imperiums. Wieso lässt du dich so gehen und verknallst dich auch noch in die Frau? So was lässt man an sich abgleiten. Du vögelst sie einmal und da war's. Sie will mehr und du lässt sie hängen, ganz einfach. Was das Fachliche angeht, musst du das eben lernen.

Learning-by-doing. Was ist so schwer dabei? Du hast schiss vor allem und jedem. Nimm einen Coach, wenn du das nicht alleine hinbekommst. So einen Irren, der dich jedes Mal in den Arsch tritt, wenn du wieder einknickst. Ich kann dir so jemanden besorgen. Noch ein Bier«, rief Alex etwas zu laut der Kellnerin zu. Was Alex sagte, überzeugte Paul, einerseits, andererseits klang es herablassend und völlig an der Sache vorbei, wie er redete. Sie kannten sich aber so lange und so gut, dass Paul klar war, wie Alex reagieren würde. Dass er harsch sein würde, war, was Paul erwartete. Es steckte viel Jahres, in dem, was er sagte, so hart er es auch aussprach.

»Nein, lass mal gut sein. Da sind wir ziemlich unterschiedlich.« Paul bestellte entgegen seiner Gewohnheit einen Kaffee und einen Cognac. Paul redete weiter. Alex hörte zu, doch der Ton von Paul änderte sich nicht.

Um etwas Optimistisches zu sagen, sprach Paul über die Pyrolyse und von Ghana. Für Alex klang das schmeichlerisch, wie Paul auf diese Themen einging. Was sollte die Ablenkung? Paul hatte es nicht nötig, so zu reden. Er war der Erbe eines der größten Privatvermögen des Landes. Den Konzern musste er selbst führen. Paul musste seine Selbstachtung zurückbekommen.

»Ich sag dir noch mal. Sei cool, zeige keine Gefühle. Lass dir alles vorlegen und mach ein ernstes Gesicht dabei. Frag nach, frag alles nach, was dir auffällt. Das mach ich auch. Die Leute werden weich wie Butter. Du weißt nicht, wie du als Vorsitzender des Aufsichtsrates auf deine Leute wirkst. Sie haben einen großen Respekt vor dir. Du musst deine Blickrichtung ändern. Rechtfertige dich für nichts.« Für die Verhältnisse von Alex waren das alles gute Ratschläge. Er machte sich Sorgen um Paul und dachte über dessen Situation nach. Dann begann er das Thema auf sich zu beziehen.

»Ich weiß auch nicht immer alles. Man muss souverän wirken, auch wenn man das einmal nicht ist. Und das mit den Frauen? Du hast eine tolle Frau. Wenn du eine Abwechslung brauchst, ist das normal. Ich wechsle einmal im Monat.« Alex lachte erst heiter, dann verlegen.

»So einen riesen Laden wie du werde ich nie haben. Aber ich bin frei, verstehst du? Darum geht's doch, um die Freiheit, sich nichts sagen lassen zu müssen. Natürlich geht's auch um das Geld und natürlich um die Anerkennung.

Das scheint dein Problem zu sein. Die Anerkennung, von Diana. Eine Managerin, die nicht loyal ist, kannst du sowieso nicht brauchen. Schmeiß sie raus.

Finanzleute gibt's genug.« Mit einem tiefen Zug lehrte Alex sein zweites Bier.

»Es geht nicht um das Finanz-Know-how. Sie hat ein völlig neues Konzept für den Konzern entwickelt. Otto findet das genial, er wird sie niemals gehen lassen.« Alex sah vor sich hin.

»Mehr kann ich dir nicht sagen«, meinte Alex. »Wie gesagt, nimm einen Coach, der wird dir helfen.«

»Und das Attentat?«, fragte Paul. Alex schien das nicht ernst zu nehmen, oder irgendwie zu übersehen, dabei war es doch gerade das, was ihn am meisten quälte.

Es lag eine so kurze Zeit zurück, dass es noch immer surreal erschien. Vielleicht konnte gerade der ewige Sieger Alex nicht ermessen, was das für ihn, der eine sensible Seite hatte, bedeutete. Das Schlimmste war, dass sich eine Unsicherheit entwickelte. Wer wollte ihn umbringen und würde das noch einmal geschehen? Waren er und Tilda sicher, wo sie jetzt wohnten? Zweimal am Tag fuhr die Polizei vorbei. Die Polizei redete von einem Präventionskonzept.

Paul war so unkonzentriert, dass er bei dessen Schilderung dem Polizisten kaum zuhörte. Sie warnten Tilda und ihn vor einer posttraumatischen Belastungsstörung und empfahlen, einen spezialisierten Therapeuten aufzusuchen. Paul schob das vor sich her. Er hatte mehr Angst davor, das ganze noch mal zu erleben, Erinnerungen und Rückblenden zu produzieren, als er solchen Gesprächen einen Nutzen zutraute. Sein Innerstes einem Menschen zu öffnen widerstrebte ihm kolossal. Er spürte aber auch eine

Gleichgültigkeit und eine Teilnahmslosigkeit gegenüber dem Alltag.

Paul saß da, eingeschüchtert, er war nicht er selbst. So weit zu gehen und Alex das zu erzählen wollte er nicht. Die Sache mit Diana war schon peinlich genug.

»Setze eine Belohnung aus. 1 Million, 10 Millionen, ganz egal. Wenn die Polizei nichts macht, mach es selbst. Es war nicht der einzelne Wahnsinnige, es war ein Komplott, ein organisiertes Komplott, keine Ahnung wer so etwas tut.

Es muss einfach irgendjemanden geben, der dich umbringen will. Denk nach, intensiv, vielleicht kennst du ihn nicht, bist ihm nicht begegnet, aber es gibt ihn. Es kann eigentlich nur mit deiner Firma zusammenhängen. Das hat mit Sicherheit nichts mit dir oder deiner Familie zu tun. Welche Aktivitäten, welche Projekte hast du laufen? Welche Investitionen hast du gemacht? Hast du Technologien, die ein verrückter Wettbewerber finanziert hat, jemandem weggekauft?« Alex sagte:

»Paul, du musst lernen, aggressiv zu sein. Du musst deine ganze Haltung verändern, du bist nicht alleine in deinem kleinen Leben. Dein Studium, deine akademische Ausbildung hast du mit links gemacht, du hast eine Frau, die wie für dich gemacht ist. Hast ein gemachtes Bett, aber das Leben ist anders, du musst lernen zu kämpfen, muss lernen auszuteilen. Du kannst nicht erwarten, dass das Leben sorgenfrei bleibt, sich alles ineinanderfügt. Die Wirklichkeit

Paul, die Wirklichkeit ist eine andere. Sie mich an, wo ich angefangen habe...«

Alex sprach wie immer mit großem Selbstbewusstsein. Er redete ohne eine besondere Empathie. Etwas anderes konnte er nicht. Er war geradlinig und auf seine Art aufrichtig.

Paul hingegen neigte dazu, sich Gedanken zu machen, alles infrage zu stellen. Auch er hatte ein ausgeglichenes Selbstbewusstsein. Nun schossen ihm aber ununterbrochen wirre Gedanken durch den Kopf. Ihm wurde klar, wie verletzlich er auf einmal war. Ja, Alex war ein guter Freund.

Oft verbrachte er als Junge die Sommerferien mit Paul in Ottos Haus, oder sie fuhren zusammen mit Pauls Eltern weg, meistens auf eine Nordseeinsel. Sie wurden zusammen groß, saßen in der Schule nebeneinander und manchmal ging auch Paul zu Alex nach Hause.

Dort war es einfach. Das Essen war anders. Es gab rohe Zwiebeln und scharfe Suppen. Der Vater von Alex redete nicht viel. Er sah Fußball und hatte eine Schüssel, die serbische Satellitenprogramme empfing. Alles, was jetzt zusammenkam, verstand Alex nicht. Kurzfristig würde er verdrängen, was geschehen war. Es musste weitergehen. Auch wenn es Paul unendlich viel Kraft kosten würde.

Kapitel 11

Nach zwei Wochen wurde August eine E-Mail von einem Samuel Amadiume weitergeleitet. Der bat ihn um Hilfe. Er schrieb etwas von einem Onkel, der in Ghana eine Firma leitete, die zu ihrem Konzern gehören sollte.
Davon wusste August nichts. Er und seine Schwester wollten nach Deutschland kommen und bei ihm wohnen. Außerdem schrieben sie ganz unverblümt, er solle ihnen eine Anstellung besorgen. August, der eine soziale Haltung hatte, besonders gegenüber Migranten, fragte sich aber, was er mit dem merkwürdigen Anliegen tun sollte. Da er den Zusammenhang nicht im Geringsten verstand, aber die Bitte auch nicht ignorieren wollte und selbst wie üblich nicht imstande war eine Entscheidung zu treffen, leitete er die E-Mail an die Personalabteilung weiter, die sollten sich kümmern.
Kaum hatte er die E-Mail verschickt, entschied er sich anders. Man solle den beiden mit dem Visum helfen, das heißt eine Einladung schicken. Von den einschlägigen Vorgaben, nämlich dass eine Bescheinigung des Arbeitgebers erforderlich war, wusste August nichts.
Herr Müller-Breitschwert war der Teamleiter. Er war ein wortkarger Mittfünfziger, der die Dinge gerne im Verborgenen hielt. Von der Existenz einer Niederlassung in Ghana wusste er ebenfalls nichts. Die E-Mail kam ihm reichlich unseriös vor. Da er von August überhaupt nichts hielt und zuletzt, ohne

es jemals auszusprechen, die Umvolkung Deutschlands fürchtete, unternahm er – nichts, das heißt, er löschte Augusts E-Mail.

Samuel und Junaiba waren enttäuscht. Tag für Tag warteten sie auf eine Antwort und nichts kam. Es war ihnen klar, dass eine allgemeine Firmen-E-Mail-Adresse nicht unbedingt zu der Person führen musste, die sie im Betreff erwähnt hatten, doch sie hielten ein deutsches Unternehmen für so organisiert, dass überhaupt jemand antworten musste.

Inzwischen sandte Paul seine Bestätigung an Amadou, dass er die Investitionssumme bekäme, die er angefragt hatte, um die neue Firma für Plastikrecycling zu gründen.

Alleine wollte es niemand aus Deutschland anreisen, um einer Zeremonie der Eintragung der Firma beizuwohnen, die in Ghana üblich war. Amadou fühlte sich verletzt. Er fuhr nach Accra, um die Investition mit der Hilfe der deutschen Botschaft abzuwickeln. Dort besuchte er seinen Bruder. Während des Besuches berichtete er von der Ignoranz der Deutschen. Samuel und Junaiba waren ebenfalls anwesend. Sie sahen sich an und verstanden, wovon Amadou sprach. Dann erwähnte Amadou jedoch, dass Paul sein Ansprechpartner war. Paul wäre der Vorsitzende des Aufsichtsrates und der Enkel des Eigentümers. Paul würde alle Entscheidungen treffen. Samuel und Junaiba sahen sich wieder an. Sie hatten an den falschen geschrieben.

»Wir brauchen die E-Mail-Adresse von diesem Paul«, sagte Samuel zu Junaiba. Als sich Amadou aufmachte nach Hause zu fahren, begleiteten sie ihn hinunter auf die Straße und erzählten von ihren Plänen und ihrem ersten Versuch, der ohne eine Antwort geblieben war. Für Amadou klang das alles nicht ungewöhnlich. So viele träumten davon, nach Deutschland zu kommen. Da er wütend auf Paul war, weil der nicht kommen wollte und weil das eigentlich eine Selbstverständlichkeit war, schickte er dessen Kontaktdaten von seinem Mobiltelefon an Samuel. Sie konnten auch seinen Namen nennen, das würde ihnen helfen.

***

Nun gab es also eine neue, vielversprechende Technologie, die Pyrolyse. Sie stand in ihrer Entwicklung zwischen der Wissenschaft und der Industrialisierung. Es war der Zeitpunkt, zu investieren. Dianas Idee, mit der Begrünung von Städten, wies zwar ebenfalls in die Zukunft, doch was sollten sie mit einer weiteren Planungsfirma, auch wenn Diana meinte, die würde den Markt öffnen, weil man sich über die am schnellsten in einer Branche vernetzen konnte. Paul war das zu ungewiss.
Was genau sollte den Umsatz bringen? Gärtnereien, die Dächer oder Fassaden begrünen oder Bäume pflanzten? Er mochte die ganze Idee nicht.
 Weltweit Patente anzumelden, war kostspielig. Welcher Wissenschaftler,

oder welches gewöhnliche Unternehmen konnte sich das leisten? Eine Patentrecherche der Pyrolyse hatte Paul noch nicht in Auftrag gegeben.

Jetzt, solange die Technologie noch nicht bekannt war, musste man sich einkaufen und den Wettbewerb fernhalten. Die steigende Kohlendioxid-Konzentration war der ganz offensichtliche und unbestrittene Grund für die Erderwärmung. Dieses neue Verfahren wirkte dagegen, ja die Technologie konnte die Welt verändern. Wo saßen die Unternehmen, die erste Anlagen bauten? In China, den USA oder in Europa? Das war eine Schlüsselfrage und in welchem Stadium war die Industrialisierung? Es konnte Jahrzehnte dauern, bis eine Technologie wirtschaftlich war, es konnte aber auch rasant gehen.

In Dianas Liste fand er ein Dutzend kleiner deutscher Firmen, die Pyrolyse zur Reinigung von Werkzeugen einsetzten. Dann stieß er tatsächlich auf Firmen, die Konverter zur Herstellung von Pflanzenkohle, dem Kohlendioxid-Speicher herstellten. Andere nutzten Materialien wie Klärschlamm, Mikroalgen oder Wasserpflanzen.

Ein großer chinesischer Hersteller war zu finden, japanische Firmen und mehrere australische Anbieter. Pflanzenkohle bot weitere Vorteile. Die Verbesserung des Wasserspeichervermögens. Ein Zuwachs der Bodenbakterien, sowie die Zunahme der Mykorrhizen, wodurch eine verbesserte Wasser- und Mineralstoffaufnahme gewährleistet würde. Es gab viele weitere entscheidende Vorteile, wie eine effizientere Nährstoffdynamik, die sowohl für erhöhtes Pflanzenwachstum als auch für eine verminderte Nährstoffauswaschung sorgen würde und schließlich die Verbesserung der Pflanzengesundheit durch eine induzierte Resistenz. Paul verstand nicht alles.

Paul würde jemanden brauchen, der sich in diese Technik einarbeitete und eine Marktanalyse erstellte. Diana bräuchte nichts davon mitzubekommen.

Dianas andere Auflistung der Unternehmen, in die man investieren sollte, wurde genehmigt. Dem Aufsichtsrat gehörten zwei Vertreter der Arbeitnehmer an. Es waren loyale Mitarbeiter, die der Firma Jahrzehnte bei von Hernsbach arbeiteten. Sie waren keine Manager. Sie litten darunter, dass der größte Teil des Konzerns verkauft worden war. Es war nur noch die Fertigung des Fensterglases geblieben. Beide waren froh, dass es überhaupt weiter ging und der Erlös des Verkaufes nicht am Kapitalmarkt angelegt würde.

So wandelte sich die Von Hernsbach KGaA von einem Kunststoffverarbeiter binnen kurzer Zeit zu einem Investor für Umwelttechnik. Die erste Übernahme war eine Firma, die Brennstoffzellen herstellte, wenngleich es noch immer kein Unternehmen auf diesem Gebiet gab, das profitabel war.

Außerdem übernahm die Holding einen Hersteller von Windturbinen, eine weitere Firma, die Windenergieanlagen errichtete und sie wartete sowie einen Hersteller von Solarmodulen. Letztere fertigten nach einem neuen Verfahren und würden angeblich nach kurzer Zeit profitabel sein. Dieses letzte Unternehmen war in Österreich.

Die Produktionsanlage verfügte über eine jährliche Kapazität von mehr als 600 Megawatt, die mit neuen Technologien auf mehr als 800 Megawatt erhöht werden sollte. Der Geschäftsplan, den Diana für die Gesamtinvestition erstellte, ging davon aus, dass nach drei Jahren alle drei Investitionen profitabel sein würden. Das allerdings barg einige Risiken.

August sagte während der Besprechung kein Wort. Er war blass und blickte auf sein Mobiltelefon, auf dem er eine Kunstausstellung durchklickte. Schon seit Wochen zog er sich zurück, erschien nun überhaupt nicht mehr in der Firma und machte auch einen teilnahmslosen Eindruck.

Otto und Paul beobachteten das. Otto machte sich Sorgen um seinen Sohn. Er hatte ihn nie für voll genommen und ihn das spüren lassen. Otto war hart und fordernd zu seinen Kindern, übertrieben hart. Er hätte Augusts andere Talente, die er ohne Zweifel besaß, akzeptieren sollen.

Noch nie hatte er seine Galerie besucht und seit Jahren hatte er ihn nicht mehr gefragt, wie es ihm eigentlich ginge. Wann hatte er ihn das letzte Mal eingeladen? Er konnte sich nicht erinnern. Was Otto August entgegenbrachte, war väterliche Kälte, die einer Borniertheit entsprang, für die es keinen handfesten Grund gab, außer Ottos völlig falsches Bild vom wirklichen Wesen seines Sohnes.

Seit Paul in die Firma eingetreten war und sich nach Ottos Vorstellungen entwickelte, verband ihn mehr mit ihm und August trat vollends in den Hintergrund. Nun fragte sich Otto auf einmal, was war mit August, oder wie stand es mit seiner Ehe, litt er darunter, wie er ihn behandelte?

Otto selbst hatte sich kurz nach der Geburt ihrer jüngsten Tochter Mechthild von Gertrud, seiner Frau, getrennt. Sie war depressiv, was Otto damals als eine selbst verschuldete Schwachheit auslegte und er konnte ihren ständig gequälten Anblick nicht mehr ertragen.

Verständnis für sie brachte er nicht auf, er redete auch nicht mit Gertrud. Otto war gefangen in einer Selbstbezogenheit und abweisenden Härte gegenüber anderen Menschen. Er war sehr talentiert und strebsam und hatte Gertrud geheiratet, weil das als gesellschaftliche Norm galt, mehr verband ihn nicht mit ihr. Otto kaufte Gertrud ein Haus auf Sylt, stellte zwei Erzieherinnen für die Kinder ein und sah sie selbst wenig. Eines Tages fand man Gertruds Körper leblos im Meer treiben.

Otto ging so weit, diese Katastrophe zu tabuisieren und verbot den Kindern über den Tod ihrer Mutter zu sprechen, was einer weiteren entsetzlichen Demütigung und der Unterdrückung des wichtigsten Bedürfnisses der Kinder gleichkam. Sie waren noch klein und hatten lange Zeit Angst vor ihrem Vater. Erst Jahre später erkannte Otto, was er angerichtet hatte. Otto liebte seine Kinder, doch war er unfähig, das auszudrücken. Er examinierte sie, ohne sie in den Arm zu nehmen, oder mit ihnen herumzutollen, gab keine väterliche Zärtlichkeit und stellte nur schulische Forderungen. Etwas Albernes mit seinen Kindern zu tun, wäre ihm nie in den Sinn gekommen.

Otto wurde 1939 geboren. Sein Vater Manfred von Hernsbach, der eigentliche Gründer der Firma, war ein Anhänger Hitlers und trat sowohl in die NSDAP, als auch in die SS ein. Er wurde gleich zu Beginn des Krieges in Polen verwundet und war daraufhin kriegsuntauglich. Dass dies in den ersten Tagen des Krieges geschah, verwandt er nie. Gerne wäre er für seinen Führer wieder ins Feld gezogen.

Lange glaubte Manfred von Hernsbach daran, dass Deutschland Lebensraum im Osten bräuchte und dass die deutsche Rasse auserwählt wäre. Er erzog Otto und dessen Bruder im Geiste der nationalsozialistischen Ideale. Noch lange nach dem Krieg, vertrat er diese Ansichten. August, Ottos ältestes Kind und der einzige Sohn, war sensibel und er litt am meisten. Sofia und Mechthild ertrugen die Kälte und gefühllose Gängelei des Vaters besser. Früh wandten sie sich von ihm ab, heirateten beide, als sie jung waren und zogen in andere Städte.

Sie meldeten sich nicht mehr. August fehlte die Kraft, sich von Otto zu emanzipieren. Lange hatte er Schuldgefühle, dass er den Vorstellungen seines Vaters nicht entsprach und eiferte ihm in einer hilflosen Weise nach. Bis August sein Studium begann, war Otto trotz allem sein Vorbild. Otto gab ihm vor, was er zu studieren hatte, nämlich Chemie. August tat das, begann sich aber für Kunstgeschichte zu interessieren und schrieb sich, ohne dass Otto es wusste, parallel dort ein.

Einen Abschluss machte er nur in Chemie, auch promovierte er, was schon damals üblich in diesem Fach war. Seine Frau Isolde lernte August bei einer Betriebsfeier kennen. Sie arbeitete, ohne Ambitionen zu haben, in der Buchhaltung der Holding. Sie bekamen zwei Kinder Paul und Elisabeth, die immer fröhlich war und die sie Sissy, die Prinzessin, nannten. Sissy hielt es nicht lange in der Familie aus. Sie heiratete ebenfalls jung, den Baron und angehenden Diplomaten Rudolf von Calenberg-Neustadt. Wenigstens das imponierte Otto.

Sie kam wie ihre Tanten nur noch selten und bald gar nicht mehr nach Hause. Paul war der Einzige der Familie, mit dem Otto verbunden war. Isolde, Augusts Frau, war kühl, spröde und wenig talentiert.

Wärme gab sie nicht an ihre Kinder. Sie versorgte sie und tat das Nötigste. Auch hatte sie keine Interessen. Sie las ihre Zeitschriften, kochte lieblos und tat nicht viel während des Tages.

Die Putzfrau erledigte alles, was getan werden musste. Für Augusts Kunstsammlung und seine Galerie hatte Isolde schon gar nichts übrig. Zu diesen Sachen, wie sie es nannte, fand sie keinen Zugang. August war alleine damit.

Sissy mochte Isolde etwas mehr, als Paul sie mochte. Sissy war so reizend als Kind, dass Isolde sogar manchmal stolz auf sie war. Zu Paul, ihrem Sohn, fand Isolde nie ein mütterliches, herzliches

Verhältnis. Paul war intelligent und es war früh klar, dass er zielstrebig sein würde. Das waren weder ihr Mann noch sie.

Paul verbrachte viel Zeit bei anderen Kindern, bei den Nachbarn und bei seinen Tanten, Sofia und Mechthild und vor allem bei Otto. Als Paul sechzehn Jahre alt wurde, dachte er, eine Mutter eigentlich nicht zu haben. Er hörte auf, mit ihr zu reden. Sie sollte ihm immer fremd bleiben. Zärtlichkeiten gab sie ihm nie. Einen Kuchen zum Geburtstag backte sie nicht, so wie Paul es bei anderen Müttern sah. Auch hörte Paul früh auf, Kinder zu seinem Geburtstag einzuladen.

Es war die Putzfrau, die ihn bei seinen kleinen Feiern unterstütze. Die Kinder fragten, ob die Frau Pauls Mutter wäre. Das überforderte ihn. Isolde kümmerte sich einfach nie um Paul. Sie lobte ihren Sohn auch nie, wenn er stolz mit einer Eins nach Hause kam. Das verletze Paul besonders. Paul wuchs auf sich alleine gestellt auf.

Otto nahm sich vor, mit August zu sprechen und seine Galerie zu besuchen. Er war 83 und wollte seinem Sohn wenigstens diese kleine Anerkennung geben. August antwortete, er würde sich freuen, würde aber am nächsten Tag zum Wandern nach Südtirol aufbrechen. Isolde würde nicht mitkommen. So trennten sie sich an diesem Tag nach der Aufsichtsratssitzung.

***

Paul erhielt eine E-Mail aus Ghana. Samuel Amadiume, der Neffe von Amadou Amadiume, schrieb. Seine Schwester Junaiba war kopiert. Sie baten um ein Visum, das auf die Firma zurückgehen sollte, dass sie bei ihm wohnen konnten und sie baten Paul darum, ihnen bei der Suche nach einer Anstellung zu helfen.

Beide hatten akademische Abschlüsse. Sie wollten fünf Jahre in Deutschland bleiben. Auch erwähnten sie, dass sie August angeschrieben, aber keine Antwort von ihm erhalten hätten. Paul dachte nicht lange nach. Er konnte sich die Gründe für ihre Bitte gut vorstellen. Das Einzige, was dagegen sprach war, dass ihr Land genau solche Menschen brauchte. Millionen versuchten nach Europa zu kommen. Die Fahrten über das Mittelmeer waren für Afrikaner die einzige Möglichkeit, das zu schaffen. Europa hingegen schottete sich immer brutaler ab. Die Grenzpolizei nahm die kleinen Schlauchboote an einen Haken und schleppten sie zurück in die Türkei, nach Libyen und Ägypten.

Die beiden würden aber für Deutschland eine ebenso willkommene Hilfe sein und sie schrieben, dass sie wieder zurückkehren wollten. Paul antwortete, dass es ihm leidtue, dass August nicht geantwortet habe. Dann lud er sie einzukommen, sagte die erbetene Hilfe zu und schrieb, Samuel könne ohne Weiteres in ihrer Firma anfangen. Junaiba müsste sich darauf einstellen, dass ihr Abschluss nicht anerkannt würde und sie weitere Examen ablegen müsse. Dann fiel Paul ein, dass sie eine Betriebsärztin hatten. Der konnte Junaiba assistieren, bis ihr Abschluss anerkannt wäre und sie eine Stelle in einem Krankenhaus, oder einer Praxis finden könnte. Bei ihm wohnen brauchten sie nicht. Er würde ihnen eine Wohnung besorgen und in den ersten Tagen könnten sie in einem Hotel wohnen, das der Firma gehörte. Auch bot er an, die Flugtickets zu bezahlen. Er kopierte den Teamleiter, Herrn Müller-Breitschwert. Dann rief er August an und fragte ihn, warum er nicht auf die E-Mail geantwortet habe. August erklärte, dass er von der Niederlassung nichts gewusst und die Anfrage an den Teamleiter weitergeleitet hätte.

Samuel und Junaiba bedankten sich sofort überschwänglich. Herr Müller-Breitschwert wurde von Paul beauftragt, die Sache abzuwickeln, das heißt, die Formalitäten für das Visum zu erledigen, den Flug und das Hotel zu buchen. Herr Müller-Breitschwert, der eine Abneigung gegen Schwarze hatte und ihnen einen großen Groll entgegenbrachte, dem es aber an Mut fehlte gegen den Auftrag von Paul etwas zu unternehmen, tat, um was er gebeten wurde. Paul fragte ihn in der Eile nicht, warum er sich bei den Ghanaern nicht gemeldet habe. Herr Müller-Breitschwert aber dachte, die Stunde des Erwachens würde noch kommen.

Paul stieß auf ein Spin-Off der Universität Frankfurt. Es war genau, was er suchte. Zwei Post-Docs hatten eine Firma gegründet. Ihr Name war FRA-Konverter GmbH. Ihr Konverter versprach besonders gute Eigenschaften zu haben. Die beiden hatten vielversprechende Ideen, aber kein Geld. Paul besuchte die kleine Firma zweimal. Dann beschloss er, sich zu beteiligen. Er investierte fünf Millionen Euro. Diese Summe erbat er sich von Otto. Er wollte vermeiden, dass Diana etwas erfuhr und Otto verstand sofort. Paul war nicht klar, dass er diverse andere Interessenten ausgestochen hatte. Die beiden Erfinder waren bekannt und standen mit mehreren Interessenten in Verbindung. Sie nahmen Pauls Angebot an, weil er aus Frankfurt kam und versicherte, sich nicht einzumischen. Bei den anderen Interessenten, insbesondere einem Investor aus Großbritannien, der Thomas Watson hieß und mit Nachdruck aufgetreten war, als er ebenfalls die Firma besuchte, würde das wohl nach seinem Erscheinen zu urteilen nicht so sein.

***

Die Stimmung in Europa und insbesondere in Deutschland, wo seit zwei Generationen Wohlstand und Frieden war und eine Betulichkeit, gepaart mit hohen moralischen Überzeugungen vorherrschte, näherte sich die Bevölkerung wegen der hohen Temperatur einer Panik. Es gab keine messbaren Fortschritte in der Klimapolitik, auch wenn die alternative Energieerzeugung einen immer größeren Anteil an der Stromerzeugung hatte und die Elektromobilität die entscheidende Technik im Verkehrswesen wurde.
Die Resultate würden sich erst in der Zukunft bemerkbar machen. Strom konnte man noch immer

nicht speichern und die Lobby der Braunkohle setzte durch, dass die Kraftwerke in Betrieb blieben, obwohl man sie nicht brauchte, hingegen wurden moderne Gaskraftwerke stillgelegt. Das Undenkbare lag in der Luft, selbst in Deutschland. Demonstrationen nahmen zu und wurden gewalttätiger.

Niemand wagte das offen auszusprechen, überhaupt, wie alles Unangenehme von den Medien tabuisiert wurde. Zwei Jahrzehnte war die Regierung von besonders phlegmatischen Personen geführt worden, die jeden Konflikt vermieden, koste es, was es wolle. Keine Reform wurde ernsthaft angepackt, nur die Sozialabgaben erhöhten sich zum Zwecke der Ruhigstellung des Volkes. Das Land war durch die ausufernde Bürokratie wie gelähmt. Für Reaktionen, wie es in einer Krise notwendig war, fehlten der Regierung die gesetzlichen Möglichkeiten, die notwendigen finanziellen Mittel und vor allem der Wille.

Durch die Auflösungserscheinungen der großen internationalen Institutionen entstand eine besondere Unruhe. Der Euro würde nicht mehr lange zu halten sein, was käme dann? Ein Euro mit weniger Staaten oder die deutsche Mark? Was machte man mit tausenden Flüchtlingen, die jedes Jahr in das Land kamen und wie konnte man die Infrastruktur der Strom- und Wasserversorgung ertüchtigen? Es war absehbar, dass der Welthandel ohne die großen Abkommen zum Erliegen kommen würde. Der deutsche Alptraum, die Hyperinflation, zeichnete sich ab. Die Regierung zog sich zu Tagungen zurück und beauftragte universitäre Institute nach Lösungen zu suchen. Die Zeit verrann.

Kapitel 12

August übernachtete auf einer Hütte in den Dolomiten, in dem Rosengarten genannten Klettergebiet. Die Hütte lag 2.600 Meter hoch. Am Abend saß er alleine an einem Tisch und schrieb, mit einem Kugelschreiber, mit seiner kleinen Handschrift in ein blaues Notizbuch. Er wirkte unnahbar und war in Gedanken versunken. Seine Umgebung schien er nicht wahrzunehmen. August beschrieb ohne Hast die letzten Seiten des Notizbuches und blickte kaum auf.

Nach und nach trank er eine Flasche Wein. Am Nachmittag, als er eingetroffen war und das Zimmer bezahlte, sagte er dem Wirt, er wolle am nächsten Morgen zum Gipfel aufsteigen und dann ganz hinunter in das Tal zurückkehren. Er wäre alleine, was er merkwürdig, nämlich zweimal betonte und wohne in einem Hotel in Bozen. Gegen elf Uhr legte sich August in dem unteren Stockbett eines kleinen Zimmers, das mit vier Betten ausgestattet war, schlafen. Er schien lange wach zu liegen und sah immer wieder auf sein Mobiltelefon.

Um sieben Uhr am Morgen stand er mit seinem gepackten Rucksack im Gastraum, aß eilig ein Brot, trank Kaffee und füllte seine Wasserflasche, die er aber vergaß einzustecken. Er wirkte fahrig und schien in Eile zu sein.

August grüßte mit einem abwesenden Blick die anderen Gäste, verließ die Hütte, band sich nach einem kurzen Weg seinen rechten Schuh, was er vergessen hatte und ging alleine in die Richtung des Gipfels zum Kesselkogel, des mit 3.000 Metern höchsten Berges dieses Teiles der Alpen. Es waren noch die letzten 400 Höhenmeter zurückzulegen. Er trug eine leichte rote Jacke, eine an den Knien verstärkte beige Wanderhose und eine Kappe. August sah so unauffällig aus, wie jeder andere, der in den Alpen wanderte. Der Klettersteig galt nicht als schwierig und August kannte gerade diesen Berg ausgezeichnet.

Er bewegte sich nicht eilig, eher spazierte er und wurde immer wieder überholt. Um vom Westgrat zum Ostgrat, das heißt zum Gipfelkreuz zu gelangen, musste man einen langen schmalen, felsigen Weg entlang gehen, der rechts und links senkrecht abfiel. August, wurde von zwei Seiten aus beobachtet. Es gingen fünfzig Meter hinter ihm eine Gruppe von vier Bergsteigern und vom Gipfelkreuz her, das nur noch einhundert Meter entfernt war, sah jemand zu ihm herüber. Jene, die hinter ihm gingen, bemerkten, dass August immer wieder zögerte, weiterzugehen. Sie sprachen über seine Kondition und ob sie ihm raten sollten umzukehren.

August wurde langsamer. Er sah in das Tal hinunter. Der Himmel war nur leicht bewölkt, man konnte weit über die Dolomiten sehen und auch die fernen Gipfel waren zu erkennen. Es war acht Uhr und noch kühl. Ohne ein äußeres Anzeichen, ohne sich umzusehen, oder irgendeine besondere Reaktion zu zeigen, streifte August seinen Rucksack ab, zog die Mütze von seinem Kopf, ließ sie auf den Erdboden

gleiten, drehte sich nach rechts, schritt über die Felskante und stürzte lautlos in die Tiefe. Es war, als hätte er einen gewöhnlichen Weg eingeschlagen.
August schied aus dem Leben, wie er es geführt hatte. Einsam und ohne sich mitzuteilen. Augusts Leichnam wurde mit einem Hubschrauber geborgen. Die Bergwacht brachte ihn in die pathologische Abteilung des Krankenhauses in Bozen. Man untersuchte ihn, fand keine Drogen, oder Hinweise auf eine Erkrankung und überführte seinen Leichnam zurück nach Frankfurt. Von einem Unfall konnte keine Rede sein. Unter dem Kopfkissen seines Bettes fand der Wirt das Notizbuch. Nach einigen Wochen gelangte es mit dem Rucksack und der Kappe zurück zu seiner Familie.
Isolde stand tagelang unter Schock. Als es wieder möglich war, wurde sie von einem Polizisten ungerührt gefragt, ob sich Augusts Selbstmord abgezeichnet habe. Hätte sie ihn alleine reisen lassen, hätte sie ihn überhaupt aus dem Hause gehen lassen, wenn sie irgendetwas geahnt hätte?
Die Frage verletzte sie so sehr, dass sie sich für einen Monat in ihr Haus zurückzog. Jeder in der Familie kannte die Antwort. Augusts Schwestern und deren Ehemänner kamen zur Beerdigung, an der nicht viele Menschen teilnahmen.
Mit Otto sprachen sie nicht. Sie blieben auch nicht zum Café, sondern fuhren direkt nach der Bestattung wieder ab. Otto zog sich nun ebenfalls zurück. Er fühlte sich an der Katastrophe schuldig. Als Otto von dem Notizbuch hörte, bat er darum, es zu

erhalten. Eine Woche lang, las Otto täglich darin. Dann ließ er eine Kopie anfertigen und reichte es an Paul weiter. Diana ließ er ausrichten, sie solle ihn bis auf Weiteres nicht mehr besuchen und alles, was die Firma betraf, mit Paul besprechen.

***

Sissy, Pauls Schwester und er setzten sich in dem Café, das man nach der Trauerfeier aufsuchte, zusammen. Sissy trug ein grün – braun gemustertes Kleid. Ihr Haar war zu einem Dutt geknotet. Sie war pausbäckig geworden, seit Paul sie das letzte Mal sah. Ihr breiter Mund schien ihre Backen nach außen zu dehnen. Ihr Gesicht war ausdruckslos und blass, trotzdem sie in Rom lebte. Wir können Geschwister so unterschiedlich sein, dachte Paul.
Sissy und Paul hatten wenig Kontakt, riefen sich höchsten bei Geburtstagen an. Seit Jahren hatten sie sich nicht mehr gesehen. Sissy und ihr Mann, der an der Deutschen Botschaft in Italien arbeitete, führten ihr völlig eigenes Leben, unabhängig von der Familie.
Sissy hatte ein besonderes Mitgefühl für ihre Mutter, die Paul als kalt und stumpf empfand.
Kurz sprachen sie darüber, was August zu seinem Selbstmord bewogen hatte. Paul mochte das Thema nicht, es war ja klar, was geschehen war. Sissy mochte vielleicht den Klatsch, der damit verbunden war, dachte Paul. Dann bedauerte Sissy ihre Mutter und Paul wich auch diesem Thema aus.

»Sie hat nie etwas verstanden«, sagte er und es klang wirklich herzlos an diesem Tag so etwas zu sagen. Sissy sah Paul sprachlos an. Sie wusste, was Paul so erboste.

»Sie kann es nicht besser«, sagte Sissy. Mutter hat selbst keine Liebe bekommen. Sie weiß nicht, was das ist und kann nichts weitergeben. Eigentlich gab sie sich doch alle Mühe. Paul schüttelte seinen Kopf. Er verstand nicht, warum Sissy das sagte. Es war ihm aber auch egal. Er war so voller anderer Sorgen, dass er keine Muße hatte, über seine von ihm immer abgewandte Mutter nachzudenken.

»Vielleicht hat sie sich um dich mehr gekümmert, keine Ahnung.«

»Hast du unseren Vater und Mutter gelegentlich besucht? Jetzt solltest du das machen. Wie soll Mutter jemals darüber hinwegkommen?«

»Ach Sissy…ich habe tausend andere Sorgen. Die ganze Kunststoffsparte wurde verkauft. Otto hat dich ausbezahlt, nicht? Ihr müsst viel Geld bekommen haben. War das nicht fair? Hast du dich bei Otto bedankt, kümmerst du dich um ihn?« Die Geschwister wussten nichts voneinander.

„Na ja, das Geld stand mir zu, oder nicht?«

»Das stand dir zu? Dieses Vermögen musste erst mal verdient werden. Otto hat fünfzig Jahre unglaubliches geleistet. Otto ist ein Vollblutunternehmer. Wir haben ihm sehr viel zu verdanken.«

»Er hat August, Mirjam und Sofia unmöglich behandelt. Er ist kein richtiger Vater. Gertrud hat sich umgebracht. Sie hat unglaublich gelitten. Wie sensibel

Vater war, hat Otto nie verstanden. Er ist unglaublich herzlos. Nun hat sich Vater umgebracht.«

»Wie auch immer, du verstehst nicht, was für ein Mensch Otto ist. Er ist ein Macher, unglaublich kreativ und ehrgeizig. Er hat ein Millionenvermögen gemacht. Man kann nicht alles von einem Menschen erwarten. Er hätte Vater auch rausschmeißen können. Niemand hat ihn gezwungen, einen Job zu machen, dem er nicht gewachsen war.« Die Abneigung zwischen den Geschwistern war offensichtlich.
»Lassen wir es«, sagte Paul und wollte aufstehen. Er wollte seinen Vater nicht einmal bedauern.
»Was ist denn mit dem Überfall auf dich und Tilda? Weiß man inzwischen, wer das war?«
»Nein, weiß man nicht«, sagte Paul genervt, der nicht auch noch der naiven Sissy alles erzählen wollte.
»Irgendwelche Verrückten«, keine Ahnung. Sissy spürte Pauls Zurückweisung.
»Wie geht es Tilda, sie ist wieder schwanger, sagte Mutter?«
»Ja, ihr geht es gut.« Paul wurde freundlicher. »Sie ist sehr glücklich, ich auch. Wir möchten dann noch ein Kind.«
»Toll, wie du das alles hinbekommst. Du bist unglaublich talentiert.«
»Talentiert, um Kinder zu bekommen? Ich weiß nicht…Was ist mit dir und deinem Baron?«
»Kinder, nein, wir wollen keine. Rudolf meint, das geht nicht, wir würden zu oft umziehen. Ich will

eigentlich auch keine. Ich mache einen Italienischkurs, weißt du?« Paul sah auf ihre gepflegten Fingernägel und ihre spitzen rosafarbenen Schuhe. Sein Blick verfinsterte sich.

»Du kommst wirklich nach Isolde«, sagte er abschätzig. Die Verletzungen der vergangenen Wochen ließen kein Verständnis für Sissys Selbstbezogenheit zu. So etwas wie eine Toleranz konnte Paul nicht aufbringen. Paul war dünnhäutig, gerade was die Familie anging.

»Du nimmst, was du bekommst. So geht es natürlich auch.«

»Äh, was, was meinst du?« Sissy war eigensinnig. Kritik vertrug sie überhaupt nicht. Sie hatte Rechte, ein Recht auf ihr Erbe und ein Recht darauf keine Kinder zu haben. Im Übrigen war sie auf ihren Mann stolz, der eine Karriere in der besten Gesellschaft machte. Mit Wonne verteilte sie ihre Visitenkarten, die sie in einem kleinen weißen Täschchen bei sich trug. Elisabeth, Baronin von Calenberg-Neustadt. Mehr stand nicht darauf. Sie war stolz.

»Ich meine, es ist etwas Schönes, Verantwortung zu tragen, etwas zu leisten, für die Gesellschaft, natürlich auch für einen selbst. Verantwortung bringt Anerkennung und vor allem eine Selbstachtung.« Paul holte weiter aus:

»Was für einen Sinn hat das Leben, ohne etwas zu leisten? Ich meine, man muss sich doch Fragen stellen. Wo ist mein Platz in der Gesellschaft? Wie sollen wir leben, was genau ist der Zweck unseres Daseins und wie erfüllen wir diesen Zweck? Was verändere ich, was verbessere ich? Es ist das Tun des Guten, was uns eine Befriedigung gibt. Die ökologische Katastrophe, was machen wir dagegen? Das ewige Streben nach Macht und die damit verbundene Unterdrückung. Darum geht es doch.« Paul konnte nicht umhin, zu sagen:

»Natürlich, man kann einen Italienischkurs machen und der Welt keine weiteren Kinder genügen. Das senkt unseren CO_2-Fußabdruck.« Sissy wusste nicht, wie ihr geschah. Sie öffnete ihren Mund, wusste aber nicht, was sie erwidern sollte. Endlich sagte sie: »Was tust du denn? Wo ist ein Platz in der Gesellschaft?«

»Ich gehe gegen Lobbyisten, gegen Klimaleugner vor. Ich leite eine der größten Investitionen in eine post-fossile Industrie. Ich investiere in Ghana, in das Recycling von Plastik und in eine völlig neuartige Technologie, die sich Pyrolyse nennt. Das ist mein Beitrag und wenn du so willst, der Sinn meines Lebens. Das ist, was mir eine Selbstachtung und eine Aufgabe gibt.« Wortlos stand Sissy auf. Sie bestellte ein Taxi, verließ das Café und ließ sich zum Flughafen bringen.

Paul blieb sitzen. Eigentlich musste er Mitleid mit Sissy haben. Sie wusste nichts von all dem, was er tat und wahrscheinlich wusste sie auch nichts über die Erderwärmung.

***

Für eine gewisse Zeit half Paul die Selbstbestätigung, die aus seinem Gespräch mit Sissy erwachsen war. Für eine gewisse Zeit war er auf ganz andere Gedanken gekommen, das erleichterte ihn. Es gab ein Thema, das ihm helfen würde, es würde ihn befreien.

Doch dann versank Paul in einer Depression. Er war ohne Energie. Seine Gedanken wiederholten sich. Er fühlte sich, als würde er am Boden liegen und es fehlte ihm die Kraft aufzustehen. Er wusste nicht, warum sein Vater so weit gegangen war, sich das Leben zu nehmen. Er hätte einfach aus der Firma ausscheiden können, niemand hätte ihm das übel genommen. Als Paul in dem Notizbuch las, das er von Otto erhalten hatte, fand er eine Bemerkung dazu.

August litt bitter unter Otto. Sein Leben lang quälte er sich und fand nicht die Kraft, seinem dominanten Vater zu trotzen. Er übernahm selbst die Ansprüche, die Otto an ihn stellte und maß sein Leben an diesen, die zu seinen eigenen geworden waren. August war auch introvertiert. Er teilte sich niemandem mit. Hätte er seine kleine Galerie nicht gehabt, wäre das Unglück früher geschehen, schrieb er. Das blieb die Erklärung. August war eine sensible und verletzliche Persönlichkeit. Er schien nach seiner Mutter zu kommen. August hätte Galerist, oder auch Verleger für Kunstdrucke werden sollen, das war seine Bestimmung.

Die Position, die er zehn Jahre lange begleitet hatte, musste ihn einfach zerstören. Warum gerade jetzt? Er fürchtete Ottos Tod und wollte sich, bevor der eintrat, ihn mit dem schlimmsten bestrafen, was ein Sohn einem Vater antun konnte. Seinen Selbstmord und seine Anklage damit.

August schrieb seit Monaten in das Notizbuch und datierte die Einträge. Er schrieb sich seine Angst und sein Versagen, wie er es nannte, von der Seele. Die Sätze wiederholten sich. Der Text endete damit, dass er Otto nicht hassen würde, sondern ihn lieben und bewundern.

»Dieser Satz war die bitterste Rache, die er gegen Otto richten konnte.« Tilda und Paul saßen wie jeden Abend auf ihrem Sofa eng aneinander. Paul redete und sanft. Es war noch hell. Wein und Wasser standen auf dem Tisch. Tilda trug ihr Nachthemd und Paul streichelte ihren Bauch. Gegenüber auf einem Sessel, auf dem eine zusammengefaltete bunte Decke lag, schlummerte Joseph und gähnte zwischendurch. Bald würde er durch seine Katzenklappe nach draußen gehen und früh am Morgen eine Maus, oder einen Vogel vor dem Schlafzimmer ablegen.

»Ja, ich habe das immer befürchtet. Jeder hat es befürchtet«, sagte Tilda mit leiser Stimme, ohne auf Pauls Urteil einzugehen.

»Niemand hat mit August gesprochen. Ich nicht und du auch nicht.« Tilda sah Paul an.

»Nein, das habe ich nicht. Unser Verhältnis war so unpersönlich, dass ich nicht auf die Idee gekommen war, August eine so direkte Frage zu stellen. Zu fragen, wie es ihm wirklich ginge und ober er sich nicht aus der Firma zurückziehen wolle. Er hat zu mir nichts geschrieben, kein Wort«, sagte Paul traurig. »Ein paar freundliche Worte von Otto, nur vereinzelt und sein Verständnis dafür, wie August war, hätten ihm vielleicht genügt.«

»Ja, aber Otto konnte das genauso wenig. Niemand hatte einen Zugang zu August. Das klingt wie eine Entschuldigung, doch das ist, wie es war«, sagte Tilda.

»August lebte in einer Isolation, in einer Art von Blase, in die niemand dringen konnte. Wahrscheinlich sagte Isolde auch nie etwas.«

»Wahrscheinlich hat sie ignoriert, was sie wahrnahm.«

»Isolde ist zu einfach, um einen so extremen Zustand zu verstehen. Sie hat das nicht kommen sehen.«

»Ich glaube, wir sind zu selbstgerecht«, sagte Paul auf einmal. »August hat sich bestimmt danach gesehnt, dass man ihn ansprechen würde. Wir hätten ihn einladen sollen und ihm sagen, dass wir uns Sorgen machen, denn das haben wir ja und ihm raten sollen, sich nur noch um seine Galerie zu kümmern.« Paul machte eine Pause. Dann sagte er:

«Ich habe mich schuldig gemacht.« Sie schwiegen lange und spürten beide, wie sehr sie sich brauchten. Paul stand auf, ging in dem Wohnzimmer, das nur wenige Möbel hatte, hin und her und setzte sich wieder.

»Warum hast du dich in den letzten Wochen so zurückgezogen?«, fragte er sanft, umarmte Tilda und legte seinen Kopf an ihren.

»Ich weiß es nicht. Ich war einfach durcheinander. Die Therapeutin hat mir geholfen. Ich musste einfach für mich sein. Es hat nichts mit uns zu tun. Du wärst fast umgekommen und ich auch. Das hat mich so bestürzt.« Beide schwiegen und hingen ihren Gedanken nach.
»Ich brauchte diesen Rückzug, jetzt geht es wieder.« Paul beließ es bei der einen Frage.
Sie redeten generell nicht viel über den Überfall. Er lag wie ein ständiger Schatten über ihnen und der Schock würde wohl nie vergehen. Darüber zu sprechen, würde den schrecklichen Moment, als der Fremde auf Paul zielte, nur wieder in ihr Bewusstsein bringen und die Angst würde neu aufleben.
Tilda genügte es, ihre Gefühle und die Veränderungen, die mit dem Überfall in ihren Gedanken einhergingen, ihrer Therapeutin zu schildern. Paul dachte viel an sein Treffen mit Alex. Vieles von dem, was sie sprachen, ging ihm durch den Kopf. Sich durchzuringen, um einen Coach, oder einen Therapeuten aufzusuchen konnte er nicht. Er wusste nicht, warum. Was Tilda anging, genügten ihm die wenigen Sätze, die sie bisweilen wechselten.
Es war der Monat August und die Hitze hatte einen grausamen Höhepunkt erreicht. Ohne das Haus zu kühlen, wären die Tage und Nächte unerträglich geworden. Tilda war im sechsten Monat. Sie arbeitete nicht mehr in der Kanzlei, für die sie die Stiftungsverträge entwarf. Sie war ängstlich geworden durch den Überfall. Sie wollte sichergehen, dass sie ihr Kind nicht verlieren würden.

»Ich brauche noch etwas zu tun, etwas Einfaches«, sagte Tilda und sah zu Paul auf. »So ganz ohne eine Arbeit ist es dann doch öde.« Sie schmunzelte und nippte an ihrem Glas.

»Es gibt etwas, das du tun könntest.« Paul erzählte von Samuel und Junaiba, die auf ihr Visum warteten und wahrscheinlich in den nächsten zwei Wochen eintreffen würden.

»Ich habe Müller-Breitschwert gebeten, sich um alles zu kümmern. Die Visa und eine Wohnung sollte er besorgen und für beide einen Arbeitsvertrag ausarbeiten.«

»Du bist wirklich hilfsbereit«, sagte Tilda und küsste Paul auf seine Wange. Sie mochte es, dass er sich für die beiden einsetzte.

»Was kann ich tun?«, fragte Tilda.

»Ich musste mich über Müller-Breitschwert erkundigen. Er hat die E-Mail von Samuel unterschlagen. Der hatte an August geschrieben, der als Vorstandsvorsitzender eingetragen war, aber August wusste von nichts.«

Paul erklärte Tilda den Zusammenhang mit der Investition von Otto, die der privat gemacht hatte. Müller-Breitschwert ist Mitglied in der AfD und war vorher ein paarmal bei der NPD.«

»Der brave Müller-Breitschwert?« Tilda sah Paul verwundert an.

»Ja, es gibt keinen Zweifel und ich muss ihn loswerden«, sagte Paul ernst, aber in einer Art, dass er sich nicht sicher war, wie er das anstellen konnte. »Natürlich kennt er sich mit dem Arbeitsrecht aus und dass er Mitglied in der AfD ist, reicht nicht, um ihn rauszuschmeißen. Ich werde ihn erst einmal versetzen. So eine Schlüsselposition kann er nicht behalten. Alle Bewerber, die seine Leute einladen wollen, gehen auch über seinen Tisch. Müller-Breitschwert steuert, wer in die Firma kommt. Die Versetzung müsste das Arbeitsgericht und der Betriebsrat akzeptieren, wobei ich vom Betriebsrat keine Schwierigkeiten erwarte.«

»Was willst du tun?«

»Er kommt in den Einkauf, ohne dass er was zu tun bekommt und natürlich bekommt er weniger Geld. Ich hoffe, Müller kündigt von selbst.«

»Ja, das müsste gehen«, sagte Tilda.

»Ich werde auch seine Wohnung durchsuchen lassen. Verheiratet ist er nicht, wahrscheinlich ist sie tagsüber leer.« Tilda sah Paul verwundert an, als wolle sie fragen, so weit willst du gehen?

»Das muss sein, mal sehen, was sie finden werden.« Tilda nickte.

»Ich habe eine solche Wut auf diese Klimaleugner und ihr völkisches Geschwätz sowieso.« Paul wollte nicht weiter sprechen, doch er würde sich nur erregen.

»Vielleicht haben wir ja noch mehr Rechtsradikale in der Firma?«, sagte Tilda.

»Ja, vielleicht, aber wie sollen wir die finden?« Paul tat es gut, dass Tilda immer hinter ihm stand.

»Also was ich sagen wollte, könntest du dich um die beiden Ghanaer kümmern? Samuel und Junaiba heißen sie. Ich schicke dir die E-Mails.« »Natürlich, sehr gerne«, antwortete Tilda mit Freude.

***

Der Überfall quälte Paul, so wie es der Selbstmord seines Vaters tat. Er war von dauernder Niedergeschlagenheit, ohne Antrieb und musste lange nachdenken, bevor er irgendetwas beginnen, oder gar entscheiden konnte. Er war wie gelähmt.
Diana war nun Vorstandsvorsitzende. Weder Paul noch Otto lehnten das ab, als sie selbst den Vorschlag machte. Sie nahmen das hin, es war für den Moment die beste Lösung. Diana leitete die Firma, wie sie wollte und sie war, weil Paul sie gewähren ließ, ohne eine Kontrolle.
Otto war durch Augusts Selbstmord schwer getroffen. Er zog sich ebenfalls zurück. Er machte sich große Vorwürfe, was er Paul einmal gestand. Als Vater hatte er versagt. Zu keinem seiner Kinder hatte Otto jemals ein gutes Verhältnis. Nun entwickelte er eine große Bitterkeit gegen sich selbst. Paul war seine ganze Hoffnung. Er schrieb sein Testament und setzte Paul als Alleinerben ein. Die Pflichtanteile für Sofia und Mechthild beglich er sofort. Nach einigen Tagen überschrieb er Paul sein Vermögen.
Paul war bewusst, dass es so mit ihm nicht weitergehen konnte. Neben dem Attentat und Augusts Selbstmord machten ihm seine ständigen Gedanken an Diana zu schaffen. Er musste diese Anziehung,

von der er wusste, dass sie wiederkommen und ihn quälen würde, überwinden.

Diana lockte Paul meisterhaft. Inzwischen gab er Tilda recht. Er war ihr auch deshalb verfallen, weil sie ihn umwarb, mit ihren Reizen spielte und ihm immer wieder signalisierte, gegen ein erotisches Abenteuer nichts zu haben.

Dazu brauchte es nicht viel. Ein langer Blick, ihr Parfum, das Öffnen ihres Blazers, eines Knopfes ihrer Bluse auf eine bestimmte Art, genügten schon. Trotz der Vorbehalte und des Verdachtes, sie würde hinter seinem Rücken Gespräche über weitere Investitionen führen, fand er nicht die Kraft, sich von ihr befreien zu können.

Die Trauer um seinen Vater und seine Scham, sich nicht gegen Diana durchzusetzen, wirkten nebeneinander her. Wie Circe wandte sie ihre Verführungskünste an. Diana mit ihren funkelnden grünen Augen, ihren wohlgeformten Brüsten, ihrem roten Haar, das im Licht glänzte und ihrer tiefen, melodischen Stimme mit dem englischen Akzent, der besonders wohlklingend und melodisch war, hing wie eine Schlinge um Pauls Hals, in der er sich immer wieder verfangen würde.

Die Glut war wieder heiß und hell geworden. Warum gerade diese Frau, warum liebte er überhaupt eine Andere, wo er doch, mit Tilda, die schönste und klügste Frau der Welt hatte? Was genau zog ihn an? Was zog einen Mann überhaupt an einer Frau an?

Es waren die Proportionen ihres Körpers. Das war nicht zu erklären, aber ihre Rundungen, ihr Busen,

ihre Schenkel, selbst ihr Haar, alles war in einem bestimmten Gleichmaß. Das barg ein geheimnisvolles Phänomen. Dazu kam ihre verlockende Stimme.
Paul dachte daran, dass er ohne seine Mutter aufgewachsen war und dass sich das mit Dianas erotischer Erscheinung vermengte. Diese warme, erotische, mütterliche, immer souveräne Stimme, die ihn vom ersten Moment an eingefangen hatte. Sie trat so selbstsicher auf, geradezu unfehlbar. Er konnte sich in diese Stimme hineinfügen, sie wärmte und liebkoste ihn. Das hatte er von seiner kalten und schlichten Mutter nie erfahren. War es so einfach, dass er seine Sehnsucht nach einer Mutter in Diana hinein projizierte?
Er liebte aber auch die neue Harmonie und das unausgesprochene, tiefe, sie verbindende magische Vertrauen zwischen Tilda und ihm. Das gab ihm Sicherheit.
Paul war dreißig Jahre alt, sein Leben war auf einem Tiefpunkt angelangt. Er musste eine Wendung hineinbringen, er brauchte Zuversicht und Freude auf die Zukunft, auf ihr zweites Kind, auf seine liebevolle Frau und die Freiheit etwas Neues aufzubauen, was ihm die gewaltige Summe bot, die sie nun besaßen. Darauf musste er sich konzentrieren, das würde ihm Kraft geben. Er musste nachdenken, sich konzentrieren und er musste für sich sein, wie Diana es tat.
Die Monotonie einer mechanischen Bewegung würde ihn ablenken. Am frühen Morgen begann er nun wieder Rad zu fahren. Das war die einzige Zeit,

in der das wegen der drückenden Hitze möglich war. Die Abende, die noch immer lange hell waren, kühlten nicht ab. Nur die Nächte brachten gegen morgen eine Linderung. Er fuhr eine kürzere Strecke, für die er nur eine Stunde brauchte. Vorsichtig blickte er sich um. Die gleichmäßigen Bewegungen taten ihm gut und enthoben seine Gedanken dem gewöhnlichen Gesicht des Alltages.

Er brauchte ein Vorgehen, eine Strategie, oder auch nur ein Bild, eine Metapher, irgendetwas, das ihm helfen, würde Diana nicht immer aufs Neue zu verfallen. Die Idee, des Bildes konnte so verrückt sein, wie es wollte, aber es musste ihm helfen, seine Freiheit wiederzuerlangen.

Paul dachte immer wieder darüber nach, wie ihm das gelingen könnte. Er brauchte ein Gegenbild zu Diana, oder besser, er musste sich auf sie einlassen, um seine Besessenheit von ihr dadurch zu überwinden, indem er sie akzeptierte, indem er es annahm, wie sie in all der verführerischen Tiefe auf ihn wirkte. Nur so würde er ihre Anziehung überwinden können. Paul begann so wirr zu denken, wie es ein Mensch nur im Stillen mit sich selbst tat.

Er musste sich übersättigen, sich so lange Diana vorstellen, bis er ihrer überdrüssig werden würde und vor allem, bis er akzeptieren konnte, welche Gefahr von Diana ausging. Die Gefahr, ihr weiter zu verfallen, sich ihr zu ergeben, darum ging es. Aber er brauchte ein Bild, an das er sich erinnern konnte und das unverrückbar an seiner Seite war.

Der Blick in die Weite, während er an einem, vom Tau des Morgens satt leuchtenden Laubwald vorbeifuhr und auf goldene Felder sah, die in der Sonne glänzend vor ihm lagen, lösten einen Gedanken aus. Es war eine Art bildhafter Übertragung.
Er erinnerte sich an Homers Odysseus. Bevor er dem verführerischen Gesang der Sirenen ausgesetzt war, ließ sich Odysseus an den Mast seines Schiffes binden. Seine Kameraden verschlossen sich die Ohren mit flüssigem Wachs. Mit ihren verzaubernden Stimmen versuchten die Sirenen Odysseus auf ihre Insel zu locken, um ihn zu töten. So machten sie es mit allen Seeleuten. Auch hatten sie die Fähigkeit, alles auf Erden Geschehende zu wissen und zu offenbaren, was ebenso anziehend war und ihnen eine große Macht gab.
Das war Diana. Paul wiederholte diesen Gedanken immer wieder. Diana war eine Sirene und er konnte ihr nur entkommen, indem er es nicht zuließ, dass er in ihre Aura geriet.
Als er später alleine in seinem Büro saß, hörte er diese Stelle des Epos mehrmals hintereinander. Dann hörte er sie wieder und wieder, auch am nächsten Tag, auch während der nächsten Woche und darüber hinaus würde er diese Stelle mit den Sirenen hören.
Paul dachte, es war verrückt, doch er setzte sich einer Autosuggestion aus, es war eine selbstinduzierte Beeinflussung seiner Psyche. Paul reduzierte die Vorstellungen zu Diana auf diesen einen Gedanken. Sie lockte ihn, um ihn zu töten und über seine List,

nämlich festgebunden zu sein, konnte ihr das nicht gelingen. Das war die Wirklichkeit. Dieses Bild musste er sich tausendmal vor Augen führen und es in jedem Moment wiederholen, indem ihm Diana begegnete.

Wo immer er war, was immer er tat, Paul brachte sich das Bild der Sirenen, die ihn töten wollten, in sein Bewusstsein. Zwischen diesen selbst ausgelösten, sich wiederholenden Gedanken und Pauls Zukunft lag eine neue Phase der Hoffnung auf Erlösung und auf seine Freiheit. Das klang verrückt, doch es half.

In einem Buch, das Paul vor Jahren las, stand: Solange unser Herz unablässig das Bild eines anderen Wesens umschließt, kann unser Glück jeden Augenblick wieder ins Wanken geraten. Wenn es entschwunden ist, wenn wir endlich unser Leiden eingeschläfert haben, bleibt unsere Ruhe ebenso trügerisch und prekär wie unser Glück es war. Paul hatte diese Stelle markiert, er fand sie sofort. Es war aus Im "Schatten junger Mädchenblüte" von Marcel Proust. Er liebte Proust.

Pauls Therapie wirkte. Vielleicht würde sie das nicht auf ewig tun, doch Paul hatte einen Weg gefunden, wie er sich aus Dianas Fängen befreien konnte. Er spürte, wie sie ihre Macht über ihn verlor.

***

Während dieser Zeit der Selbstreflexion, wurde ihm darüber hinaus bewusst, dass er sich generell und nicht nur in seiner Abhängigkeit von Diana verändern musste. Er war mit seinen dreißig Jahren nicht so weit, den Aufsichtsrat eines Konzerns zu führen. Es fehlte ihm an praktischer Erfahrung und auch an der Abgeklärtheit, die für fundierte Entscheidungen notwendig war.

Otto, der während der letzten beiden Jahre sein Mentor war, hatte sich zurückgezogen und dass er jemals wieder aus der Stille, in die er sich in seinem Haus begeben hatte, auftauchen würde, war unwahrscheinlich.

Paul war klar, dass die Zeit, in der er lebte, bedrohliche Herausforderungen bevorstanden. Es zeichneten sich gewaltige politische Veränderungen ab. Ja, eigentlich drohte der Niedergang der bisherigen demokratischen Ordnung, ein Horror, der sich in nur zwei Jahren entwickelt hatte.

Die Hitze löste eine Kettenreaktion aus. Unternehmen gingen in den Konkurs, eines nach dem anderen. Die Arbeitslosigkeit hatte sich in den letzten beiden Jahren auf 12 Prozent verdoppelt. Die Sozialsysteme überschuldeten sich, die Staatsquote war von 54 % auf 60 % gestiegen. Die Regierung war hilflos und appellierte nur noch an den Zusammenhalt der Menschen, was niemand mehr hören konnte und was inzwischen als zynische Provokation aufgefasst wurde.

Der allgemeine Niedergang war schneller, als es noch so drastische Veränderungen jemals ausgleichen konnten. Es musste sofort eine erhebliche Reduktion des Kohlendioxid Ausstoßes geben. Im

Verkehrswesen, der Luftfahrt, in der Landwirtschaft, in der industriellen Produktion, oder dem indirekten Ausstoß von Kohlendioxid durch die Beheizung der Häuser, was allerdings zurückging. Wer wollte das angesichts des ökonomischen Niedergangs noch stärker vorantreiben? Es tat sich auch etwas, doch es war zu langsam und zu halbherzig.
Die rasende Geschwindigkeit, mit der alles geschah, auch der Zustrom von Menschen aus Regionen, die unbewohnbar wurden, barg enorme Schwierigkeiten und löste politische Verwerfungen aus, die niemand mehr zu kontrollieren, imstande war.
Die Gerichte, die nach nicht mehr gültigen Maßstäben entschieden, wurden nicht mehr ernst genommen, auch nicht die Justiz und die Polizei. Es bildeten sich parallele Gerichte religiöser Gruppen und die Wirtschaft verhandelte ihre Konflikte vor Schiedsgerichten, die nicht im Geringsten dazu autorisiert waren. Die Auflösung der drei Gewalten war in vollem Gange.
Paul machte all das Angst. Die Ignoranz der letzten Jahre, die Erderwärmung zu stoppen, rächte sich nun bitter. Jene Wissenschaftler, die vehement vor dieser Situation gewarnt hatten, behielten Recht. Wie sollte es für die nächsten Generationen weitergehen? Der autoritäre Staat musste einfach kommen. Es würde andere Parteien und andere Führer geben. In der Diktatur sollte nun plötzlich die Hoffnung liegen.
Der Umgang zwischen dem Finanzwesen, den Investmentbanken und den großen internationalen Fondsgesellschaften und den Unternehmen, bei

denen sie ihr Geld anlegten, war rüde geworden. Immer öfter hörte man von mafiösen Methoden. Menschen verschwanden oder trafen von einem Tag auf den anderen gegenteilige Entscheidungen, gemessen an dem, was sie beabsichtigten.

Noch immer gab es keinen Hinweis darauf, wer den Anschlag auf ihn und Tilda ausführte und was das Motiv sein konnte. Als Paul und Tilda darüber sprachen, hatten sie einmal vermutet, dass es sich um eine Verwechslung handeln könnte.

Die Anteile der Von Hernsbach KGaA waren nie gehandelt worden. Es war für einen aggressiven Investor nicht möglich, sich einzumischen. Zumindest das war beruhigend. Das Wirtschaftsleben änderte sich rapide. Offene Zahlungen gegen Rechnungen gab es nicht mehr. Man verlangte Vorauskasse, was aber ebenso kritisch war, oder Bankbürgschaften und Akkreditive, was unmöglich schien, weil man das auch auf kleine Beträge anwendete, aber anders ging es nicht mehr. Jegliches Vertrauen war erloschen.

Paul war wütend auf die Lobbyisten, die während der letzten Jahre die Klimakonferenzen torpedierten und die bizarre Lügen verbreiteten, wie etwa, dass der Klimawandel gar nicht stattfinden würde, eine Behauptung, die inzwischen nur noch grotesk war, oder nicht menschengemacht wäre, sodass man sich diesem ausliefern müsste.

Hinzu kam, dass die Atomlobby großspurig auftrat und ihre tödliche Technologie sich einer Renaissance erfreute, indem man behauptete, nur diese Art der Stromerzeugung würde ohne die Produktion von

Kohlendioxid auskommen. Die Windenergie und die Fotovoltaik litten unter den großen Stürmen und ihr Ausbau stagnierte.

Paul nahm sich vor, an seinem Auftreten, das er selbst als freundlich und zurückhaltend wahrnahm, zu arbeiten. Er musste sich eindeutig zu Entscheidungen äußern, sich festlegen und weniger seine Mitarbeiter fragen und sie nicht aus purer Freundlichkeit einbeziehen, obwohl sie meistens nichts beizutragen hatten. Er musste Anweisungen geben und als die entscheidende Person wahrgenommen werden. Auch musste er seine Art zu sprechen ändern, klarer und deutlicher, langsamer und lauter sprechen. All das hatte er bisher ignoriert.

Nach einigem Überlegen beschloss er einen Beitrag dazu zu leisten, dass die dringend notwendigen politischen Entscheidungen, die längst getroffen waren, auch umgesetzt wurden. Den Lobbyisten musste man ein Ende bereiten und ihren verwerflichen Einfluss bekämpfen. Paul sah in einem Register nach, welche Firmen das waren. Am wichtigsten war eine Firma, die zu Thomas Watson Asset Management gehörte. Den Namen hatte Otto erwähnt.

Kapitel 13

Als jemand in die FRA-Konverter GmbH investierte und sie ihm vor der Nase weggeschnappte, bekam Thomas Watson jene kalte Wut, die sich ohne eine äußere Erregung entfaltete. Der Investor blieb ein stiller Teilhaber und Thomas Watson brauchte volle zwei Monate, um herauszufinden, wer das war.

Watson hasste solche Niederlagen, wie er das, was geschah, empfand. Dann wurde ihm zu seinem Erstaunen mitgeteilt, dass derjenige, der die Firma nun kontrollierte, Paul von Hernsbach war.

Hatte er sich in Diana so getäuscht? War sie sofort zu Paul gerannt, den sie angeblich nicht ausstehen konnte und hatte ihm von dem neuen Verfahren erzählt?

Natürlich hatte er ihr gegenüber FRA-Konverter namentlich nicht erwähnt. Wie war Paul von Hernsbach auf die kleine, völlig unbekannte Firma gestoßen? Nun stellte sich heraus, dass der Köder, den er Diana zuwarf, ein Fehler war. Sie war zu ihm nach London gekommen, weil sie bei Hernsbach aufhören wollte. Die unbedeutende Position, die er ihr in Aussicht stellte, konnte sie unmöglich annehmen, das war ja auch seine Absicht.

Doch hatte er den Eindruck, dass so etwas wie ein Einvernehmen darin bestand, dass Diana unzufrieden war und von Hernsbach verlassen wollte. Nun stellte Watson fest, dass sich Von Hernsbach privat und nicht über seine Holding an der Frankfurter

Firma beteiligte. Vielleicht war es nur ein verrückter Zufall.

Nun war Diana Robinson Vorsitzende des Vorstandes geworden. Sie war eine mächtige Frau, was in der ganzen Branche für Aufmerksamkeit sorgte. Vielleicht brauchte sie den Hinweis auf die Pyrolyse, um das Vertrauen zu Paul und Otto zu bestätigen?

Sein Zorn auf Paul von Hernsbach flammte wieder auf. Seine Gedanken verdunkelten sich. Es war Abend und Watson saß in seinem Büro und er wurde still. Außer ihm war niemand mehr anwesend. Watson drehte seinen Stuhl der breiten Fensterfront zu. Er sah hinaus auf die Stadt. Der Anblick der unendlich vielen Punkte, der Häuser, Fahrzeuge und Züge, die breiten Straßen und alle Punkte, die sich unscharf in der Weite verloren, lösten bei Watson eine Sehnsucht aus. Er war oben, ganz oben. Doch er brauchte mehr. Die Tat des Bösen war es, was ihm Lust gab. Diana hatte den Konflikt erwähnt, den sie wegen Paul mit dieser Tilda hatte.

***

Paul bat Diana zu sich zu kommen. Er fasste seinen ganzen Mut zusammen. Es war vier Wochen her, dass sie sich bei der letzten Sitzung des Aufsichtsrates begegneten. Paul hatte vor, mit Diana über Watson zu sprechen.

Inzwischen hatte er von den Gründern von FRA-Konverter erfahren, dass Watson in Frankfurt war und sie besuchte. Diana ließ ihn warten. Paul, der inzwischen das ehemalige große Büro von Otto bezogen hatte, das auf einem anderen Stockwerk als jenes von Diana lag, dachte über ihre verschiedenen Verquickungen nach, die er mit ihr hatte. Noch immer war es so, dass sie, was die Firma anging, ihn kontrollierte und nicht umgekehrt. Wealdstone & Wolfhart entwickelten sich nach Plan. Sie hatten weitere Mitarbeiter eingestellt, eine neue, teure Software für die technische Auslegung und die Kalkulation von Solaranlagen eingeführt und wuchsen und gewannen ein Projekt nach dem anderen.

Die meisten von diesen Aufträgen führte eine von Hernsbachs neuer Firmen aus. Nach Ghana hatten sie eine junge Ingenieurin entsandt, die das dortige Projekt plante. Die schwimmende Solaranlage würde eine installierte Leistung von 200 Megawatt haben und wäre eine ideale Referenz für andere Projekte in Afrika. Paul wollte, dass Amadou eine Firma gründete, welche die Anlage betrieb.

Paul war stolz darauf. Die neue Firma, die die Plastik einsammeln und aufarbeiten sollte, war kurz davor ihre Arbeit aufzunehmen. Alles war schnell gegangen. Irgendwann musste er selbst nach Ghana fliegen. Afrika war ein guter Ort für Investitionen. Paul wollte weitere Möglichkeiten prüfen, in denen sie investieren konnten. Er dachte an Kenia, Namibia, Angola und Tansania.

Diana und er waren über mehrere Ebenen verbunden. Zunächst war da seine verrückte Zuneigung zu ihr, aus der er sich, wie er meinte, gelöst hatte.

Begegnet war er ihr seit seiner Therapie, er nannte es eigentlich die Korrektur seiner Gedanken, nicht mehr. Auch seine Veränderung wollte er an diesem Tag sich selbst und Diana demonstrieren.

Das Zweite, was sie verband, war die Tatsache, dass sie die Vorsitzende des Vorstandes war und er der Vorsitzende des Aufsichtsrates. In dieser Konstellation konnte man nicht gegeneinander, sondern musste miteinander arbeiten und das deutlich enger, als sie es bisher taten. Das Wichtigste war jedoch, dass sie Dianas Konzept der Transformation des Plastikverarbeiters in einen Betreiber alternativer Energie umsetzten. Diana war es, die alles plante und durchsetzte. Sie war wirklich eine Frau mit Format, das musste Paul ihr zugestehen. Paul fragte sich, ob sie ohne Diana sang und klanglos in den Konkurs abgeglitten wäre. Noch musste weiter investiert werden. Und schließlich, kannte sie Thomas Watson?

Mit einer halben Stunde Verspätung traf Diana ein. Sie spürte, dass eine Veränderung in Paul vorgegangen war. Plötzlich schien er sie aus einer merkwürdigen Ferne heraus anzusehen. Sein Blick blieb nicht wie sonst an ihr haften. Ohne verzagt zu wirken, sah er sie kurz an, nahm seine Augen wieder von ihr, sah auf seinen Notizblock, auf dem er mehrere Zeilen notiert hatte und der vor ihm lag, nahm diesen auf, erhob sich von dem Stuhl, der hinter seinem großen Schreibtisch stand, grüßte Diana kühl, sagte ansonsten nichts, sondern machte mit seiner Hand eine

Bewegung, sie möge sich an den langen Besprechungstisch setzen.
Er bot Tee an, sie nickte. Paul selbst nahm nichts, was einer subtilen Kränkung von Diana gleichkam, die alleine vor ihrem Tee saß. Nach einer kurzen Einleitung, sie hätten sich lange nicht gesehen und dergleichen und er hoffen würde, dass es Diana gut gehe, sagte Paul:
»Ich möchte, dass wir ein wöchentliches Jour-Fix haben werden.« Paul blickte Diana mit einer für sie merkwürdigen Entschlossenheit an. Diana nickte nur, legte ihre Arme auf den Tisch, setzte sich zurück und sah Paul an, als wäre sie belustigt und als würde sie denken, was will das Bürschchen auf einmal? Sie hatte nichts dabei, worin sie etwas aufschreiben konnte, was einer Ignoranz gleichkam.
»Wir werden dabei alle wichtigen Projekte besprechen, die wir für weitere Investitionen prüfen.« Diana sah in Pauls Augen. Ohne eine Regung zu zeigen, hielt er ihrem Blick stand. Paul griff nach der Fernbedienung des Bildschirmes, der sich am Ende des Raumes an der Wand befand. Er öffnete eine Präsentation, welche eine Liste mit den Firmen zeigte, die übernommen worden waren, es waren neun und die waren grün unterlegt.
Daran folgte ein Dutzend Firmen, die in der näheren Auswahl standen, die gelb unterlegt waren und schließlich gab es rot unterlegte Firmen. Paul las einige Namen vor und scrollte die Liste herunter.
»Ich weiß nichts von all dem«, sagte Paul in einem mitteilenden Ton, ohne dass es vorwurfsvoll klang.

Paul spürte, dass er sich Diana, ohne beklommen zu werden, zuwenden konnte. Er blickte sie stoisch, ohne eine Regung zu zeigen, an. Umgekehrt wunderte sich Diana. Sie kannte Paul nur so, dass er sie anhimmelte und befangen war, sobald er sie sah. Sie schien ihre Herrschaft über Paul verloren zu haben, wenigstens an diesem Tag.

»Wenn dich das interessiert«, sagte Diana betont und etwas provozierend und sah Paul mit einem Blick an, der genau das infrage stellte, nämlich dass ihn der Investitionsplan wirklich interessieren könnte. Sie spitzte ihren Mund und ihre Wangen wurden hohl. Sie machte eine Handbewegung, als wolle sie Pauls plötzliches Interesse als überzogen, oder gar lächerlich darstellen. Paul ging nicht darauf ein. Er fuhr fort und sagte:

»Außerdem werde ich an den Vorstandssitzungen teilnehmen.« Dabei beließ er es, zog die Vorderseite seines Notizblockes hervor und deckte die beschriebene Seite ab. Dann verschränkte er seine Arme und sah Diana offen an.

Paul dachte daran, wie seine Gefühle zu Diana wie die zu einer Mutter geworden waren und sich mit körperlicher Lust auf sie vermengten, ja so war es, ganz genau so. Seine verrückte Neigung war überwunden, auch wenn er sich zusammennehmen musste und sich immer wieder das Epos der Sirenen in sein Gedächtnis rief. Diana war nun in einer großen Ferne, unerreichbar und unwirklich. Ihre Anziehung war während der letzten Wochen zu einer fixen

Idee geworden, die ihm vage vor seinen Augen erschien, mehr blieb nicht übrig.

Diana musste, so wie die Dinge bisher standen, Pauls Ankündigung als Einmischung in ihre ureigene Zuständigkeit ansehen. Sie war dabei, ihr Gesicht zu verlieren. Was sollte sie tun? Was war mit Paul geschehen? Bevor sie etwas antworten konnte, sagte Paul:

»Wir reden von Mitteln aus der Von Hernsbach KGaA. Wir …« und damit konnte er nur Otto und sich selbst meinen, »…bekommen nicht, mit was deine Strategie ist und welche Risiken wir eingehen. Das ist natürlich nicht dein Versäumnis«, ergänzte Paul, während er Diana mit einer Souveränität ansah, als würde er schon immer alles kontrollieren und hätte nur kurz den Faden verloren.

Alleine durch die Art und Weise wie seine Stimme klang, indem er langsam sprach und seine Sätze sauber ausformulierte und wie er sie anblickte, nämlich gelassen, aber doch mit einer Strenge darin, gab er Diana zu verstehen, dass sie eine Angestellte und er der Eigentümer war und dieses vor allem musste ein für alle Mal geordnet werden. Diana wurde nun klar, welchen Zweck diese Unterredung hatte.

»Die von Hernsbach KGaA«, antwortete sie, die Worte ironisch betonend und während sie sprach, blickte sie Paul von unten herauf an, existiert deshalb noch, weil ich das Verlustgeschäft verkauft habe.« Diana hatte durchaus nicht vor, diese Demütigung länger über sich ergehen zu lassen. Sie holte

aus und zählte die systematische Verschlechterung praktisch aller wesentlichen Kennzahlen während der letzten zwei Jahre auf, in denen sie im Unternehmen war. Sie sah sich als Retterin des von Hernsbach Imperiums. Dann geriet sie in Rage.
»Ich habe die Gespräche mit den Chinesen aufgenommen, ich habe sie überzeugt, in dieser aussichtslosen Situation, in der alles zusammenbricht, in einen deutschen Konzern zu investieren, der praktisch keine Innovationen hatte und ich habe den horrenden Kaufpreis vereinbart, was nicht einfach war.« Dianas Gesicht rötete sich. Sie war ehrlich, getroffen und verbittert. Dann stand sie auf.
»Du hast bisher nichts gemacht, Paul, gar nichts, wie ich es neulich schon gesagt habe. Du weißt von nichts und willst dich jetzt plötzlich einmischen.« Sie redete vorwurfsvoll, aber auch, als würde sie Paul bedauern. Sie machte eine Pause.
»Wir brauchen dich nicht Paul, ganz ehrlich, mach was anderes.« Damit ging sie in die Richtung der Tür. Paul sagte dunkel, mit fester Stimme und es klang wie aus einer felsigen Höhle heraus:
»Wenn es dir hier nicht gefällt, kannst du ja bei Thomas Watson anfangen, Diana.« Diana erstarrte. Woher zum Teufel … Sie wandte sich um, wusste aber in dem Moment nicht, was sie sagen sollte.
»Loyalität ist die Voraussetzung für jede Zusammenarbeit, Diana.« Paul klang so routiniert wie noch nie.

»Es ist wohl eher so, dass wir dich nicht brauchen.« Diana wurde blass und stützte sich mit beiden Händen an einer Stuhllehne ab. Dann fing sie sich.
»Ich kann reden, mit wem ich will, damit das klar ist.« Nun war der Ton endgültig aggressiv geworden. Paul, der zuvor nicht einmal sicher war, ob Diana Watson kannte, dachte: Lass sie gehen.
»Dein Konzept ist exzellent, Diana. Alles, was ich will, ist das, was jeder Eigentümer eines Unternehmens macht. Ich möchte über das Wesentliche informiert sein.«
Also doch, Diana kannte Watson, schoss es Paul ein weiteres Mal durch den Kopf.
»Überlege dir, was du tust, Diana. Du wirst nie wieder eine solche Chance bekommen, einen völlig neuen Konzern aufzubauen.« Das klang wiederum verbindlich und war ein Entgegenkommen und darum bemüht Diana in der Firma zu halten. Nun stand auch Paul auf und trat an Diana heran. Sie standen sich gegenüber und fixierten sich. Diana kochte vor Wut und konnte das kaum verbergen. Sie fragte sich, wie Paul auf Watson gekommen war. Watsons Lobbyfirma hatte ihn bekannt gemacht, aber wie kam er darauf, dass sie Watson persönlich kannte?
Paul saß am längeren Hebel. Finster blickte sie ihn an. Jetzt konnte sie das Tischtuch für immer zerschneiden, oder ihm recht geben und sich fügen und somit Zeit gewinnen. Sie sagte:
»Ich möchte die Freiheit und vor allem die Zeit, die ich brauche, um den neuen Konzern aufzubauen.« Von Zeit allerdings war bisher nie die Rede. Der

Einwand diente wohl dazu, eine Art von neutraler Wende in das Gespräch zu bringen, dachte Paul. Zeit, natürlich, die Zeit. Paul ließ nicht nach.
»Ich möchte dein Gesamtkonzept sehen. So wie es heute aussieht. Bei der Besprechung, als du es das erste Mal Otto präsentiert hast, als Otto dich als Finanzvorständin vorgestellt hat, hast du es erklärt. Wie sieht es heute aus, was hat sich geändert, wie weit sind wir? Wann werden wir profitabel sein?«
»Das werde ich dir zeigen«, sagte Diana versteinert und ging zur Tür. Sie wandte sich noch einmal um und sagte: »Es gibt keinen Grund, irgendetwas infrage zu stellen.« Das sollte wohl verbindlich klingen.
»Diana«, rief Paul ihr hinterher. Sie wandte sich um, die Tür stand noch offen.
»Ich habe die Firma FRA-Konverter übernommen.«
»FRA-Konverter?«, wahrscheinlich kannte sie die Firma nicht, zumindest erweckte Diana diesen Anschein.
»Das ist ein Hersteller von Pyrolyse Konvertern. Die haben ein sehr aussichtsreiches Konzept. Otto hat das aus seinem Privatfonds finanziert.« Diana fing sich nun schneller. Sie ärgerte sich, dass er hinter ihrem Rücken so eine Investition gemacht hatte und es wurde ihr klar, wie Watson wahrscheinlich reagieren würde, immerhin hatte sie seine vertraulich gemeinte Mitteilung weitergegeben, doch sie blieb gelassen und sagte:
»Wenn ich bei Watson hätte anfangen wollen, hätte ich das gemacht. Ich bin aber noch hier.« Diana kam

zurück und setzte sich noch einmal. Ruhiger werdend erzählte sie von Watson, von seiner latenten Aggressivität und von seiner Lobbyfirma, welche Diana abschreckte. Dann sah sie auf und ihre Stimme klang plötzlich hart.

»Vielleicht suche ich mir ja was anderes. Aber nicht bei Watson, dem ist wirklich alles zuzutrauen.« Damit sah sie Paul durchdringend an; der erschrak. Was wollte sie damit andeuten, den Überfall? Diana dachte genau daran. Ruhig, fast beschwichtigend, sagte sie:

»Lass uns noch einmal die Firmen durchgehen, diejenigen, die gelb hinterlegt sind. Ich kann dir jeweils etwas zu denen sagen, mit denen ich im Moment spreche.«

Was war das für eine Wandlung, dachte Paul. Was wusste sie? Plötzlich, als das Unfassbare im Raum stand und sie seine erschrockene Reaktion beobachtete, wurde sie verbindlich. Auf welcher Seite stand sie, oder befand sie sich zwischen ihnen, zwischen ihm und Watson? Paul nickte und schaltete den Bildschirm erneut ein. Sie blieben noch eine Stunde zusammen und Diana erklärte ausführlich, was sie als Nächstes vorhatte. Am Ende fragte Diana:

»Watson weiß, dass du diese Firma übernommen hast?«

»Davon gehe ich aus. Er wollte sie ja selbst unbedingt kaufen.«

Für Paul war das Gespräch eine große Kraftanstrengung. Er musste sich auf jedes Wort konzentrieren. Seine Selbstsicherheit war bisweilen gespielt. Er folgte einem inneren Drehbuch, das er sich zurechtgelegt hatte, doch Paul fühlte sich in allem bestätigt, was er annahm, vor allem, dass Watsons Lobbyismus einen großen negativen Einfluss in Europa hatte. Nun musste er, wie er es angekündigt hatte, das Heft in die Hand nehmen. Noch immer konnte er Diana nicht anblicken, ohne sich zu verkrampfen, doch er fühlte sich befreit.

***

Diana war aufgewühlt und sogar verunsichert, was ungewöhnlich für sie war, als sie zurück in ihr Büro ging. Sie war außerdem entsetzt darüber, dass FRA-Konverter von Paul übernommen wurde. Wieso hatte sie Paul nur von der Methode der Pyrolyse erzählt? Scheinbar unterschätzte sie seine Neugier und sein technisches Verständnis.
Wie würde Watson darauf reagieren? Sie hatte sein Vertrauen missbraucht, so würde er es mit Sicherheit verstehen. Was war überhaupt mit Paul passiert? Zuletzt war er ihr geradezu hörig und nun dieser Schub an Selbstbewusstsein.
Diana fand keine Antwort. Was sollte sie nun tun? Sie setzte sich in einen Sessel, der hinter einem kleinen runden Tisch in ihrem Büro stand, der nur der Dekoration diente und legte ihre Hände auf die Armlehnen und lehnte sich zurück. Was könnte Pauls Metamorphose ausgelöst haben? Es waren wohl die beiden Ereignisse: Der Anschlag auf ihn und Augusts Tod.

Vielleicht hatte sie ihn auch in ihrem Gespräch zu sehr unter Druck gesetzt und er fühlte sich von ihr gedemütigt. Möglicherweise war er in den letzten Tagen an einem Scheideweg angekommen. Mit Sicherheit war ihr Verhältnis zu Paul stark belastet. Er war der Inhaber der Firma und sie kanzelte ihn ab, aber was sollte sie auch machen? Was sie tat, war schlichtweg notwendig. Er mochte sich dagegen sträuben, dass sie ihn noch mehr dominierte und außerdem würde ihn seine Furcht vor einem neuen Anschlag quälen.

Jedoch - er musste selbst mit allem fertig werden, was ihn belastete. Vermutlich war es das und irgendwie hatte er das hinbekommen. Paul konnte Energie entwickeln, das hatte sie gesehen, als er ungerührt die Niederlassungen am Golf eine nach der anderen schloss, womit sie nicht gerechnet hatte, dass er das hinbekommen würde. Natürlich tat er dies im Auftrag der Firma und konnte sich hinter seiner Rolle verstecken, doch es gehörte Mut dazu, den Leuten in die Augen zu sehen und zu entlassen, nachdem sie erst vor zwei Jahren eingestellt worden waren. Sie musste auch zugeben, dass sie ihn nicht besonders gut kannte. Sie hatten sich nie getroffen, auch hatte sie Tilda und ihn nie besucht, oder gar zu sich eingeladen.
Diana blieb generell auf Distanz. Sie brauchte den engen Kontakt zu anderen Menschen nicht, auch wenn sie im Prinzip gerne unter Menschen war, doch sie wünschte auf Abstand zu bleiben. Wollte

sie nun unter diesen Umständen überhaupt für diese Firma weiterarbeiten?

Diana stand auf, ging zu einem kleinen Kühlschrank, der sich neben der Eingangstür befand, entnahm eine Flasche Sherry und schenkte sich ein Glas ein.

In einem hatte Paul recht. Sie konnte ihre Ideen umsetzen, niemand behinderte sie, auch er würde das nicht tun. Alles, was Paul wollte, war es, besser informiert zu sein. Eigentlich verlangte er nicht mehr, als jeder andere Aufsichtsrat ebenfalls verlangen würde.

Wie alle Menschen, die in solche Positionen gelangten, hatte Diana ein ausgeprägtes Selbstbewusstsein. Es war nicht Pauls Kritik an sich, was sie als kränkend empfand. Je länger das Gespräch, das sie eben geführt hatten, auf sie wirkte, umso mehr fühlte sie sich jedoch zurückgesetzt und belehrt.

Es war eine andere Seite dessen, was geschehen war, die sie wahrnahm. Sie schwankte zwischen verschiedenen Gefühlen. Würde sie in der Zukunft wirklich frei arbeiten können? Würde sich Paul noch mehr verändern? Hatte er einmal gewürdigt, was sie für die Firma leistete, dass sie die Firma oder auch das Vermögen der Familie rettete, so wie Otto es tat, der sie lobte und ihr vertraute? Auch das verbitterte Diana.

Doch wo konnte sie schon wirklich frei arbeiten, sofern sie sich nicht selbstständig machte, was für sie nicht infrage kam, sie wäre ein Niemand. Sie blickte auf die Wand, die ihr gegenüberlag. Es befand sich dort ein großes Ölgemälde. Darauf war nichts Gegenständliches. Es waren quer und längs aufgetragene Farben, die in einem harmonischen Verhältnis zueinanderstanden. Man konnte das Muster so lange beobachten, wie man wollte, es schien jedes Mal anders zu sein.

Sie war die Vorstandsvorsitzende eines noch aufzubauenden Konzerns. Dass es ein Familienunternehmen war, war wohl das entscheidende Problem und war das, was sie unbewusst, aber eigentlich doch bewusst störte. Paul hatte es beim Namen genannt. Eine Familie, die einhundert Prozent hielt, mochte nicht den Abstand halten, wie es bei einer breiten Streuung der Anteilseigner selbstverständlich wäre. Sie war aber auch noch jung und konnte jederzeit in ein anderes Unternehmen wechseln, sagte sie sich.

Diana stammte aus einer Familie, bei der ein Ehrgeiz verpönt war. Sie war die Erste, die es zu so einer hohen Position gebracht hatte. Ihr Vater war Lehrer und unterrichtete an einer Commercial High School. Es war ein typisches kleinbürgerliches Milieu, aus dem sie stammte. Ihre Mutter war Sachbearbeiterin in einem Notariat. Diana hatte zwei Brüder. Ihren Mann hatte sie vor fünfzehn Jahren kennengelernt. Sie hatten zwei Kinder, für die sie eine Angestellte beschäftigte. George war 12 und Markus 14 Jahre alt. Diana verbrachte wenig Zeit mit ihren Söhnen. Ihre reichlichen täglichen Herausforderungen waren wichtiger. Eigentlich hielt sie ihren Mann für einen Langweiler, oder schlimmeres. Er war Betriebsarzt in einem Unternehmen. Sein Name war Dr. Anton

Bock. Seinetwegen war Diana aus England nach Deutschland gekommen. Sie hatte Erfahrung, fing bei von Hernsbach an und arbeitete sich in Windeseile hoch. Was sie tat, war ein anspruchsloser Verwaltungsjob, so wie sie es sah.

Ob sie ihr Leben mit ihm verbringen wollte, war für sie nicht klar. Ihr Mann war äußerlich unscheinbar. Er hatte einen Haarkranz, der seinen ansonsten kahlen Kopf umgab, war nicht schlank, sondern mager, trug eine altmodische Brille, altmodische Cordhosen und er mochte nicht Golf spielen, weil ihm das Milieu angeblich zu distinguiert sei, was Diana gerne begonnen hätte und auch ohne ihn bald anfangen würde, auch wenn sie sich dann überhaupt nicht mehr sehen würden.

Sie passten nicht zusammen und Diana hatte seinen Heiratsantrag angenommen, weil sie jung war und sich durch das Interesse des Medizinstudenten an ihr geschmeichelt fühlte und weil es irgendwie ihrer bürgerlichen Lebensplanung entsprach. Auch wirkte noch der Kleinmut ihrer Familie auf sie. Ein angehender Arzt und so weiter. Es waren völlig andere Zeiten. Ihr Mann trat bisweilen linkisch ihr gegenüber auf, was sie mit Misstrauen hinnahm. Irgendetwas schien er zu verbergen.

Diana brauchte ihn schlichtweg nicht, die Heirat war ein Fehler gewesen. Sie fühlte sich generell von langweiligen Menschen umgeben. Auch ihre Freundinnen hatten wenig mitzuteilen. Sie kannte sie vom Yoga, oder aus einem Literaturforum, in dem sie kurz war. Diana forderten diese Frauen nicht, was sie sich aber wünschte. Sie musste in einen Kreis von Spitzenmanagerinnen.

Thomas Watson war da ganz anders. Diana bewunderte ihn. Er sah gut aus. Sie mochte seine elegante Kleidung. Er hatte Charisma und seine Energie fesselte sie vom ersten Moment an. Watson hatte die Karriere gemacht, die sie sich im Stillen für sich gewünscht hatte. Wenn er nur nicht so aggressiv wäre. Sie musste sich vor ihm in Acht nehmen. Vor allem seine Andeutung, das Attentat auf Paul in Auftrag gegeben zu haben, gab ihr zu denken. Würde er so weit gehen? Wer außer ihm kam bisher infrage? Wer konnte ein Motiv haben? Es blieb ein Rätsel.

Diana liebte es, Schmuck zu tragen. Sie mochte die Aufmerksamkeit, die damit verbunden war und dass sie ihre Stellung damit betonte. Der Schmuck passte zu ihren sorgfältig gewählten Blazern, Röcken, Blusen und Schuhen, die sie in einer ähnlichen Form fast immer trug.

Sie sah sich als elegante Frau, mochte ihre Sommersprossen, ihre helle Haut und besonders ihr rotes Haar. Sie wurde sofort wahrgenommen, wenn sie einen Raum betrat. Das war nicht alleine wegen ihres Äußeren, was Männer zwar wahrnahmen und viele starrten sie unverhohlen an, sondern wegen ihrer souveränen Ausstrahlung und vor allem wegen ihrer tiefen erotischen Stimme.

Sie hatte eine freundliche, aber verschlossene Miene, sie sprach kein unnötiges Wort, hörte meistens kurz zu und äußerte sich dann klar und abschließend. Offen teilte sie ihre Ansichten mit. Diana bewegte sich eher langsam, sie ruhte in sich, wenn sie an einem Tisch saß und anderen zuhörte. Niemals war sie hektisch, niemals verlor sie den Überblick, was um sie herum geschah, auch wenn ihr Blick bisweilen starr erschien.

Diana missbilligte bisweilen die Art, wie sich Menschen kleideten. Das war für sie zu einem Thema geworden. Die Nachlässigkeit der Kleidung und die Ignoranz gegenüber sämtlicher äußerer Etikette störten sie. Vor allem verabscheute sie Männer, die in knielangen Hosen erschienen, die aus billigem Jeansstoff gefertigt waren, Sandalen trugen und T-Shirts, welche sich über Bäuche spannten, was zur Normalität geworden war.

Die wenigen, die sich stilvoll kleideten, waren Italiener und britische Finanzangestellte. Sie mochte aber auch nicht, dass die Mitarbeiter, die täglich mit ihr zu tun hatten, mit gewöhnlichen Stoffhosen und kurzärmligen Hemden und überhaupt, ohne eine Krawatte zu tragen, erschienen.

Diana hatte eine eigene Art, auf Männer herunterzusehen. Sie hielt Männer schnell für primitiv und aufgeblasen. Sie schätzte, die überlegte, aber ruhige Art von Frauen und sie förderte Frauen, wann immer sie konnte.

Frauen hielt Diana für fleißiger, pünktlicher, freundlicher und für besser vorbereitet. Frauen gestalteten ihr Büro angenehmer, es war sauberer und insgesamt waren Frauen besser organisiert. Männer hingegen hielt sie für grob und gedankenlos. Männer redeten viel, doch war es meistens ohne Substanz und sie schoben sich trotz ihres Unvermögens in den Vordergrund.

Diana hatte eine Passion, die eigentlich nicht zu ihr passte. Durch einen Zufall hatte sie diese Welt kennengelernt, als sie einmal in der Oper war.

Sie mochte den Karneval, den gepflegten, stilvollen Karneval. Dabei ging es ihr nicht um die Ausgelassenheit, sondern darum sich zu verkleiden, jemand anderes sein zu können. Sie besuchte Karnevalsfeiern in teuren Hotels, im Theater oder der Oper, für die ein hoher Eintrittspreis verlangt wurde.

Ihr Mann begleitete sie, doch hatte er nicht mehr Fantasie als eine Fliege umzubinden und sich eine rote Nase, die von einem Gummiband gehalten wurde, aufzusetzen. Diana hingegen erschien aufwendig als Nofretete oder als Maria Theresia, mal auch als Kaiserin Auguste Victoria. Sie wurde nicht erkannt, man rätselte, wer das sein könnte. Das liebte Diana.

Der Höhepunkt ihrer Verkleidungskunst war, als sie Maria Stuart gab. Sie trat huldvoll in den Saal, wirkte äußerst originell und trug einen Kopf unter dem Arm.

Diana schloss für einen Moment ihre Augen. Vorerst würde sie bei von Hernsbach weiter machen. Das Verhältnis zu Paul war zwar nicht geklärt, aber es war grundsätzlich möglich, mit ihm zu arbeiten.

Kapitel 14

Das größte politische Magazin des Landes beabsichtigte ein Porträt über Paul zu veröffentlichen. Man zögerte, wusste nicht, wie man ihn darstellen sollte. Nach allem, was war, schloss Paul eine Homestory aus.

»Was macht ihr Leben aus, wo sehen sie sich?« Paul dachte nach. Die beiden prominenten Journalisten saßen Paul in seinem Büro gegenüber. Vor einigen Tagen riefen sie an. Augusts Selbstmord gab den Ausschlag. Etwas bei von Hernsbach konnte nicht in Ordnung sein. Paul erschien bis dahin makellos zu sein.

»Mein Leben? Hier im Büro, seit ich in der Firma arbeite jedenfalls.« Paul war einsilbig wie jeder, der mit der Presse keine Erfahrung hatte.

»Ich müsste nach Ghana, ein Werk eröffnen. Dafür habe ich aber keine Zeit.«

»Nach Ghana?«, fragte einer der Journalisten stirnrunzelnd, der sich als Leiter des Wirtschaftsbereiches vorgestellt hatte. Paul erklärte den Zusammenhang.

Die Fragen drehten sich um die ungewöhnliche Strategie von Hernsbach, um Pauls Rede und das Attentat auf ihn.

»Wie gesagt, es soll ein Porträt werden, das heißt, wir wüssten gerne etwas über sie persönlich.« Paul lachte.

»Über mich? Ich bin der langweiligste Mensch der Welt.« Paul erklärte, wessen Idee die mutige Strategie war und dass Otto das Sagen habe.

»Ich kann ihnen allgemein sagen, was ich von der politischen Situation halte und ja, welchen Beitrag wir bei der Reform unseres Wirtschaftssystems leisten wollen.« Die beiden Journalisten sahen sich an. Sie wirkten ratlos.

»Wenn sie einen exzentrischen Erben der dritten Generation erwartet haben, muss ich sie enttäuschen. Ich bin auch kein weitsichtiges Genie, wie gesagt, alles kommt von Frau Robinson. Ob es unsere Firma in fünf Jahren noch gibt, werden wir sehen.«

Paul war nicht zu fassen.

»Das Attentat«, begann der andere Journalist. »Was steckte dahinter?«

»Ich weiß es nicht, ich weiß gar nichts. Die Polizei ist ratlos. Ich bin nur froh, dass wir noch leben.« So ging es noch einige Minuten weiter. Dann gaben sie auf.

»Wie wäre es, wenn sie einen Gastbeitrag schreiben würden, über die Energiewende und die allgemeine politische Situation?«

Paul überlegte, dann sagte er: »Gut, ich bin einverstanden.

Der kurze Einführungsartikel zu Pauls Essay, hatte den Titel, Der unantastbare und am Ende stand: Paul von Hernsbach sollte in die Politik gehen, wir brauchen ihn. Der Artikel sollte zeitgleich in Deutsch und der englischen Ausgabe des Verlages veröffentlicht werden.

Wo wir stehen
von Paul von Hernsbach
Was ich hier schreibe, ist hart und zornig. Der Ausstoß von Kohlendioxid hat sich angeblich verlangsamt. Mehr ist in den vergangenen Jahren nicht erreicht worden. Die Industrieländer sind sich nach wie vor in einem gleich: Sie zögern und verschieben schmerzhafte Veränderungen.

Kein Land kann sich durchringen, wirkliche Entscheidungen zu treffen. Ein Staat alleine würde nichts erreichen, heißt es. Jede Maßnahme wäre ohne die anderen Länder statistisch gesehen sinnlos. Man schade nur seiner eigenen Wirtschaft. Beispielhaft voranzugehen gilt noch immer, trotz der Zuspitzung der Situation, als undenkbar, was das eigentlich Verhängnisvolle an der Situation ist. Doch wir müssen anfangen, jemand muss anfangen. Andere werden folgen, wenn sie sehen, dass die eigene Ökonomie stabil bleibt und sich der CO_2 Ausstoß trotzdem verringert.

Die zähe Akzeptanz der Elektromobilität wird durch den Mangel an Ladesäulen und Halbleitern verzögert. Es gibt noch immer keine einheitlichen technischen Standards. Weder für das Laden noch für die Abrechnung von elektrischem Strom.

Man müsste 2.000 Ladesäulen pro Woche installieren, um die geplante Anzahl von Elektrofahrzeugen versorgen zu können. Tatsächlich blieben es bis jetzt 200. Wer sollte das veranlassen, die

Bundesregierung, die Landesregierungen oder die Kommunen, die Stromversorger? Nichts ist geklärt. Wahrscheinlich beginnt nun die Industrie, das heißt die Autohersteller und die Zulieferer damit.
Es gelingen einzelne Verbesserungen. Die Düngung in der Landwirtschaft wird zögerlich eingeschränkt. Der Export von Schweinefleisch gilt dagegen als wichtig, als systemrelevant sozusagen. Ränder an Feldern werden verbreitert, was nichts kostet, aber mit großzügigen Ausgleichszahlungen vergütet wird.
Plastikabfälle werden zu Rohstoffen, selbst zu Wasserstoff umgewandelt. Das Gesamtvolumen an Plastik, das verworfen werden wird, ändert das nicht. Es wurde die Anzahl der Kreuzfahrtschiffe von 300 auf 250 begrenzt, was bisher als undenkbar galt. Der Ausstoß an Kohlendioxid eines Kreuzfahrtschiffes pro Tag entspricht 84.000 Automobilen. Es wäre ein Leichtes, die Anzahl der Schiffe gesetzgeberisch zu vermindern, oder Segelschiffe vorzuschreiben.
Währenddessen vervielfachen sich die Waldbrände. Tausende Wälder stehen in Flammen. Urbane Regionen wie Melbourne in Australien und ein großer Teil Kaliforniens werden in ihrer Existenz bedroht. In Brasilien brennen 90.000 Feuer im Amazonasgebiet. Der Permafrost in Sibirien droht sich aufzulösen. Die Klimakatastrophe hat längst weltweite Ausmaße angenommen und der Anstieg der Lufttemperatur beschleunigt sich unaufhörlich. Die Pandemie hat den asiatischen Städten, deren Bevölkerung unter einer hohen Anzahl an Lungenerkrankungen

leidet, bewiesen, wie die Luftverschmutzung zurückgehen könnte, als die Industrie stillstand und sich Fahrzeuge nicht bewegten.

In den nördlichen Regionen der Welt bleiben die Verhältnisse dank eines hohen Energieaufwandes länger stabil, als auf der Südhalbkugel.

Die Zahl an Migranten, die nach Europa strömen, nimmt jeden Monat zu. Aus Mittelamerika strömen Millionen Menschen in die USA und vor Australien tauchen tausende Boote mit Flüchtlingen aus ganz Südostasien auf.

Das Ziel, Klimaneutral zu werden, was der alles entscheidende Faktor ist, wird faktisch jedem Land selbst überlassen. Innerhalb der Staaten gibt es keine festen Regelungen. Man strebt an, im Jahr 2050 klimaneutral zu sein. Es stellt sich heraus, dass das Abkommen von Paris das Papier nicht wert ist, auf dem es steht. Die Fristen sind lächerlich weit gefasst und die Maßnahmen werden ständig nach hinten geschoben und unter Wissenschaftlern gilt es als sicher, sie würden verpuffen.

Sie brachten nichts und dienen als Ausreden und Augenwischerei und sollten den Glauben vermitteln, man würde etwas unternehmen. In den nördlichen Regionen Skandinaviens steigen lautlos die Grundstückspreise. Entlang am Polarkreis entsteht eine Siedlung, nach der anderen. Die Argumentationen der Regierungen sind erbärmlich. Sie haben Angst, wirklich drastische Maßnahmen durchzusetzen. Die Europäische Union verkündet einen Green Deal. Es ist lachhaft und dient der Bereicherung der Eliten in den Mitgliedsländern, zumal die Bürokratie der Behörde sowieso unfähig ist, das sinnvolle Ausgeben der Mittel zu überwachen. Mir ist klar, wie pessimistisch das ist.

Es stehen Bequemlichkeit und falsche ökonomische Überzeugungen gegen die Vernunft. Die Volkswirtschaften auf eine Nachfrage umzustellen, welche automatisch eine Kohlendioxidneutralität bewirken würde, droht an der gesetzgeberischen Komplexität, an Lobbyisten und am Widerstand der alten Industrie zu scheitern. Angeblich geht es um Arbeitsplätze, um Gerichtsprozesse, in denen um Ausgleichszahlungen verhandelt werden und darum profitable Strukturen erhalten.

Energieunternehmen und Ölexplorationsfirmen investieren zwar in Windkraft und Solarenergie, doch bleiben die Kohle- und Gaskraftwerke für Jahrzehnte in Betrieb. Das liegt nicht nur daran, dass sie profitabler sind, sondern eine Methode zur Speicherung von Energie noch immer nicht vorhanden ist, trotz aller Fördermittel, die aber offensichtlich und absurderweise bei den Lobbyisten für ihre angeblichen Beratungen versickerten.

Die Hoffnung liegt im Wasserstoff. Dafür eine Infrastruktur aufzubauen, ist in dem bürokratischen Wirrwarr Europas und Nordamerikas nicht möglich.

Einzig China und Indien setzen die Nutzung von Wasserstoff durch. Ein Wettbewerb zwischen autoritären und demokratischen Staaten hat längst eingesetzt und die freien Länder verlieren den Anschluss in der technischen Wissenschaft und im Handel.

China und Indien betreiben hunderte von Kohlekraftwerken, möchten diese nicht stilllegen und verwahren sich gegen Kritik. Diese großen Länder komplett auf erneuerbare Energien umzustellen, würde Jahrzehnte dauern. Misstrauen zieht zwischen den Regierungen auf. Man glaubt die volkswirtschaftlichen Kennzahlen der anderen Länder nicht mehr. Die Investitionen in Unternehmen in andere Länder halbieren sich.

Bei der Wasserversorgung gibt es keine Unterschiede. Jeder Bürger ist gleichermaßen betroffen. Wasser kostete lange Zeit fast nichts. Eintausend Liter Trinkwasser aus einer Leitung wurden mit 1,50 Euro berechnet. In Deutschland verbraucht eine Person 130 Liter an einem Tag, was 19 Cent entspricht. Der Preis wurde verdoppelt, dann verzehnfacht und nun geht der Verbrauch zurück, mit einer bitteren Folge für jene, die wenig Geld haben.

Die Rationierung von Wasser wurde eingeführt. Nun muss das auch verschärft werden. Es erhält jeder Bürger nur noch 70 Liter am Tag, was sich jedoch unmöglich steuern lässt. Also bekommt jeder Haushalt für drei Stunden am Tag frisches Wasser.

Die Folge ist, es werden panisch Kanister und Tonnen angeschafft. Das Abwasser aufzubereiten, ist technisch möglich. Die bestehenden Kläranlagen müssten aber entsprechend ertüchtigt werden. Allerdings, diese Prozesse würden sehr viel Energie

brauchen, also unterlässt man auch diese Lösung. Das gereinigte Abwasser wird nach wie vor in Flüsse geleitet, da man auch nicht in der Lage ist, eine Infrastruktur für die Nutzung in der Landwirtschaft aufzubauen. Die Bürokratie ist noch schwerfälliger und unfähiger geworden.
Jedes einzelne Projekt findet seine Gegner und muss über Gerichtsinstanzen durchgefochten werden. Die Regierung bleibt tatenlos, es ist gespenstisch. Ein Beschleunigungsgesetz zu verabschieden, wird innerhalb der Koalition aus fünf Parteien nicht möglich sein. Europa fragt sich, was mit den Deutschen ist. Sie scheinen jeden Willen eine Veränderung durchzuziehen verloren zu haben.
Die schweigende Ignoranz der Regierung gegenüber praktisch allen Fragen des Alltages, aber auch gegenüber denen, die drängen, wie die Migration, oder die Anpassung des Steuerwesens an den Klimawandel, die hohen Mietpreise, Energiekosten, die Beiträge zu den Sozialversicherungen, der jämmerliche Zustand der Streitkräfte, müssen die Bürger als völlig unerledigt empfinden, wobei es die persönliche Situation vieler Menschen ist, die ein niedriges Einkommen haben, was sie in die Arme von Demagogen treibt.

***

Nach diesem gewaltigen Rundumschlag sank Pauls Popularität bei den einen, sein Ansehen hingegen bei den anderen. Die Medici hingegen jubelten. Paul

sagte, als er gefragt wurde, ob er das nicht alles zu negativ sähe:
»Nein, genau so sehe ich das. Ich habe auch nichts zu verlieren. Ich bin nicht Politiker und kein Wissenschaftler, der von Fördermitteln lebt und nicht Journalist, der seinem Sender folgen muss. Ich bin frei.«
Dann: Warum er so harsch im Ton schreiben würde. Das passe nicht zu ihm.
»Das stimmt, ich bin eher verbindlich und ausgleichend in dem, was ich sage, aber ich muss wachrütteln. Die Beschwichtigungen machen mich krank. Die Lunte brennt.«
Schließlich fragte man ihn, ob er die Grünen wähle.
»Das hatte ich überlegt. Ich wünsche den Grünen auch viel Erfolg.«

***

Dann, plötzlich, änderte sich alles. In China war ein dramatischer Wassermangel eingetreten. Der Bezug wurde auf eine Stunde pro Tag verringert. Die Landwirtschaft brach zusammen. Die Versorgung der Bevölkerung mit Lebensmitteln drohte auszubleiben.
Die Regierung, die einen perfekten Unterdrückungsapparat befehligte, welcher das Volk eine Zeit lang ruhig hielt und auf den mancher Staatenlenker mit Neid sah, drohte die Kontrolle zu verlieren.
Alle Unwahrheiten, die Schmeicheleien der Medien gegenüber der Kommunistischen Partei, alles Erinnern an vergangene Errungenschaften nützte nichts

mehr. Das Volk stand davor, in seine Teile zu verfallen. Regionen wollten sich absondern, aber schlimmer war, dass sich eine Art der ständischen Gesellschaft verfestigte, die sich in Arbeiter, Bauern, die akademische Mittelschicht und die Funktionäre der Kommunistischen Partei gliederte.

In diesen Zwischenwelten bildeten sich neue Klassen, die irgendeine Art von Gemeinsamkeit aufwiesen, welche einen Schutz und Solidarität versprach und die zum Überleben beitragen sollte. Es war die Rede von einer schweigenden Solidarität. Die Volksrepublik verlor ihre äußere und innere Einheit. Die Benutzung des Wortes Wirklichkeit war schon lange verboten worden. Nun nannte man es Fakt, Realität oder Tatsache, ganz einfach und ohne Scheu. Sprache zu kontrollieren, war niemals möglich.

Es rief sich eine erste Provinz zur Republik aus. Das sonst folgsame Militär befand sich längst in Auflösung. Die Soldaten gingen nach Hause. Ihre Familien waren wichtiger und dort würde es vielleicht Wasser geben. Die Androhung, in eines der großen Umerziehungslager eingewiesen zu werden, half nicht mehr.

Die Solidarität unter der Schicht, die das durchführen sollte, war stärker. Den Volkskongress einzuberufen, mochte die Staatsführung nicht.

Ein Beamter, er war ein noch junger, untergeordneter Sekretär, wagte es in einem Zustand völliger Ratlosigkeit und langen peinlichen Schweigens und entgegen aller Gepflogenheiten einen Vorschlag zu machen.

Man solle nach eigenem Gutdünken dreißig Staaten einladen. Diese dreißig Staaten sollten sich auf kurzfristig auszuführende und konkrete Maßnahmen einigen, das hieß, sie sollten chinesischen Vorgaben folgen. Dieses letzte Argument führte dazu, dass der Sekretär nicht unmittelbar verhaftet und erschossen wurde, sondern man forderte ihn auf, seine Gedanken näher zu erläutern. Die persönliche Autorität des chinesischen Präsidenten und die Wirtschaftsmacht würden genügen, um wirksame, neue und wirkliche Entscheidungen durchzusetzen, war das Schlusswort seiner Denkschrift.

Unter den Eingeladenen, aber auch den anderen Staaten, brach ein Jubel aus. Endlich, das Ende der Ratlosigkeit nahte. Die Chinesen nahmen das Heft in die Hand. Ihnen würde sich niemand widersetzen. Die linken, wie die rechten waren ihnen hörig. Worauf es alleine ankam war, dass alle Länder dasselbe taten, dass die Nachteile gleich verteilt waren und dass man das, was getan wurde, überprüfte.

Nachdem die USA einem beispiellosen Niedergang ausgesetzt waren, die republikanisch regierten Bundesstaaten sich dem früheren, psychisch kranken Präsidenten als Gegenpräsidenten unterwarfen und sich die UNO in ihrer Auflösung befand, blieb nur China.

Es sollten alle Kohlekraftwerke abgestellt werden, selbst die in China und die in Indien. Strom aus Solarkraft- und Windkraftwerken würde hoch subventioniert werden. Kleine Atomkraftwerke würden zu hunderten gebaut, auch die Wasserkraft sollte ausgebaut werden. Alles sollte mit einer großen Geschwindigkeit und ohne auf Investitionskosten und sinnlose technische Regeln zu achten, passieren. Die Börsen, deren Handel eingestellt hatte, wurden geöffnet und die Kurse sprangen nach oben. Es ging um die Existenz der bestehenden Zivilisationen, sagte der Präsident Chinas mit bebender und tränenerstickter Stimme und alle folgten. Die Verbreitung der Klimaleugnung und der Lobbyismus gegen die genannten Maßnahmen, würden mit hohen Strafen belegt und in einigen Ländern sogar mit dem Tode. Die Welt atmete auf.

Natürlich dauerte es nicht lange und die Gegenbewegung der Bedenkenträger formierte sich. Die deutsche Regierung wartete ab, was die anderen machten. Diejenigen, die bisher jede Reform verhinderten, traten wieder auf. Dieses Mal vorsichtiger, doch ihre Argumente blieben dieselben. Sie schickten ihre Lobbyisten vor, die aber nicht recht gehört wurden. Das chinesische Abkommen sah die unmittelbare Umsetzung der Einigung vor.

Kein Tag sollte verschwendet werden. Im Wesentlichen ging es um die Energieerzeugung und das Verkehrswesen.

***

Es gründete sich eine neue Bewegung. Diese Bewegung beschloss von vornherein zwei

Vorgehensweisen. Eine moderate und eine militante. Die Militanten blieben den Moderaten unbekannt. Sie traten nicht in Erscheinung. Die neue Bewegung nannte sich Survival2030 und bekam sofort einen gewaltigen Zulauf.

Sie ließen sich von einem hochkarätig besetzten wissenschaftlichen Rat beraten, was ihre Glaubwürdigkeit über alle anderen stellte. Diese Wissenschaftler hatten sich aufgrund der Tatenlosigkeit der Regierung unter Protest von ihr abgewandt. Der Rat war vorausschauend und ausgewogen gegründet worden und legte ein Gutachten über die positiven Auswirkungen des chinesischen Abkommens dar.

Die anderen, seit Jahrzehnten existierenden Umweltverbände galten als ideenlos, zahm und angepasst. Sie alle wurden auf die eine oder andere Weise von der Regierung bezahlt.

Einen nationalen Charakter wollte Survival2030 nicht haben. Sie sahen Europa als ihre Basis und wählten Vertreter aus zehn Ländern, der ihren Exekutivrat bildeten.

Die drei Gründer, die nicht mehr als die Idee für das Konzept hatten und die nie in Erscheinung traten, die Registrierung übernahmen andere, bildeten einen militanten Flügel.

Die Stärke und der besondere Zuspruch, den Survival2030 erfuhr, lag darin, dass Survival2030 ein pragmatisches und auf wissenschaftlichen Erkenntnissen beruhendes Programm vorstellte. Sie waren weder Rechts, noch Links zuzuordnen. Schnell stellten sie die anderen Umweltgruppen, die sich bei plumpen Aktionen reihenweise festnehmen ließen und dies als Erfolg feierten, in den Schatten.

Survival2030 war intellektuell und hatte eine starke Dynamik. Innerhalb weniger Wochen hatten sich 200.000 Mitglieder aus ganz Europa registriert. Aus dem Nichts war eine politische Macht entstanden. Ihre geheimnisvollen Gründer, um die sich allerlei Mutmaßungen bildeten, waren zwei Journalistinnen und ein Journalist.

Ihre Namen waren Valentin aus Frankreich, Claudia aus Österreich und Francesco Esposito aus Italien. Sie waren alle Ende zwanzig und voller Energie. Was sie verband, war die Überzeugung, dass sich ohne Gewalt und die Bestrafung der Verantwortlichen nichts ändern würde. Sie sahen das offensichtliche, nämlich den merkwürdigen bleiernen Stillstand, der sich während der langsam wachsenden Katastrophe bildete. Alle drei lebten in Berlin, wo sie sich über ein Online-Netzwerk kennenlernten.

Ihre Berufe übten sie wie gewohnt aus, was ihnen den Zugang zu Ministerien und praktisch zu allen Entscheidern in den denkbar wichtigsten Funktionen brachte. Die drei verfielen jedoch, obwohl noch nichts passiert war, nach und nach einem elitären Hochmut, der sie ihren Freunden und ihren Kollegen entfremdete.

Sie begannen sich zu isolieren und unter sich zu bleiben. Bisweilen gerieten sie in einen euphorischen Zustand und spürten die besondere Rolle, die sie spielen würden. Die Drei hatten keinen Sex untereinander. Valentin war mit einem Soziologen zusammen, der Post-Doc an einer Berliner Universität war. Er war ein dünnes Bürschchen, das langsam und umständlich sprach. Unglaublich langweilig, aber gebildet war er. Claudia konnte mit Männern nichts anfangen.

Francesco wechselte bisweilen seine Partnerin, fand hier und dort eine andere und musste sich beherrschen, sein Geheimnis für sich zu behalten.

Die drei mochten keine Sitzblockaden oder das Abseilen von Gebäuden, das sie für kindische Albernheiten hielten. Survival2030 M, wie sich die drei im Stillen nannten und mehr als drei Mitglieder wollten sie nicht sein, plante spektakuläre Aktionen. Natürlich durfte niemals eine Verbindung zur regulären Survival2030 nachvollzogen werden, das würde alles zerstören. Sie dachten an berühmte Vorgänger, die in den Siebzigerjahren die Welt in Atem hielten.

Noch blieben ihre romantische ideologische Vorstellung eines Lebens im Untergrund vage und es fehlte an konkreten Plänen, doch das sollte sich ändern. Die Gruppe M plante die Entführung des wichtigsten Lobbyisten gegen den Klimawandel in Europa und das war Dr. Thomas Watson. Watson sollte ein öffentliches Geständnis abgelegen, dass er bezahlt und seine billigen Argumente selbst für groben Unsinn halten würde, denn davon, dass er nicht glaubte, was er verbreitete, war die Gruppe M überzeugt.

Als sie sich tiefer in ihre Planung hineinbegaben, erkannten sie, dass ihnen für eine Entführung die Logistik fehlte. Sie müssten Watson in London entführen und sie hatten weder Unterstützer noch hatten sie Geld und sie würden keine Wohnungen finden, die sie spontan wechseln konnten. Nach einiger Zeit wurde der Französin Valentin klar, dass sie sich ihrer Aufgabe ganz hingeben mussten, oder es lassen sollten.

»Wir können es nicht einfach sein lassen«, sagte sie enttäuscht mit ihrer sanften Stimme und strich sich nervös durch ihr Haar. Sie wollte damit eigentlich das Gegenteil ausdrücken. Nicht ohne Hoffnung sah sie Francesco dabei forschend an, als sie sich in dessen Wohnung trafen, auf Matratzen saßen, Musik anstellten und bulgarischen Wein tranken. Ohne es bisher auszusprechen, wurde ihnen klar, dass sie sich an einem Scheideweg befanden. Entweder sie mussten ihre militanten Träumereien aufgeben oder wirklich radikal werden. Valentin und Claudia hatten weder eine marxistische Ideologie noch irgendeine andere radikale Überzeugung, was der Grund für ihr Zögern sein mochte.

»Gut«, sagte Francesco. »Dann lasst uns besprechen, was wir unter Militanz verstehen und was wir überhaupt erreichen wollen.« Francesco sah die beiden Frauen fordernd an. »Was genau ist die Idee des Terrorismus?« Die beiden erschraken, als er dieses Wort aussprach. So nah wollten sie einem Verbrechen nicht kommen. Schon die Entführung hielten sie für eine Spinnerei, die niemals Wirklichkeit werden würde.

»Was möchtest du? Watson umbringen?«, fragte Claudia und ihr Hals wurde trocken, als sie das sagte. Sie wurde unruhig und überlegte aufzustehen und zu gehen. Wenn sie nervös war, sprach sie Deutsch, das die beiden anderen beherrschten. Bisweilen amüsierten sie sich über ihre jeweiligen Akzente.

Francesco war ein schöner Mann. Er hatte schwarzes, festes Haar, das gelockt war und bis auf seine Schultern reichte. Auch wenn er meistens nur einen Pullover trug, wirkte er elegant. Er war schlank und seine Beinmuskulatur zeichnete sich ab, wenn er sich von der Matratze erhob. Sein Gesicht hatte den festen, doch bisweilen auch milden und melancholischen Ausdruck des Südländers, buschige Augenbrauen, dunkle Augen und einen Mund, der aus einem Gemälde von Botticelli stammen konnte. Seine Arme und Hände waren behaart und sein Gang war aufrecht und elegant, ohne aufzufallen. Auch war er der intelligenteste der Gruppe. Er hatte Physik studiert und war im Begriff, seine Promotion abzuschließen.

Er hatte die beiden Frauen überzeugt, ihr Leben aufzugeben und in den Untergrund zu gehen, was die, ohne sich über die Folgen ernsthaft im Klaren zu sein und um ihm, der sie anführte, zu gefallen, oder weil es in dem Augenblick einfach abenteuerlich klang, zugestimmt. Francesco verstand es, Frauen zu schmeicheln. Die ganze Sache hatte auch etwas Romantisches. Jetzt, wo sie sich dieser Wirklichkeit näherten, erschraken beide.

»Mir geht das zu schnell«, sagte Valentin. Sie trug eine runde Brille mit dünnem, metallenen Rand und einen dicken gestrickten Pullover, auf dem Häschen eingearbeitet waren. Sie hatte langes, dünnes braunes Haar, das sie offen trug.

Als Claudia das Wort Umbringen aussprach, war für sie klar, dass sie sich zurückziehen musste. Francesco kam zu der Überzeugung, dass die beiden nicht die Entwicklung hinter sich hatten, die er erfahren hatte. Sie führten ein gewöhnliches Leben. Valentin hatte wohl vor, zu heiraten. Links zu sein, aber bürgerlich zu leben war das, was sie wollten. Ansonsten hatten sie Angst vor der Kraft des Terrors.

Er hatte sie in eine naive Euphorie hineingeredet, in der sie gefangen waren, bis jetzt. Sie waren weder Unternehmerkinder noch entstammten sie der Arbeiterklasse, so wie er selbst. Die Identität ihrer Milieus war die von Menschen, die mit etwas Neugier in die Welt sahen, aber generell in Eintracht mit den Umständen vor sich hin lebten. Valentins Eltern waren beide Bankangestellte und Claudias Vater war Buchhalter bei einer Supermarktkette. Ihre Mutter machte Nachtwachen in einem Pflegeheim. Wie sollten sie ihren Eltern jemals wieder unter die Augen treten?

Es gab nichts, was sie empörte, außer die Erwärmung der Erde, was aber bei jedem, der nur etwas nachdachte, der Fall war. In ihren Persönlichkeiten lag kein Wille zur Zuspitzung, zur Entschlossenheit und das Äußerste zu wagen. Auch fehlte es ihnen an der Größe, selbst im Zentrum einer Bewegung zu stehen. Es mangelte ihnen an der Radikalität und

dem Wunsch über harmloses Demonstrieren hinauszugehen. Sie wollten nicht zu einer Elite, gegen den Kapitalismus gehören.
Die Gründung von Survival2030 ging auch von Francesco aus. Valentin und Claudia waren Feuer und Flamme, als er ihnen bei einer Party, ein Sektglas haltend, von seiner Idee erzählte. Sie wollten mitmachen. Die Idee militant zu werden hielten sie für cool, solange alles weit entfernt war. Der Reiz, etwas so Verbotenes zu tun, ließ ihr Adrenalin ansteigen. Sie kannten Francesco wenig. Dass er das alles ernst meinte, übersahen sie. Survival2030 wuchs von selbst. Die Zeit war reif für so eine neue Organisation.
Die beiden Frauen hatten Angst. Francesco hätte gerne mit ihnen geschlafen, mit beiden gleichzeitig, das war auch, wenn er ehrlich war, der Grund, warum er sich überhaupt mit ihnen eingelassen hatte. Sie bewunderten ihn, aber ihre Spießigkeit widerte Francesco an. Sie konnten nichts und sie wollten nichts. Eigentlich war das von Anfang an klar.
Francesco stammte aus einer kommunistischen Dynastie und er war stolz darauf. Diesen italienischen Kommunismus gab es in Frankreich und Österreich nicht. Dieser Kommunismus war voller Bitterkeit gegenüber den Besitzenden. Die Arbeiterklasse würde auf ewig ausgebeutet. Die Gewerkschaften gaben sich der herrschenden Klasse hin und es blieb nur die Unterdrückung und Anpassung. Nichts hatte sich in der großen kommunistischen Bewegung in

Italien seit den neunzehnhundert, Zwanzigerjahren verändert.

Francescos Urgroßvater war in seiner Zeit einer von 315 Senatoren und vertrat die Region Piemont, das heißt, die Arbeiterschaft Turins. Er war einer der wenigen Kommunisten, die, während Mussolini an der Macht war, zornig gegen den Faschismus aufstand. Im Jahr 1930 ging er nach Moskau, wo Francescos Großvater geboren wurde. Auch wenn viele Italiener während der Säuberungen in Moskau ihr Leben ließen, ihre Verbindung zur Sowjetunion war rein und würde auf ewig bestehen. Sein Vater unterstützte, als er jung war, die Roten Brigaden, die allesamt aus der Arbeiterschaft stammten und verbrachte heldenhaft drei Jahre im Gefängnis. Francesco verehrte seine Familie. Er sah Joseph Stalin als großen Führer an und war bereit, den Kampf weiterzutragen.

Der Klimawandel war ein Beiwerk. Worum es ihm ging, war die Gerechtigkeit, die Überwindung des kalten Kapitalismus, der den Klimawandel herbeigeführt hatte. Den Kommunismus würde er zum endgültigen Sieg des Proletariats zuführen, auch wenn das verrückt klang. Nach der Sub-Prime Krise und dem Klimawandel, der schnell voranschritt, war die Zeit gekommen.

Einen Londoner Kapitalisten, einen Menschen wie Thomas Watson zu ermorden, war der erste Schritt auf diesem Wege, der die Welt wachrütteln würde. Die beiden Frauen wussten nichts von all dem und würden kein Wort verstehen, wenn er ihnen seine Geschichte darlegen würde.

»Ihr könnt gehen, wenn ihr nicht wollt. Ich werde das tun, was getan werden muss. Alleine ist es auch einfacher.« Erleichtert sahen sich Valentin und Claudia an. Ohne noch etwas zu erwidern, standen sie auf, streiften ihre Schuhe über, die sie sorgsam parallel auf dem kleinen Teppich, der im Flur ausgelegt war, abgestellt hatten und verließen schweigend, aber eilig, Francescos Wohnung.
Francesco Esposito trat hinaus auf seinen kleinen Balkon und sah den beiden nach, als sie die Kreuzung vor seinem Haus überquerten. Er steckte sich eine Zigarette in seinen Mundwinkel und zündete sie mit einem Streichholz an. Dann ging er zurück in seine kleine Wohnung, öffnete die Schublade seines Schreibtisches und nahm eine 19 mm Jarygin PJa heraus. Er hatte die Waffe von einem Genossen in Turin gekauft. Francesco lud die Waffe durch, ohne dass eine Patrone in der Kammer war, ging in die Knie, spreizte seine Beine, hielt die Waffe mit beide Händen fest und drückte in die Richtung des Balkons ab.

Kapitel 15

Bis Samuel und Junaiba ihre Visa bekamen, vergingen Monate. Übermüdet und etwas unsicher traten sie mit ihrem Gepäck aus der Ankunftshalle heraus, wurden entlang eines Geländers geleitet und trafen auf Tilda, die mit Otto an der Hand auf sie wartete. Die Begrüßung war herzlich.
Tilda freute sich sehr, die beiden Geschwister kennenzulernen. Nicht nur, dass sie wieder eine, wenn auch überschaubare Aufgabe hatte, sie freute sich auch den beiden helfen zu können.
Paul hatte vor, Samuel über ein Traineeprogramm, das nur sechs Monate dauern sollte, in das Unternehmen einzuführen. Dann sollte Samuel Fuß gefasst haben, würde Paul für eine eigene Zuständigkeit sorgen. Junaiba sollte, wie er es geplant hatte, bis sie eine Stelle in einem Krankenhaus fand, was wegen der Anerkennung ihres Abschlusses dauern konnte, oder sogar niemals eintreten würde, bei der Betriebsärztin der Firma assistieren. So würden beide sofort in die Abläufe des Unternehmens integriert werden und sie würden Mitarbeiter kennenlernen und überhaupt Deutschland auf die schnellste Art und Weise.
Das Erste, was Samuel und Junaiba zu ihrem Erstaunen lernten, war, dass sie überall als Flüchtlinge, als Refuges, angesehen wurden. So sahen sie sich selbst überhaupt nicht. Sie fühlten sich als gewöhnliche akademisch gebildete Menschen, die für eine bestimmte Zeit in Deutschland leben wollten, um Erfahrung zu sammeln, etwas Geld zu verdienen und

dann wieder nach Ghana zurückkehren würden. Doch wem auch immer sie begegneten, sie wurden mit Argwohn und als Menschen, die sich aufdrängten, betrachtet. Tilda hatte eine Wohnung in einem Haus mit acht Parteien für sie gemietet, bei dem sich herausstellte, dass es vor allem von Deutschen bewohnt war. Zwar waren es die Nachbarn gewohnt, Migranten aus Afrika und arabischen Ländern zu begegnen, doch waren die beiden die Ersten, die zu ihnen ins Haus zogen und damit in ihr Leben eindrangen.

Ihre direkten Nachbarn waren das Ehepaar Tanja und Harald Putz. Auch sie grüßten in den ersten Tagen aus einer vorsichtigen Distanz heraus, doch nach einer Woche verstanden sie, dass es sich bei ihren Nachbarn um aufgeschlossene junge Menschen handelte, die zu verstehen gaben, das Gespräch zu suchen und die täglich zur Arbeit gingen.

Sie luden Junaiba und Samuel an einem Sonntagnachmittag um fünfzehn Uhr zum Kaffee ein. Harald Putz war Programmierer für Industriesteuerungen und kam durch die Welt. In Afrika war er immer wieder. Er sprach ein fließendes Ingenieurenglisch und kam mit einem geringen Wortschatz aus.

Harald stammte aus Österreich, was ihm in Verbindung mit seinen vielen Reisen eine Art von Außenansicht auf Deutschland gab. Er pflegte karierte Hemden zu tragen, lies seine Brille auf die Nasenbrille rutschen und war untersetzt. Tanja war Lehrerin für Englisch, Deutsch und Kunst an einer Realschule. Sie überragte Harald. Aus einer sozialdemokratischen Familie stammend, hatte vor allem Tanja eine liberale Haltung. Außerdem war sie beredt, hatte ein fröhliches Temperament und kam schnell mit anderen Menschen in Kontakt. Sie waren beide Mitte vierzig und hatten keine Kinder, aber einen Dackel und ein Wohnmobil.

Zu Beginn stellte Junaiba klar, dass sie Geschwister waren. Sie erzählte von ihrer Familie in Ghana und wo sie nun arbeiteten, nämlich bei von Hernsbach und dass sie Tilda und Paul gut kannten, was eine Achtung bei ihren Gastgebern auslöste. Samuel und Junaiba waren unsicher, wie man sich verhielt und tranken jeweils drei Tassen Kaffee und aßen jeweils drei Stücke einen mächtigen Käsekuchen, der ihnen aufs Neue angeboten wurde.

Es sprach zunächst vor allem Tanja, das heißt, sie redete über besonders naheliegende Dinge des alltäglichen Lebens, wo man einkaufen könne, wo das Fahrrad abstellen und dergleichen. Irgendwann unterbrach sie Harald mitten im Satz. Es war ein eingespieltes Verhalten zwischen den beiden. Harald hatte das Gefühl, dass das oberflächliche Geplapper seiner Frau ihren Gästen einige Mühe bereitete.

»Deutschland und ganz Europa haben sich sehr verändert«, begann er unmittelbar sein beliebtestes Thema aufzugreifen.

»Das Jahr 2015 war ein ganz Besonderes. Ich weiß nicht, ob sie das wissen?« Tanja erschrak, als Harald ausgerechnet dieses Thema ansprach und warf ihm einen missbilligenden Blick zu.

»Ach was«, winkte Harald ab und redete weiter:

»Dass hier eine multikulturelle Gesellschaft wächst, können Samuel und Junaiba nicht wissen. Das ist aber wichtig, um zu verstehen, wie die Leute hier reagieren.« Dann setzte er an, die Verhältnisse in Deutschland zusammen zu fassen, und erklärte:
»Diese Veränderungen, ich meine, die kulturelle Identität betreffend, die sich langsam, aber sicher vollzogen hat, akzeptiert vielleicht noch die Mitte der Gesellschaft. Die Regierung hat in den letzten Jahren jede Veränderung bagatellisiert. So sieht es doch aus«, sagte er und wandte sich Tanja zu.
»Der Kanzler hat mit seinen müden Augen alles schöngeredet. Das ist das Einzige, was er konnte, ablenken und beschwichtigen. Angepackt hat er nie was.
Die Alten nehmen alles hin. Hin und wieder regen sie sich auf, wenn es darum geht, etwas Neues zu machen, eine Brücke zu bauen, oder ein neues Hallenbad. Neue Stromtrassen, Autobahnen und Bahnhöfe. Die brauchen das alles nicht mehr. An die Zukunft denkt hier niemand. Vor allem haben sie was gegen Windräder, weil die ihren Mittagsschlaf stören.
Nur die ganz Jungen empören sich noch und protestieren heftig. Es ist nur so, ihre Ziele sind so abstrus, sie wollen einen autokratischen Sozialismus und so einen Quatsch. Außerdem radikalisieren sie sich immer weiter und bald gibt es Anschläge von denen. Wegen jedem Baum regen die sich auf.
Ernst genommenen werden die nie und Arbeitsplätze interessieren die schon mal gar nicht.« Dann

erzählte Harald, dass sich seit Jahren eine rechtsradikale Strömung gebildet hatte, die durch eine Partei in den Parlamenten vertreten war. Deren Stimmenanteile stagnierten zwar, doch es trat ein, was sich typischerweise wiederholte.

Die Gesellschaft gewöhnte sich an den Rassismus, an das völkische Gerede und die immer aggressiver werdenden Auftritte der Rechten, die man inzwischen zum faschistischen Lager rechnen musste. Ihr Erscheinen war primitiv, anmaßend und abstoßend.

Harald erzählte noch von den Zuständen in der DDR, die noch immer einen großen Einfluss auf die Ostdeutschen hatten. Sie verstanden einige Zusammenhänge über die Mechanismen der Demokratie nicht. Vor allem die Eigenverantwortung blieb ihnen fremd. Sie schienen nach wie vor gegängelt werden zu wollen und sie schienen nur sich und ihr kleines Leben zu sehen. Ihnen wurde eine Mentalität des ständigen Beschwerens und der völligen Nachsicht seitens der westlichen Öffentlichkeit im Zuge der Wiedervereinigung anerzogen.

Samuel und Junaiba hörten sich das interessiert an. Sie wussten nicht, was sie von Haralds Meinung halten sollten, doch wurde ihnen klar, was insgesamt vor sich ging in Deutschland, auf das sie sich so gefreut hatten.

Sie befanden sich in ihrer Nachbarschaft in einem Milieu, das verunsichert, aber nicht offen abweisend war. Den Argwohn spürten sie jedoch sofort. Sie sollten mit ihren anderen Nachbarn reden, doch wie sollte ihnen das angesichts der subtilen Ablehnung gelingen? Junaiba und Samuel verabschiedeten sich höflich und sprachen an diesem Abend noch lange über das, was sie hörten.

***

Paul forderte die Abteilungen, in denen Samuel arbeiten würde, auf, sich ihm anzunehmen, ihn in die Kantine mitzunehmen, oder ihn gar nach Hause einzuladen. Es arbeiteten wie in jedem Unternehmen seit Jahren Menschen aus der ganzen Welt bei von Hernsbach.

Einige, vor allem farbige Kollegen taten das auch, was Paul verlangte. Andere verstanden durchaus den Zusammenhang, nämlich dass es sich nicht um Flüchtlinge, sondern gewöhnliche Bürger eines anderen Staates handelte. Von einem Kollegen, der selbst aus Ghana stammte, hörten sie von einer Gruppe Ghanaer, die sich in Frankfurt jeden Freitag trafen. Sie schlossen sich bei der nächsten Gelegenheit an. Zu beider Überraschung handelte es sich ausnahmslos um Akademiker.
Es war niemand unter ihnen, der nicht einen Doktor einer deutschen Universität hatte. Was war das für ein erstaunliches Phänomen? Junaiba und Samuel freundeten sich sofort mit einigen an und fühlten sich dort aufgehoben.
Man sagte ihnen, sie müssten unbedingt Deutsch lernen. Ohne das würden sie niemals akzeptiert werden. Dass es sich um genau die Elite handelte, die

über internationale Programme nach Deutschland gekommen war und die Ghana dringend brauchte, sprach niemand an. Natürlich bemühten sich Junaiba und Samuel vom ersten Tage an die Sprache zu lernen.

Tilda und Paul blieben lange für sie die einzigen Deutschen, die unbefangen mit ihnen sprachen. Die anderen, die Kollegen jedenfalls, die weißen Deutschen blieben merkwürdig distanziert. Die einen waren hölzern, die anderen übertrieben freundlich, doch war diese Freundlichkeit oberflächlich und schal. Andere waren offen abweisend.

Tilda und Paul luden Junaiba und Samuel immer wieder an einem Samstagnachmittag zu sich ein. Mal grillten sie auf dem Balkon, mal bestellten sie Essen, oder kochten selbst. Einige Male kam auch Alex dazu. Jedes Mal stellte er eine andere Freundin vor. Er sprach viel von sich, doch interessierte er sich auch für Geschäftsmöglichkeiten in Afrika. Er ließ sich den Namen einer ghanaischen Softwarefirma geben. Bei der nächsten Einladung von Tilda und Paul hatte er schon eine Vereinbarung mit der Firma getroffen.

»Alex ist ein richtiger Macher«, sagte Paul und freute sich, dass er seine Freunde zusammengeführt hatte.

»Kannst du Samuel mal mit in deine Firma nehmen, nur einen Tag?«

Tilda, Paul und Alex waren auch die Einzigen, die sich dafür interessierten, wie das Leben in Ghana war und vor allem Samuel erzählte viel von Ghana und von Afrika.

Die drei waren, abgesehen von ihren neuen Freuden aus Ghana, die einzigen Menschen, bei denen sich Samuel und Junaiba wirklich wohl und sicher fühlten. Tilda, die nun im neunten Monat schwanger war und nicht mehr reiten wollte, nahm Junaiba mit in das Gestüt und zeigte stolz ihr Pferd, dass sie sich mit Niemandem teilte.

»Es muss geritten werden«, erklärte sie. Das macht jetzt ein Mädchen, eine Schülerin.« Junaiba, die noch nie ein Pferd von nahem gesehen hatte, aber Wildtiere kannte, streichelte das Pferd sanft und fragte, wie es hieße, was es fressen würde und ob es im Stehen, oder im Liegen schlafen würde.

»Pferde können in drei verschiedenen Positionen schlafen: Im Stehen, in Brustlage oder in der Seitenlage«, erklärte Tilda.

»Pferde sind zu drei Viertel des Tages wach, sie dösen auch und verbringen nur eine kurze Zeit in der Tiefschlafphase. Pferde legen sich nicht immer hin. Wenn die Box zu klein ist oder nicht oft genug gemistet wird, bleiben Pferde zum Schlafen stehen.«

Sie spazierten durch das Gestüt und fuhren zurück. Junaiba erzählte von ihrem Gespräch mit Harald und Tanja und wie alle auf sie reagierten, was sie zwar verstehe, doch eine Unsicherheit bei ihr auslösen würde. Tilda hörte aufmerksam zu. Sie hatte erwartet, dass sich Junaiba nicht wohlfühlen würde und erwartete, dass sie als Afrikaner nicht überall willkommen wären.

»Das hat mit den Flüchtlingen von 2015 nichts zu tun«, sagte Tilda. »Die Deutschen sind sowieso nicht gastfreundlich, ja sie sind eigentlich unfreundlich gegenüber anderen, auch unter sich. Natürlich stimmt das so pauschal nicht, kann es ja auch nicht, aber mir tun Menschen leid, die hier einwandern müssen.« Dann schwieg sie für einen Moment und fuhr fort:
»Die Migration ist neben der Erderwärmung das wichtigste Thema, das jeden beschäftigt, na ja und die Pandemie. Dieses Land verändert sich rasant.« Junaiba erzählte von der Gruppe in Frankfurt, die sie kennengelernt hatte und was die alle für ausgezeichnete Qualifikationen hatten.
»Das kann ich mir gut vorstellen«, sagte Tilda und lachte.
»Man kann das niemandem übel nehmen, wenn er hierbleiben will. Mal sehen, ob ihr noch einmal zurückgeht«, sagte Tilda und sah zu Junaiba hin. Junaiba überlegte, ob das eine ernst gemeinte Einladung war. Tilda lud Junaiba nach Hause ein. Sie sprach munter über alle möglichen politischen Themen. Sie las viel und hatte wenig Abwechslung in ihrem Alltag und sie mochte Junaiba, die fast im selben Alter war. Tilda sprang munter von einem Thema zum anderen.
Sie redete über die Demokratie, die Gewaltenteilung, die Bedeutung der Gerichte überhaupt, sie war ja Juristin, das Rechtswesen im Allgemeinen, die Finanzverwaltung, die sie für die einzige perfekt funktionierende Behörde hielt und die individuelle

Freiheit der Bürger. Schließlich endete sie bei der Aufklärung bei Kant und seinem kategorischen Imperativ und ganz zum Schluss bei der deutschen Klassik, bei Wieland, Herder, Goethe und Schiller und bei Beethoven in Wien. Für Junaiba war das alles abstrakt. Ihr schwirrte der Kopf, als sie wieder Zuhause war.

***

Samuel kam in die Einkaufsabteilung und ihm wurde nichts ahnend ein Platz gegenüber von Franz Müller-Breitschwert zugewiesen. Es war ein kleiner, fast verborgener und trostloser Raum, der Einzige, in dem für die nächsten Tage ein Schreibtisch frei war. Müller-Breitschwert stutzte, als er den Schwarzen sah. Er nahm erst an, der Schwarze wäre zu ihm gesetzt worden, um ihn zu provozieren und um ihn loszuwerden.
Seit der Ablösung als Teamleiter war er verbittert. Täglich rechnete er mit seinem Rauswurf. Auch war es offensichtlich, dass in seine Wohnung eingebrochen worden war und man hatte sicherlich seine Hitler-Büste und seine Sammlung deutscher Schriften fotografiert.
Als er seine Wohnung betreten hatte, lag das kleine Buch mit dem Titel Befehl und Gehorsam in der Waffen-SS aufgeschlagen auf dem Tisch. Müll-der-Breitschwert war schockiert. Er entschied sich, mit dem Schwarzen am besten überhaupt nicht zu reden. Die Aufgaben, die man ihm selbst zugewiesen hatte,

waren alle dümmlich und offensichtlich ein Teil des Mobbings, das man ihm antat. Müller-Breitschwert kam jeden Tag missmutig in die Firma, mied die Kantine und blieb alleine. Er öffnete Punkt zwölf Uhr seine Kunststoffbox und entnahm ein belegtes Brot, Tomaten und einen Apfel. Eine andere Stelle hatte er trotz aller Bemühungen noch nicht gefunden. Manche Personalabteilungen sprachen sich ab, er kannte das und in seinem Alter war es auch fast unmöglich, etwas zu finden.
Als er den vollen Namen seines Gegenübers verstand, bemerkte er, dass es sich um jenen Schwarzen handelte, wegen dem er in diese erbärmliche Lage geraten war.
Das steigerte seine Wut noch mehr und er sann darüber nach, wie er sich an diesem Samuel rächen konnte. Müller-Breitschwert war klein, schmächtig und unscheinbar. Dass ihn die Wehrmacht und die ganze Aura der Nazis anzog, mochte wohl auch damit zu tun haben, dass er die Komplexe, die aus seiner Bedeutungslosigkeit im Leben, die er sich zumindest einredete, erwachsen war, kompensierte. Er ließ sich mitreißen, wenn er Filme über den Feldzug in Nordafrika, oder die Waffen-SS sah, oder die Reden des Führers hörte. In diesen Augenblicken vergaß er seine Einsamkeit. Samuel fragte ihn, was seine Aufgabe wäre. Was sollte er antworten?
»Ich sortiere Belege«, sagte er unter seinem lichten Haar hervor, ohne aufzusehen und mürrisch, aber wahrheitsgemäß. Samuel dachte sich, dass mit diesem Menschen etwas nicht stimmen konnte und

unterließ, es nachzufragen, um welche Belege es sich handelte.

Samuel blieb nur selten in dem Raum. Er wechselte von einem Büro des Einkaufs in ein anderes, hörte Vorträge an, die für ihn gehalten wurden, nahm an Besprechungen teil und lernte mit großem Interesse, wie eine Einkaufsabteilung generell arbeitete und wie sie strukturiert war. Es waren enorme Summen, über die hier entschieden wurde. Am dritten Tag, als Samuel kurz im Büro auftauchte, hob Müller-Breitschwert seinen Kopf und fragte aus einer Gedankenverlorenheit heraus, in die er neuerdings verfiel: »Kennen Sie Hitler?« Es war kurz vor dem Ende des Arbeitstages. Müller-Breitschwert war wieder den ganzen Tag alleine geblieben, hatte mit niemandem ein Wort gewechselt und seine Gedanken kreisten um sein Idol. Samuel war nicht klar, ob er nur vor sich dahin redete, oder ihm allen Ernstes diese Frage stellte.
»Ja natürlich, wie kommen Sie auf Hitler?«
»Er hat Deutschland groß gemacht«, sagte Müller-Breitschwert leise, mit Bewunderung und nickte dabei, ohne aufzusehen, vor sich hin. Er verharrte völlig in sich gekehrt und ohne, dass ihm die Wirkung seiner Worte auf Samuel klar war. Er machte auf Samuel genau den Eindruck, der er war. Ein einsamer, kleiner Mann, der sich an Marschbildern und dem Größenwahn der Nazis ergötzte, um selbst etwas Größe zu erlangen.

»Wenn Sie meinen? Aber hat er nicht den größten Krieg aller Zeiten begonnen und Todeslager eingerichtet?«

»Ach, das können Sie alles nicht wissen«, antwortete Müller-Breitschwert wegwerfend.

»Der Krieg wurde ihm aufgezwungen, von den Engländern und den Russen und die Lager gab es doch überhaupt nicht, jedenfalls nicht in dem Ausmaß, wie es behauptet wird. Nur weil wir den Krieg verloren haben, wird das so erzählt.«

Müller-Breitschwert sah nun auf zu Samuel und eigentlich empfand er Sympathie für den jungen Mann, der Kraft und Lebensmut ausstrahlte und er war vor allem seit langer Zeit jemand, der überhaupt mit ihm redete. Samuel schüttelte nur seinen Kopf und wollte den Raum verlassen. Dann wandte er sich noch einmal um und fragte, weil er von dieser Partei von Harald gehört hatte:

»Und - sind Sie in einer Partei?«

»Oh ja, ich bin Schatzmeister in unserem Kreisverband.« Herr Müller Breitschwert freute sich nun, dass sich Samuel für ihn interessierte. Er wurde lebhaft und erzählte, wie er sich seit Jahren engagierte und an den Parteisitzungen teilnahm. Doch würde er das nur im Stillen tun, das heißt, er würde nicht auf der Straße stehen und Zettel an Passanten verteilen. Er kümmere sich um die Finanzen und um die Internetseite ihres Kreisverbandes, der im Übrigen dreißig Mitglieder hätte und er fühle eine große Verantwortung für seine Aufgaben, sagte er stolz.

»Wollen Sie vielleicht einmal zu einer Parteisitzung mitkommen?«, fragte Herr Müller-Breitschwert in seinem Überschwang. Samuel musste lachen.
»Ich? Nein danke.« Samuel machte eine Gebärde, die Müller-Breitschwerts Einladung als grotesk erscheinen ließ und wollte den Raum verlassen.
»Gehen Sie nur«, rief ihm Müller-Breitschwert trotzig und nun boshaft werdend hinterher. »Gehen Sie und holen Sie noch mehr von sich nach Deutschland!«
»Sie haben sich völlig verrannt«, sagte Samuel nur, um ihn nicht noch mehr zu kränken und ging endgültig.

Kapitel 16

Die von Hernsbach KGaA profitierte von den Vereinbarungen, die in China getroffen worden waren. Der Betriebsteil, welcher Fensterglas mit organischer Fotovoltaik ausstattete, hatte es auch endlich fertiggebracht, Filme mit einer höheren Ausbeute zu entwickeln, was gemeinsam mit einer Universität erreicht wurde. Diana war sehr stolz.

Sie hatte auf die Zusammenarbeit mit der Universität bestanden und sich geweigert, auch diesen Betriebsteil zu verkaufen, was August noch wollte. Die beiden anderen Sparten, die Windenergie und die Montage von Solaranlagen boomten ebenfalls. Der Umsatz würde im ersten Quartal nach der Entscheidung in China um 30 % steigen. Inzwischen beschäftigte man wieder 2.500 Mitarbeiter.

Die Medien interessierten sich zunehmend für die Von Hernsbach Holding. Das lag auch an Pauls Vortrag. Bisher hatte sich noch niemand in dieser Konsequenz von seinem bisherigen Geschäftsmodell getrennt und hatte mit dieser Entschlossenheit in den postfossilen Markt investiert. Paul gab einer englischen Finanzzeitung ein Interview. Diese Zeitung hatte zunächst Diana als gebürtige Engländerin angefragt. Man blickte mit Stolz auf sie.

Doch mit Hinblick auf Watson lehnte Diana ab. Sie gab stattdessen mehrere Interviews im deutschen Fernsehen und mehreren Zeitungen. Die Berichte über die Verwandlung der Von Hernsbach Holding wurden schnell ein Selbstläufer.

Paul erklärte im Gespräch mit der Finanzzeitung, dass die ursprüngliche Idee von Diana stammte und dass Otto sofort erkannt habe, dass konventionell arbeitende Unternehmen sich auf die Reduktion von Kohlendioxid einstellen mussten, oder sie würden untergehen. In der Hoffnung, Angebote für den Erwerb interessanter Unternehmen zu erhalten, sprach Paul über das ambitionierte Wachstumsziel der Holding und dass weitere Übernahmen geplant wären.

Gefragt, wie er die politische Situation einschätzen würde, äußerte Paul:

»Wir haben der chinesischen Regierung viel zu verdanken. Es ist die Falschheit des Lobbyismus und die Lügen, die verbreitet werden, welche die Menschen verwirrt. Das ist sogar eine der Ursachen für die Klimakatastrophe. Die Unwahrheit und erfundene Argumente sind eine größere Bedeutung als die Wirklichkeit.« Das ginge auf eine allgemeine Auflösung moralischen Handelns zurück, dessen Ursprung wiederum mit den sozialen Medien verknüpft war. Dort war die Lüge zur Norm geworden. Paul lobte auch die Survival2030 Bewegung und erwähnte, er würde jeden Monat einen großen Betrag an die Organisation spenden.

»Ich stehe der Bewegung mit einer altruistischen und keinesfalls einer eigennützigen Einstellung nahe.«

Vor allem lobte Paul das Vorgehen der Bewegung gegen den Lobbyismus. Die souveräne, doch

bescheidene Art, wie er sprach, klang plausibel. Zuletzt berichtete er von dem Projekt in Ghana und auch darüber, dass man dort in das Recycling von Plastik investieren würde.
Während des Interviews, das auch als Videoclip auf der Webseite der Zeitung erschien, trug er ein grünes Poloshirt und eine Jeanshose. Auch die Tatsache, dass ein so junger Mann diesen Konzern leitete, ließ ihn besonders sympathisch erscheinen. Das Interview wurde tausende Male geteilt. Zum Abschluss berichtete Paul von der neuen Pyrolyse Technik, in die man eine große Hoffnung setzen würde.

***

Thomas Watson saß in seinem hoch über der Metropole gelegenen Büro, blickte über die Stadt und verharrte in kalter, schweigender Wut. Es schien sich eine Schlinge, um seinen Hals gelegt zu haben. Die Umweltverbände, die Regierungen und natürlich dieser törichte Paul, den er jetzt noch mehr verachtete, als er es ohnehin schon tat, griffen ihn an.
Watson war unfähig, was geschah, von seiner Person zu trennen. Seine Eitelkeit und sein Narzissmus ließen ihn denken, es geschähe alles nur deshalb, um ihm zu schaden, auch wenn seine Ratio ihm sagen sollte, dass dies nicht so sein konnte.
Es war neun Uhr am Morgen. Er kam vom Golfplatz. Watson spielte am frühen Morgen 9 Löcher und tat das alleine. Golf war ein Mittel,

nachzudenken. Für Geschäftskontakte in der Angloamerikanischen Welt war es unerlässlich.

Nach und nach trafen seine Angestellten ein. Niemand kam unaufgefordert in die Nähe seines Büros. Watson hatte eine unruhige Nacht. Seit Tagen bekam seine Lobbyberatung, die ihren Sitz in Brüssel hatte, Stornierungen der bisherigen Kunden.

Thomas Watson pflegte den Umgang nach seiner Ansicht mit zwei Klassen von Menschen. Die einen waren seine Angestellten und die anderen seine Geschäftspartner, die er gleich distanziert und belehrend sowie auch wütend behandelte, egal ob sie Kunden, Anleger, Anwälte oder Berater waren.

Vertraute, oder gar Freunde besaß Thomas Watson nicht. Manchmal schloss er sich einer Gruppe beim Golfspielen an. Er sprach wenig, wie es seine Art war. Die Ereignisse der letzten Wochen lösten Schwankungen in Watsons Gemüt aus. Sein ständiger Argwohn nahm über Tage bizarre Züge an. Er fühlte sich von jenen, die vermögender oder einflussreicher waren als er, herabgesetzt und gekränkt. Watsons Wahrnehmung war genau auf die Beobachtung dieser vermeintlichen Kränkung fixiert. Gegenüber denen, die von ihm abhängig waren, wurde er krankhaft misstrauisch und bezichtigte sie grundlos eines Mangels an Loyalität. Er wurde wütend, bisweilen beleidigend.

Dann erfolgte ein plötzlicher, narzisstischer Rückzug. Er sprach mit niemandem mehr und schloss sich in seinem Büro ein. Schließlich, am Ende dieser Ausbrüche, kehrte Watson zu seinem ihn grundsätzlich prägenden Charakter zurück. Sein Größenwahn und sein intensiver Ehrgeiz, seine Verblendung gegenüber der Wirklichkeit kehrten zurück.

Der Schock der Entscheidungen in China saß tief. Seine Mitarbeiter und die wenigen Geschäftskontakte, die er selbst pflegte, wussten nicht, woran sie waren. Watson wurde unerträglich, je mehr er den Druck von außen spürte, wozu vor allem das Verbot des Lobbyismus beitrug. Extreme Neidgefühle entwickelte er gegenüber Paul. Der wurde auf das Höchste gelobt und gefeiert. Watson sah sich die Videos von Pauls Interview und seiner Rede an der Universität immer wieder an. Sein ganzes Denken verdichtete sich darauf. Paul hatte den Hersteller der Pyrolyse gekauft und er selbst wurde abgewiesen.

Paul finanzierte diese Verrückten von Survival 2030, die gegen den Lobbyismus vorgingen, was seine Geschäftsgrundlage war. Außerdem baute Paul eine schwimmende Solaranlage in Ghana und plante vermutlich ein Dutzend weiterer Anlagen in Afrika und zuletzt, Paul wurde von den Medien gefeiert, während er stillhalten musste und seine Lobbyfirma so leise wie möglich abwickeln sollte, doch das würde er niemals tun, grollte er.

Er würde seine erfolgreiche Beratung unter einem anderen Namen und hinter der notwendigen Fassade weiterführen. Der Bedarf an seiner Unterstützung musste nun noch größer sein, seit den verheerenden Beschlüssen in China. Das wenige, was er als Green

Washing begonnen hatte, musste ihn nun erst einmal finanziell retten.

Der Wert seiner Beteiligungen an den alten Kraftwerken war erloschen. Ausgleichszahlungen wurden ausgeschlossen. Was für eine kalte Enteignung, viele klagten. Auch die Anleger der Fonds erlitten einen Totalverlust. Sie waren ebenso verbittert. So etwas gab es noch nie. In Deutschland wurde sogar das Grundgesetz dafür geändert. In Großbritannien und allen anderen Ländern, in denen seine Fonds beteiligt waren, verhielt es sich ebenso.

Zwanghaft verband er alles Schlechte, was ihm widerfahren war, mit Paul. Alle wirren Gefühle, die kamen und gingen, mündeten entweder in Paul, oder entsprangen seinen Gedanken an ihn. Paul kreiste unablässig um ihn. Watson sprach über ihn vor sich hin, erwähnte seinen Namen, dachte an seine Frau, zwischen der und Paul er Zwietracht säen wollte und an deren Kind.

Er dachte an Diana, die ihn verraten hatte und Paul gegenüber willfährig und in würdeloser Weise bereit zu tun war, was Paul von ihr forderte. Er fühlte sich von Diana hintergangen. Er fühlte sich ihr in einem Moment unterlegen, bis ihm die Vorstellung durch den Kopf schoss, dass sie in Verzweiflung zu ihm kommen und ihn anflehen würde, ihr eine Stelle anzubieten, die ihr ein Auskommen sicherte.

Von Hernsbach wäre in Konkurs gegangen, alles war verloren und nichts als Schulden waren geblieben waren. Diese Vorstellung amüsierte ihn. Er würde sie empfangen und mit wenigen harten

Worten abweisen und sie daran erinnern, dass er ja ein Angebot gemacht hätte. Watson ging in seinem Büro auf und ab. Er sprach Pauls Namen immer wieder spöttisch vor sich hin. In seiner Fantasie war er wieder der geschätzte, angesehene und vermögende Manager, der die erfolgreichsten Fonds platzierte, den man um Rat fragte und es als Ehre empfinden würde, wenn er eine Einladung zu einem Vortrag oder einem Dîner annahm.

Watson war in vollkommener Fixierung auf sich selbst, unfähig seine Selbstüberhöhung wahrzunehmen. Er trat an die Fensterfront und lehnte sich mit beiden Händen dagegen, während er nachdenklich seinen Kopf senkte.

Dann, nach einer Weile, hob er seinen Kopf wieder und beschloss nun endgültig zu tun, was getan werden musste. Er wurde gefühlskalt wie selten zuvor, spürte, wie er in das Zentrum des Geschehens zurückkehrte, wie er Kraft gewann und wie er zu seiner Fähigkeit zurückfand, Dinge anzupacken und rücksichtslos und alleine zum Erfolg zu führen und er spürte wieder diese Lust, während er daran dachte. Paul würde tot vor seinen Füßen liegen.

***

Survival2030 versuchte zu beobachten, was Watson tat. Sie dokumentierten, wie er den Namen seiner Lobbyberatung änderte, und zwar von Thomas Watson Savings and Asset Management in TW -

Green Energy Consulting Ltd. Er gab sich nicht viel Mühe.

Der Firmensitz blieb derselbe, der Geschäftsführer in Brüssel blieb derselbe. Die Steuernummer und die Bankverbindungen veränderten sich nicht.

Davon, auf welchem Niveau eine NGO arbeitete, hatte Watson keine Vorstellung. Dass es Weltkonzerne waren, ignorierte Watson. Noch nie hatte er einen Blick in diese Welt getan, wenn er auch immer wieder auf Tagungen mit den großen Umwelt NGO's zusammen traf. Watson kreiste zu sehr um sich, um wahrzunehmen, welchen Einfluss sie hatten.

Alleine, es war, sodass Watson keine Spuren in den sozialen Medien hinterließ, ein Shitstorm zerstob wie Schnee im Wind. Watson brauchte keine Werbung in die breite Öffentlichkeit, er fand seine Kunden durch Empfehlungen.

***

Doch dann ergab sich etwas anderes. In England, das heißt an der Universität Cambridge, sollte es eine Konferenz dazu geben, welche Ziele zur Minderung des Kohlendioxidausstoßes im Einzelnen erreicht werden konnten.

Der Höhepunkt war eine Podiumsdiskussion im Museum for Energie in London. Seit Monaten, seit dem letzten Sommer, war Großbritannien in Aufruhr und es war wie überall.

Die Institutionen drohten zu zerfallen. Vor dem Buckingham Palast war eine feste Demonstration, die Tag und Nacht die Abschaffung der Monarchie forderte und der königlichen Familie eine tägliche Arbeit nahelegte. Auf den Flughafen Heathrow, der für das sinnlose Hinausblasen von Kohlendioxid in die Atmosphäre stand, wurde ein Bombenanschlag verübt, der ein ganzes Terminal beseitigte.

Wales und Schottland standen vor der einseitigen Abspaltung. Wales mit seinen wenigen Einwohnern wollte sich Frankreich anschließen, was England besonders demütigte und Schottland beabsichtigte selbstständig zu werden.

Der Umgang zwischen den Menschen war grob geworden. Man kannte keine Geduld, wurde verletzend und handgreiflich bei der kleinsten Gelegenheit.

An Wasser herrschte in Großbritannien seit Jahrzehnten ein Mangel. Nun wurde es auch dort rationiert. Es wechselte ein Premierminister den an-deren ab, die sämtlich zu neuen Parteien gehörten und eine allgemeine Ratlosigkeit herrschte.

Der britische Staatssekretär im Energieministerium, der für die Umstellung auf Fossil-Freie-Energieerzeugung zuständig und der zur wichtigsten Figur im Kabinett geworden war, ein ehemaliger Hochschullehrer und besonnener Fachmann, beabsichtigte die Beschlüsse aus China, die von der Bevölkerung mit großer Erleichterung aufgenommen, doch von der Industrie vehement abgelehnt wurden, von führenden Vertretern beider Seiten diskutieren zu lassen.

Er selbst würde nur die Eröffnungsrede und das Schlusswort sprechen. Es ging ihm darum, die Offenheit der aggressiv gewordenen Wähler für die Atomenergie zu erneuern. Der Staatssekretär mit Namen Professor William Purcell hatte vor, eine neue Generation von Kleinstreaktoren, die in den USA entwickelt worden waren, einzuführen. Er selbst hatte als Physiker an der Princeton University geleert, hatte mit der Entwicklung der neuen Generation von Atomkraftanlagen zwar nichts zu tun, aber er verstand das Arbeitsprinzip und berief sich auf seine besonderen beruflichen Kenntnisse.

Purcell war insoweit Politiker geworden, als er der Öffentlichkeit nur die Möglichkeiten, aber nicht die Risiken der neuen Generation vorstellte. In einer knappen Rede vor dem Unterhaus, die er mit nasaler Stimme über seine auf der Nasenspitze sitzenden Brille hinweg und in einen Nadelstreifenanzug gekleidet hielt, eine Mohnblume war sorgsam darauf platziert, führte er aus, dass der größte Vorteil darin läge, dass die Kleinstreaktoren recycelte Uranbrennstäbe nutzten, die zuvor in niedrig angereichertes Uran umgewandelt wurde, das heißt, man konnte das schwelende Problem der Endlagerung beseitigen. Dass sich dies alles vermutlich über Jahrhunderte hinziehen würde, weil die Reaktoren nur alle 20 Jahre mit frischen Brennstäben versorgt werden mussten, unterließ er mitzuteilen.

Die Reaktoren hatten außerdem eine Leistung von 1,5-Megawatt, was bedeutete, dass 1.000 Reaktoren notwendig waren, um einen konventionellen

Atomreaktor zu ersetzen. Letzteres sagte er selbstverständlich ebenfalls nicht. Professor Purcell pflegte stets überzeugend, aber mit einem distinguierten Habitus zu reden.

Eintausend Reaktoren, verteilt über eine nicht so große Fläche, da die verglichene Leistung zu großen Meilern für etwa 3,5 Millionen Haushalte ausreichen musste. Ferner war nicht klar, wie zuverlässig ihre Kühlung war. Angeblich kamen sie ohne Wasser aus.

Andere Fragen waren, welche Sicherheitsmaßnahmen gab es in Notfallsituationen, das heißt, wie sicher waren die kleinen Einrichtungen, die so groß wie ein Einfamilienhaus sein sollten, vor Anschlägen und schließlich, wie viel Atommüll blieb tatsächlich nach den 20 Jahren übrig?

Professor Purcell hatte sich über seine Frau frühzeitig ein großes, noch profitables Aktienpaket des Herstellers gesichert. Um eine reibungslose Akzeptanz der neuen Technologie sicherzustellen, beauftragte sein Ministerium auf die Empfehlung eines Abgeordneten hin, die Firma TW-Green Consulting Ltd., mit der medialen Einführung der vielversprechenden Technik.

Eine Vereinbarung über beidseitiges Stillschweigen, war der erste Vertrag, der geschlossen wurde. Thomas Watson war so etwas wie eine kurze Freude über den neuen Auftrag anzumerken. Das Ganze war wie gemacht für seine Firma. Der Schlüsselsatz, der nun in alle Köpfe musste, war: Der Kohlendioxid - Ausstoß von Atomkraftwerken ist verglichen mit anderen Energiequellen am niedrigsten, da er bei null liegen würde. Bei Windkraftanlagen oder Solaranlagen benötigte man Ersatzquellen, bei Nacht oder bei Windstille. Gaskraftwerke oder Batterien zum Beispiel. Doch auch die drückten auf die Kohlendioxid -Bilanz.

Zusammengefasst: Atomenergie hat mit den niedrigsten Kohlendioxid -Ausstoß – nämlich Null. Das war der Kernsatz.

TW-Green Consulting Ltd. machte diese Erkenntnis nicht selbst bekannt. Man nahm über aller möglichen Zugänge Kontakt mit Abgeordneten, Journalisten und Wissenschaftlern auf, um sie von den Vorteilen der Kleinstreaktoren zu überzeugen. Thomas Watson war wieder in seinem Element.

An der Konferenz würde Thomas Watson selbst teilnehmen. Es wäre in all den Jahren sein erster öffentlicher Auftritt. Watson sollte alle Gegenargumente gegen die Atomenergie entkräften und dem Volk insgesamt einen neuen Glauben an den technischen Fortschritt geben. Wie ausgerechnet er, der nur Feuer spuckte, dies bewerkstelligen sollte, blieb seinen Angestellten ein Rätsel.

Watson jedoch war euphorisch über den wichtigen neuen Auftrag der Regierung geworden. Er war so überzeugt von den Vorteilen der neuen Technologie, ja er hielt sie für so unumstritten, dass er das Wagnis eingehen wollte, sich zu zeigen und zu seinem Tun zu bekennen.

Im Übrigen kannte er keine Selbstzweifel und da er noch nie auf einer Bühne geredet hatte, wusste er

nicht um die besonderen Qualitäten, denen es bedurfte, dort zu bestehen. Auch hatte er nun ein neues Bedürfnis, nämlich bekannt zu werden, so wie Paul von Hernsbach. Vor einer Menge aufzutreten, reizte ihn schon lange und er malte sich aus, wie ihm ein ganzer Saal minutenlang Beifall spenden würde.
Und schließlich, Paul von Hernsbach stand ebenfalls auf der Rednerliste. Das erweckte viel Aufmerksamkeit. Die Diskussion sollte in zwei Monaten, am 15. Februar, sein. Auch eine Vertreterin von Survival2030, die in Europa enorm im Rampenlicht standen, kam auf die Rednerliste. Dazu zwei namhafte Wissenschaftler, ein hochrangiger Vertreter der UNO und ein Staatssekretär aus China. Vor der Podiumsdiskussion würde an der Universität Cambridge die wissenschaftliche Fachtagung stattfinden.

***

Survival2030 sah nun die Gelegenheit, Watson näherzukommen. Sie planten zwar eine Demonstration, wie viele andere Umwelt NGO's auch, doch ihrer akademischen Ausrichtung entsprechend, wollten sie eine nüchterne Veröffentlichung, im Stile einer wissenschaftlichen Publikation von Watsons Aktivitäten der letzten Jahre zusammen stellen.
Darin sollte veranschaulicht werden, welchen Schaden er angerichtet hatte. Zwei Monate waren für die Vorbereitung nicht lange, aber sie würden es zusammen hinbekommen. Sie gründeten ein Netzwerk,

bestehend aus verschiedenen Qualifikationen, verteilten Arbeitspakete und vereinbarten wöchentliche Online-Konferenzen. Das Exposé sollte eine Woche vor der Tagung auf ihrer Webseite und in sämtlichen sozialen Medien, vor allem aber an die Presse und auch an alle englischen Parlamentarier und die des Europaparlamentes verteilt werden.

Die beiden wichtigsten Botschaften würden sein: Watsons Firma verbreitete seit Jahren Unwahrheiten über die Erwärmung der Erde und er würde vom englischen Staat bezahlt werden. Letzteres wollte man schriftlich nachweisen, indem man sich in das Netzwerk der Regierung einhakte, was aber als kein Problem angesehen wurde.

Der Journalist und Gründer von Survival 2030 Francesco Esposito erkannte die Chance seines Lebens. Er war wie elektrisiert von dem Gedanken, Watson gegenüberzustehen. Francesco war stolz auf zwei Dinge, die ihn ausmachten.

Auf seine Intelligenz und auf sein Äußeres. Seine Theorie über die Notwendigkeit von Gewalt, um ein System zu verändern, hatte er in vielen Schriften bestätigt gefunden. Zuletzt in einer Biografie, welche die größten Revolutionäre darstellte. Unter ihnen waren große Männer wie Maximilian de Robespierre, Wladimir Iljitsch Lenin, Che Guevara, aber auch weniger bekannte wie Pancho Villa und Ernst Toller, ein brillanter Kopf, der an der Ausrufung einer bayrischen Räterepublik beteiligt war.

Überhaupt wurde, je länger sich Francesco mit der Theorie der Revolution befasste, der Revolutionäre

Arbeiterrat zu seiner idealen Vorstellung einer Regierung. Wie bekam man das träge Volk dazu, sich gegen Unrecht zu erheben?

Das Unrecht bestand für Francesco darin, dass der Neoliberalismus, der drei Kernelemente hatte, nämlich die Rückführung der Staatsquote, die Privatisierung staatlicher Aufgaben und die Deregulierung des Kapitalverkehrs, zu einer beispiellosen Dominanz des Finanzwesens geführt hatte. Der Kapitalmarkt hatte in sich selbst eine Industrie mit sich niemals materialisierenden Größen geschaffen, in dem erfundene Werte unter den verrücktesten Begriffen gehandelt wurden.

Dieser virtuelle Geldmarkt überflügelte die traditionelle Warenwirtschaft um ein Vielfaches. Die Folge war der Alptraum der Finanzkrise ab dem Jahr 2008. Große Banken und Versicherungen galten als systemrelevant und mussten trotz des Schadens, den sie anrichteten, gerettet werden.

Der wahre Liberalismus hatte die Kontrolle über das Finanzwesen verloren. Die Welt hing an künstlichen, das heißt nicht existenten Werten. Francesco las über die bekanntesten Ökonomen. Milton Friedmann entwickelte die geldpolitische Theorie des Monetarismus, der Steuerung der Geldmenge durch eine Notenbank, was der wesentliche Eingriff des Staates in das Wirtschaftsleben bleiben sollte. Kurzfristige Eingriffe des Staates zur punktuellen Beeinflussung der Wirtschaft, oder gar staatliche Beteiligungen, wurden von Friedmann abgelehnt. Im Prinzip regelte sich der freie Markt von selbst. Vor allem übertrug Friedmann seine ökonomische Theorie auf politische Szenarien und entwickelte eine Theorie des Lobbyismus und der Einflüsse von Verbänden und Interessengruppen auf Parteien und Politik, womit er sie, ob gewollt, oder ungewollt stärkte.

Für Francesco waren das alles verheerende Irrtümer. Der Staat musste der wesentliche Akteur im Wirtschaftsleben sein. Gerade Banken mussten verstaatlicht werden, aber auch die anderen Schlüsselindustrien. Nur so konnte eine wahre Gerechtigkeit hergestellt werden. Was geschah, war die Folge des kalten Kapitalismus und das Einzige, was herausführen konnte, war die Revolution und die musste ein Startsignal bekommen und das war er, Francesco Esposito.

Er wollte mit seiner schockierenden Tat die Gedanken der Bürger an sich reißen, sie aufwecken und zeigen, in welcher Gefahr sich die Erde befand. Das war Francescos romantische Vorstellung und er stellte sich selbst in das Zentrum des Geschehens.

Er war stolz auf sich, auf seinen Vater und seinen Urgroßvater, den kommunistischen Abgeordneten des Senats. Zwar musste er nun vor allem seine Flucht alleine vorbereiten und er hatte durchaus nicht vor sein Leben in einem Gefängnis zu fristen, doch war für ihn klar, dass ihm ein öffentlicher Auftritt von Watson die beste Gelegenheit bot ihn zu erschießen.

Er überlegte sich ein Konzept. Es musste Nebenräume geben, in denen sich die Teilnehmer der Diskussion, die im Fernsehen und im Internet

übertragen werden sollte, vorbereiteten. Es galt, den Lobbyismus zu zerschlagen, machte er sich noch einmal Mut. Der war für die Verleumdung der Erderwärmung verantwortlich. Francesco sah sich unterstützt von Millionen von Bürgern in Europa.
Seit ihn die beiden Frauen verließen, sprach Francesco mit niemandem mehr. Es war ihm nicht nach Gesellschaft zumute. Er wurde still, beruhigte sich wieder, bis sich seine Erregung auf das neue Bahn brach und er die Pistole in die Hand nahm und starr vor sich hin blickend über den Schaft strich. Während des Tages arbeitete er an seiner Dissertation. Am Abend schrieb er einen Artikel für eine kleine italienische kommunistische Zeitung. Seine Gedanken kreisten um ein und dasselbe Thema. Der Fluchtplan war das wichtigste. Süditalien, da kannte er niemanden, da kannte ihn niemand.
Die Genossen in Turin mussten ihm helfen. Er würde ein Jahr in Palermo bleiben, oder länger, oder für immer. Man würde ihn jagen, doch er wäre verschwunden. Francesco sah sich nicht als Terrorist. Er war ein Widerstands- und Freiheitskämpfer. Er kämpfte für eine gerechte Sache und er war der Einzige, der das tat.
Die politische Dimension seines Handelns würde Europa erschüttern. Francesco öffnete eine Flasche Rotwein, schenkte ein Glas ein und trank es in einem Zug aus. Er strich durch sein dichtes, lockiges Haar. Dann stand er auf, bewegte seine steif gewordenen Glieder und beschloss jeden Morgen 5 km zu laufen und anschließend Liegestützen zu machen.

Außer zu seinem Training und den wenigen Einkäufen, die er machte, mochte er seine Wohnung nicht verlassen. Er wollte sich konzentrieren auf das, was kam, darauf alles zu planen. Andere Menschen würden nur ablenken. Ihre Oberflächlichkeit konnte er nun nicht ertragen. Francesco sah sich als disziplinierter Asket.

Als er in den Spiegel blickte, sah er das Idealbild eines Menschen. Er war schön, sein Gesicht war schön. Er war stolz auf sich. Langsam bewegte er seinen Kopf nach rechts und links, von oben nach unten und besah sich aus allen Winkeln. Francesco sonnte sich in seinem Antlitz. Er zog sein Hemd aus, spannte seine Muskeln an und erfreute sich an diesem Anblick. Er schenkte Wein nach. Dann goss er Öl auf ein Weißbrot, schnitt Käse ab, aß aber nichts, sondern blickte lange stur vor sich hin. Nichts bewegte sich. Francesco versank lange in Nachdenklichkeit, in eine Art von Stumpfsinn, seine sonst aufgeweckten fantasievollen Gedanken waren plötzlich hinter seinen trüben Augen verschwunden.

Der immer selbe Gedanke, das immer selbe Bild wiederholte sich. Dann wurde er gewahr, in welcher Einsamkeit er sich befand. Warum hatte er Claudia und Valentin gehen lassen, er brauchte sie. Einsamkeit machte ihn krank, die Einsamkeit würde ihn töten. Nach einiger Zeit schreckte er hoch. Er musste ein Tagebuch führen, um in irgendeiner Weise seine Gedanken zu ordnen.

Es waren graue Dezembertage in Berlin. Die Dunkelheit des späten Nachmittags schlug Francesco auf sein Gemüt. Solche schwarzen Tage war er nicht gewohnt. An diesem Abend geriet er in eine Phase der Schwermut und der Melancholie.

Seine Gedanken schweiften über die Landschaft des Piemont. Er sah die kleinen malerischen Dörfer, die Hügel, die Flüsschen und ihre wunderschönen Farben und er sah Turin, seine geliebte Stadt. Francesco, der unter dem Eindruck seine vielen Empfindungen stand, fühlte sich an diesem Abend wie ein einsamer Trinker.

Kapitel 17

Pauls Rede, die in der Mediathek der Universität tausendfach abgerufen wurde, hatte viel Aufmerksamkeit auf sich gezogen. Eine Journalistin machte sich auf und recherchierte, um wen es sich bei dem Lobbyisten handelte. Sie stieß auf einen Dr. Thomas Watson. Es konnte keinen Zweifel geben. Über diesen Thomas Watson war nichts bekannt. Wer war er und warum hatte er so einen großen und schädlichen Einfluss?
Der Name der Journalsitin war Emilia MacLeod. Emilia war 23 Jahre alt und stammte aus der Einsamkeit der Orkney Inseln. Sie war lebensfroh und energisch. An dem Tag, als Paul seine Rede hielt, beendete sie ihr Studium in Edinburgh. Sie hatte weder eine Anstellung noch Erfahrung. Sie nannte sich Investigativ Journalistin, richtete einen Blog ein und fand heraus, dass Watsons Mutter in einem Pflegeheim in London lebte.
Emilia war die Erste, die Kontakt zu Harriet Watson aufnahm. Voller Eifer rief sie in dem Heim an und wurde prompt eingeladen.
Harriet Watson war 79 Jahre alt. Das Pflegeheim lag in demselben Londoner Stadtteil, in dem sie ihr Leben verbrachte, in Shoreditch. Harriet war auf der Höhe. Den Kontakt zu ihrem Sohn hatte sie vor Jahrzehnten verloren.
Emilia glättete ihr stacheliges Haar, zog anstelle ihrer eingerissenen Jeans ein Kleid mit langen Ärmeln an, das ihr bis über die Knie reichte und einen

weißen Saum hatte. Sie buchte, indem sie ihr Bankkonto überzog, einen Flug nach London und erschien noch am selben Nachmittag in dem Heim, in dem sie Harriet Watson erwartete.

»Wie jung sie sind, sie könnten meine Enkelin sein«, sagte Harriet. Sie wollte wohl etwas Freundliches sagen, wirkte aber abwesend. Die beiden Frauen betraten ein Besucherzimmer.

Das Seniorenheim gehörte nicht zu der Kategorie, in dem Tee serviert wurde. Auf einer Anrichte stand ein Wasserkocher. Daneben steckten Teebeutel sortiert, in einer Schublade, in die man Fächer eingefügt hatte. In Plastikbeutel geschweißte Scones stapelten sich auf einem Teller. Daneben war Marmelade in kleinen Dosen und Margarine, die ebenso verpackt war.

»Möchten sie Tee?«, fragte Harriet mit einer hohen und brüchigen Stimme. Sie war höflich, doch wirkte sie kraftlos und traurig.

»Ja gerne«, antworte Emilia etwas abgelenkt, nur um nicht abzulehnen. Die Frauen setzten sich. Emilia musste keine Fragen stellen, oder erklären, warum sie gekommen war. Sie war überrascht.

»Ich bin zwar alt«, begann Harriet Watson, »von dem Vortrag in Deutschland habe ich aber gehört. Mein Enkel Toby, der Sohn von Sofia, meiner jüngsten Tochter, er ist zwanzig Jahre alt und studiert Jura, hat mir die Aufnahme auf seinem Computer gezeigt. Toby war sofort klar, dass es sich um seinen Onkel, meinen Sohn handelt, von dem gesprochen wurde. Thomas ist das älteste von meinen drei Kindern.

»Was Thomas mit seiner Firma, diesen Investmentfonds macht, verstehe ich nicht ganz genau.« Harriet suchte nach Worten.

»Aber er soll sich in die Politik einmischen und alles aufhalten, was wir so dringend brauchen. Ich verfolge das mit dem Klimawandel. Im Sommer gehe ich überhaupt nicht mehr raus in den Park. Ich war Lehrerin und weiß, wovon die Rede ist. Was Thomas macht, soll so schädlich sein, dass er die ganzen Vereinbarungen aufhält. Er soll Menschen bestechen, falsche Dinge behaupten und einen großen Schaden anrichten, ist das so?«

Ausdruckslos saß Harriet in ihrem Sessel. Mit ihren Händen walkte sie nervös ein Taschentuch.

»Ja, es ist so.«

»Was soll eine Mutter sagen?« Harriet wirkte traurig. Sie legte ihre faltigen Hände übereinander. Blaue Adern lagen unter der Haut. Ihr Haar war auf einfache Weise kurz geschnitten. Es war ihr ein Bedürfnis, die Geschichte ihres Sohnes zu erzählen. Mit gesenkten Lidern fuhr sie fort.

»Thomas wurde 1977 geboren. Wir haben drei Kinder, mein Mann und ich. Mein Mann ist vor zehn Jahren gestorben. Thomas kam nicht zu seiner Beerdigung, ich weiß nicht, wo er war. Seine Schwester Sarah ist zwei Jahre jünger und seine kleine Schwester Sofia fünf Jahre.« Harriet nahm ein Stück Zucker und ließ es in ihre Tasse gleiten.

»Als er ein älterer Junge wurde, so mit 12, habe ich ihn oft im Scherz daran erinnert, doch das meinte ich als Mahnung, wie er, sobald er drei Jahre alt geworden war, endlos bettelte, wenn er etwas haben wollte. Er hat nicht nachgelassen, wurde mal boshaft, mal charmant. Er weinte, trommelte mit seinen kleinen Fäusten auf den Tisch und stampfte mit seinen Beinchen. Dann umarmte er mich, plötzlich ging mir zur Hand und brachte, was ich eigentlich nicht brauchte, küsste mich auf die Wange und das alles in einer bestimmten Absicht, ja einer Falschheit, würde ich sagen, wie es ja bei Kindern eigentlich nicht vorkommen kann.« Emilia wunderte sich über Harriets Offenheit. Es war wohl ihre Einsamkeit, die sie reden ließ.

»Seine Energie, wenn er eine bestimmte Schachtel Spielfiguren, oder Schokolade wollte, war grenzenlos. Wissen Sie, ich stamme aus einem Milieu, in dem man Gewalt vehement ablehnt. Wir sprechen von den 1980er Jahren. Damals begann es, dass Eltern ihre Kinder wie Erwachsene behandelten. Heute muss ich ihnen sagen, die antiautoritäre Erziehung, wie man das damals nannten, war wohl ein Grund dafür, dass Thomas so wurde. Es war eine Dummheit, ihm immer nachzugeben. Kinder müssen lernen, was richtig und was falsch ist.«

Mit müden Augen sah Harriet vor sich hin. Dann blickte zu Emilia. Sie lachte kurz, ein verlegenes Lachen.

»Man fragte beim Einkaufen seine Zwei- oder Dreijährigen, was sie essen mochten, ob sie lieber

Blumenkohl, oder Kohlrabi wünschen würden, was vor allem bei meinem kleinen Thomas einen sofortigen Schreikrampf auslöste.
Ich war geduldig, wurde niemals laut und schränkte ihn niemals ein. Wir trugen Lila Latzhosen und selbst gestrickte Mützen in den Regenbogenfarben auf dem Kopf. Wir waren in peruanische Ponchos gehüllt. So ging ich mit meinem Sohn über den Markt. London war bunt und weltoffen.« Harriet lächelte wieder.
»Den kulturellen Bruch kann man sich heute nicht vorstellen. Es gab noch die Weltkriegsgeneration und die letzten Kolonien. Zu Fuß gehen mochte Thomas schon gar nicht, es sei denn, er wollte etwas Bestimmtes haben. Dann bettelte er so laut und unmittelbar, er wolle aus dem Wagen, dass ich ihn schließlich gehen ließ. Thomas rannte auf etwas zu und nahm es an sich, was er als reizvoll erkannt hatte, wem auch immer das gehörte.
Sein Vater war von einer besonders nachsichtigen Gutmütigkeit. Er trug als junger Mann einen langen bräunlich blonden Bart und machte sein Referendariat im Lehramt mit großer Güte und Verständnis für seine Schüler. Dankbar war Thomas nie, diesen Zug kannte er nicht.
Im Gegenteil forderte man ihn dann doch einmal auf, sich zu bedanken, zog er sich schmollend zurück. Thomas' Vater beobachtete, dass sein Sohn vieles anhäufte, was er nicht brauchen konnte, mehr als ich. Wir waren beide Pädagogen und sannen

darüber nach, was es mit dem Verhalten unseres Sohnes auf sich haben könnte.
Emilia, die ein Aufnahmegerät auf den Tisch legte und es immer wieder prüfte, fragte:
»Haben sie sich nicht gefragt, was sie mit ihm tun konnten, sind sie nicht zu einem Kinderpsychologen?«
»Nein, er hat so schöne Leidenschaften, meinte sein Vater und das ist eine so wichtige Eigenschaft, die ihm die Natur mitgegeben hat.«
Harriet wurde es nun unangenehm, so offen über ihren Sohn und vor allem über die Naivität ihres Mannes zu sprechen. Als sie auf das Aufnahmegerät sah, wurde ihr klar, dass das, was sie sagte, überall gehört würde, auch wenn sie sich die moderne Welt der Medien, die keine Sekunden der Verzögerung kannte, nicht vorstellen konnte.
Sie sprach weiter. Es war ihr Schuldgefühle, das Gefühl versagt zu haben, angesichts ihrer Erziehung, die auf Gewaltlosigkeit beruhte. Ihr Sohn entwickelte sich zum genauen Gegenteil dessen, was sie und ihr Mann als Ideale ansahen.
»Dass ein Mensch mit einer solchen Selbstbezogenheit als mein Sohn auf die Welt kommen konnte… hinter ihm lag pure Boshaftigkeit. Das war außerhalb meiner Vorstellung. Einmal habe ich mich mit einer Therapeutin für Kinder über ihn unterhalten. Sie war bei Nachbarn zu Besuch, für mehrere Tage sogar. Sie meinte
Thomas sah, sobald er denken konnte auf uns, seine Eltern herab. Er nähme uns nicht ernst und ging stets

so weit, bis wir ihn einen Widerstand spüren ließen, das heißt, wie es ihm sein jeweiliges Alter erlaubte. Wie gesagt, wir waren moderne Pädagogen...«
Harriet war klar, wie sie über ihren Sohn sprach. Es war eine Rechtfertigung ihrer früheren Sichtweise. Sie wusste nur vage, was ihr Sohn anrichtete, auch wenn es Toby erklärte. Sie wusste nur, Thomas war böse, als Kind und als Erwachsener. Sie hatte nicht einmal eine Fotografie von ihm, wusste nicht, wie er heute aussah.
»Als er älter wurde und in die Pubertät kam, entwickelte er eine ganz eigene Eitelkeit. Unser alternatives Milieu, damals nannte man das so, mit seinem ökologischen und friedvollen Idealismus, in dem er ja groß geworden war, hatte nicht den geringsten Einfluss auf ihn, es provozierte ihn.
Da er immer Geld besaß, hat er sich mit zwölf Jahren ein teures gelbes Blouson gekauft, ging zu einem Schneider und bestellte aus purer Eitelkeit eine Jeanshose, gelte sein Haar und ahmte diesen John Travolta nach, der für ein Jahr sein Idol war. John Travolta, stellen sie sich das vor.
Wir haben Janis Joplin und Bob Marley gehört. In der Schule sammelte er durch sein herrisches Auftreten Anhänger um sich. Das sagten uns seine Lehrer, die wir zum Teil privat kannten. Seine Freunde zogen sich bald, wie Thomas an und er war der Chef dieser merkwürdigen Gruppe, die sich abgesondert hat. Das Nehmen und niemals Geben blieb sein wesentlicher Wesenszug.

Wir kauften in Shoreditch ein kleines Haus. Ich bekam eine Erbschaft, nicht viel, aber es reichte für das Eigenkapitel. Shoreditch war die Gegend der Linken, der Atomkraftgegner, der Gewerkschafter, der Gegner von Margarete Thatcher.« Harriet Watson wurde müde. Kurz fielen ihre Augen zu.

»Thomas hat immer auf diesen Stadtteil herunter gesehen. Irgendwie bekam er dann ohne Schwierigkeiten seinen A-Level Abschluss. Die Hoffnung, dass er Pädagogik studieren würde, hatten wir längst aufgegeben. Ganz ehrlich, zwischen meinem Mann und mir bestand ein stilles, niemals ausgesprochenes Einvernehmen, dass wir froh sein würden, wenn Thomas das Haus verlassen würde. Es ist alles so traurig« Es wurde still. Dann standen die beiden Frauen auf.

»Wo hat denn ihr Sohn studiert?«

»Ich glaube, die Universität hieß Buckinghamshire New University«

»Was wünschen sie sich für ihren Sohn?«, schloss Emilia ihr Interview, bei dem sie kaum etwas fragte. Am Ende erwartete sie etwas Hoffnungsvolles.

»Ich weiß es nicht, ich kenne ihn nicht.« Harriet senkte ihren Blick.

***

Emilia MacLeod war klar, dass sie einen Artikel hatte, auf den die Medien warteten. Sie hielt eine Sensation in ihren Händen. Was sollte sie tun? Den Artikel Agenturen anbieten? Die englische Presse

war ruchlos und kannte kein Erbarmen. Man würde sie über den Tisch ziehen. Sie verstand nichts von Verträgen und es war auch keine Zeit.
In jedem Moment konnte sich der nächste bei Harriet Watson melden. Nach Edinburgh zurückzufliegen, dauerte ihr zu lange. Emilia öffnete die Airbnb App. Sie brauchte zwei Stunden Ruhe. Dann wäre sie fertig. Sie würde ihren Artikel auf ihrer Homepage bringen. Das musste gehen. Sie würde mit einem Schlag bekannt werden.
Genau so kam es auch. Emilia bekam an einem einzigen Tag Einladungen in Talkshows und unzählige Anfragen für Interviews. Harriet Watson wies jede weitere Anfrage zurück. Ihr war es sehr unangenehm geworden, wie sie über ihren Sohn sprach.
Emilia war am nächsten Tag auf den Titelseiten. Die Retweets gingen in die Zehntausende. Sie suchte die Buckinghamshire New University auf und fragte im Sekretariat der wirtschaftswissenschaftlichen Fakultät nach einem Professor, mit dem sie über Watson reden konnte. Niemand war bereit dazu. Es würde ein schlechtes Licht auf die Fakultät werfen, wurde ihr gesagt. Als sie gehen wollte, sagte eine Sekretärin:
»Es ist lange her, aber ich kann mich daran erinnern, dass sich Thomas eine Zeit lang mit einem Kommilitonen eine Wohnung teilte.« Emilia stutzte und sah die Sekretärin fragend an.
»Er wohnte mit jemandem zusammen?« Die Sekretärin nahm ein Stück Papier und schrieb einen Namen darauf.

***

Emilia MacLeod schickte Anusheh Kathran kurzerhand eine Einladung über Zoom. Sie fand ihn sofort. Er leitete die Kreditabteilung einer Bank. Anusheh unterbrach Emilia, als sie mit einer Einleitung weit ausholen wollte. Manche Menschen hatten Vorbehalte, mit Journalisten zu sprechen und sie wollte sich ihm vorsichtig nähern. Anusheh Kathran gehörte nicht zu der Kategorie. Er redete drauflos, als würden sich Emilia und er längst kennen.
»Ich habe zehn Calls am Tag. Machen wir schnell.«
Emilia sah auf ihren Zettel. »Wissen Sie, was man Thomas vorwirft?«
»Thomas? Klar habe ich verfolgt, was los ist. Dass er das alles getan hat, kann ich mir gut vorstellen. Er war aufbrausend und vertrug keine Kritik. Ich kann aber nicht viel über ihn sagen, nicht wie er heute ist. Wir haben uns nach dem Studium nie wieder gesehen.«
»Wie war er als Student? Wie kam er an diese kleine Universität?«, fragte Emilia etwas direkt und dachte, dass es wohl normal war, dass man sich an einen alten Freund nicht erinnern wollte, nachdem man nichts mehr von ihm wusste.
»Thomas hat sich nicht an den bekannten Universitäten beworben. Die waren ihm zu teuer. Er hatte auch nicht die notwendigen Abschlussnoten. Er hat mir mal erzählt, dass er überlegt hat, sich selbst ein Zeugnis zu schreiben. Am Ende haben ihn, wie

gesagt, die hohen Studiengebühren abgeschreckt. Die Buckinghamshire New University gehört jetzt nicht gerade zu den Eliteunis. Ich weiß nicht mal, ob die in irgendeinem Ranking kommen. Ich glaube, Thomas gefiel der Name.
Wer weiß schon, wie der Status von so einer Uni ist. Er war schon eitel, der Thomas. Den Abschluss in Business Economics hat er in der Regelstudienzeit problemlos geschafft.«
Emilia fragte, welche Fächer Watson belegt habe und ob er Sport machte und ob er Freunde gehabt habe.
»An die Fächer kann ich mich nicht erinnern. Freunde? Na ja, er ist jetzt nicht der gute Zuhörer, außerdem kann er ziemlich eigenwillig werden, wenn jemand eine andere Meinung hat und er meint, er sei im Recht, was meistens der Fall ist.« Anusheh lachte herzlich.
»Hm«, machte Emilia nachdenklich. »Sie haben pakistanische Wurzeln, spielte das eine Rolle?«
»Nein, nie«, antwortete Anusheh wie aus der Pistole geschossen. »Thomas hat keine Vorurteile gegen bestimmte Gruppen, oder Ethnien, oder so. Thomas hat Vorurteile gegen alle.« Wieder lachte Anusheh.
»Gibt es irgendwas Auffälliges an ihm, ich meine auch äußerlich?
»Na ja, Thomas ist 1,69 Meter groß. Mit Sicherheit macht ihm das zu schaffen. Er hat das nie eingestanden, aber ich bin mir sicher, er fühlte sich besonders großen Menschen gegenüber unterlegen. Na ja, und wenn ich es mir überlege, er hatte ständig ein

Gefühl, man würde ihm eine Missachtung entgegenbringen und dass man im wahrsten Sinne auf ihn herabblickte. Er hat schnell einen Argwohn gegen andere und dann neigt er zu einem tückischen Verhalten.« Emilia sah auf ihrem Bildschirm, wie Anusheh aus einer Tasse Kaffee trank. Sein Telefon klingelte, er sah darauf.
»Ich muss Schluss machen, sorry.« Sein Bildschirm wurde schwarz. Emilia tippte eine letzte Frage in ihren Chat. Wo hat Watson angefangen zu arbeiten, oder war er sofort selbstständig? Northwest Brokers, kam als Antwort zurück.

***

Emilia schrieb ihren zweiten Artikel über Thomas Watson, versandte ihn aber nicht, sondern wollte ihr Gespräch mit Northwest Brokers abwarten. Susan Landman war Vice-President Green Energy bei Northwest Brokers.
»Ich helfe ihnen gerne. Thomas zerstört den Ruf unserer Branche.« Emilia hatte auch sie über E-Mail angeschrieben und es wurde ein Zoom Gespräch vereinbart.
»Ich war seine erste Chefin«, sagte Susan, die in einem einfachen Pullover in ihrem Home-Office saß.
»Thomas hat sich in seinem letzten Semester bei uns beworben. Er wollte Börsenmakler werden und ist geradlinig auf diesen Beruf zugesteuert. Ich glaube, etwas anderes kam für ihn nicht infrage. Bei seinem ersten Interview ist er so selbstbewusst aufgetreten,

dass unser Personalvorstand ihn direkt, ohne das übliche Traineeprogramm eingestellt hat.

Neben seinem Job, der ein 60 Stunden Job ist, promovierte er sogar noch. Irgendwann kam heraus, dass das ein Ghostwriter für ihn erledigte. Er war so, Thomas war vom ersten Tage an sehr ehrgeizig.

Die Vorstellung, länger als nötig für andere Leute Geld zu verdienen, hat ihm nicht gefallen. Nach einem Jahr, ich weiß es nicht mehr genau, hat er seine eigene Firma gegründet, die Thomas Watson Asset Management. Das war 2006. Er ging in den direkten Wettbewerb zu uns.

Natürlich kannte er sich bei diesen Anlagen am besten aus. Thomas Watson war wie allen anderen klar, dass die Energieerzeugung in den Mittelpunkt des politischen Geschehens rücken würde. Die Solartechnik entwickelte sich langsam und gemeinsam mit der Windenergie wurde sie dank sehr hoher Subventionen für Investoren schnell wirtschaftlich. Vor allem Deutschland beschloss großzügige Förderprogramme.« Ein Mädchen rannte von hinten an Susans Stuhl und rüttelte an der Lehne. »Ja, gleich«, sagte Susan. Dann schaltete sie ihr Mikrofon stumm.

Sie hob das Mädchen, das fünf Jahre alt sein mochte, auf ihren Schoß. Das Mädchen sah zur Seite und hörte zu. Dann setzte Susan sie ab und das Mädchen rannte aus dem Zimmer.

»Sorry, ich mach das hier alleine.«

»Klar, kein Problem, danke dass sie sich die Zeit nehmen.« Susan reagierte nicht auf Emilias Dank.

»Damals erhielten Investoren 50 Cent für eine kWh Strom für Solarenergie zum Beispiel. Das wurde für zwanzig Jahre garantiert. Thomas hat nicht direkt in den Strommarkt investiert, das heißt, er hat selbst keine Solarkraftwerke oder Windparks betrieben. Er hat sich über seine Fonds, von denen er mehrere aufgelegt hat und die einen großen Zulauf bekamen, an Gesellschaften in Deutschland und England beteiligt.

Diese Gesellschaften haben wie gesagt Solarkraftwerke und Windenergie betrieben. Thomas hat nicht den geringsten Idealismus bezüglich ökologischem Strom. Sobald die hohen Subventionen zurückgenommen wurden, hat er so schnell wie möglich seine Anteile mit einem hohen Gewinn verkauft. Dann hat er irgendwie gemerkt, dass man mit längst abgeschriebenen Kohlekraftwerken und Atomkraftwerken sehr viel mehr Geld verdienen konnte.

Vor allem hat er ein weiteres Gebiet entdeckt, eines, das zu ihm passte. Das konnte er auch gut mit seinen anderen Investitionen verknüpfen.« Noch einmal kam das Mädchen angerannt. In der Hand hielt sie ein Marmeladenglas und hielt es ihrer Mutter hin. Die öffnete es.

»Ich habe nicht so viel Zeit. Meine Tochter ist alleine in der Küche«, sagte sie lachend.

»Oh, ich kann auch ein anderes Mal anrufen.«

»Nein, ist schon gut. Etwas will ich noch sagen, weil das wichtig ist. Thomas Watson wurde Lobbyist für fossile Energie. Er hat rasch Kontakte in die Politik, die Wissenschaft und zur Industrie aufgebaut.

Obwohl er nicht gerne viel redet, hat er es irgendwie geschafft, sich mit den ganzen Leuten zu vernetzen. Besonders hilfreich war es für ihn, über seine Lobbyagentur Zugang zu seinen Konkurrenten zu bekommen. Er hat ein Foto mit sich und der britischen Umweltministerin veröffentlicht. Alleine das hat seinem Netzwerk geholfen. Verrückte Zeit, nicht?«
»Ja, stimmt.« Emilia sah auf ihr Aufnahmegerät. Der Speicherplatz ging zu Ende. Die schaltete den Aufnahmemodus über Zoom ein.
»Ich sage Ihnen, Thomas kennt keine Scham. Seine Lobbyfirma, die im Auftrag großer Konzerne handelt und als Beratungsfirma auftritt, behauptete etwa, die Messung der Temperaturschwankungen des Golfstromes wäre von aggressiven Umweltgruppen erdacht. Dass die Winter in Nordeuropa dadurch um 7° kälter würden, wäre frei erfunden und mit der prognostizierten Erderwärmung im Widerspruch.
Das Wichtigste in seiner Strategie besteht darin, die endlosen und letztlich fruchtlosen Klimaverhandlungen auf ewig fortzuführen. Dafür nehmen seine Leute, Wissenschaftler zumeist, im Auftrag erfundener NGO's an den Verhandlungen teil. Es mussten immer neue Themen und Aktionspläne ausgedacht werden, um die Diskussionen in die Länge zu ziehen. Er selbst tritt nie in Erscheinung. Watson war bis zu der Rede von diesem Paul von Hernsbach unbekannt. Es ist erstaunlich wie ein solch gewöhnlicher Mensch, einen so großen Einfluss bekommen konnte.

Er hat Wissenschaftler und Fachjournalisten instruiert und in Fernsehdiskussionen geschickt. Außerdem hat er ihre Publikationen bezahlt, das heißt, er hat Prämien für falsche Darstellungen bezahlt.

Es finden sich immer ausreichend Fachleute, die bereit sind, für Geld alles zu tun. Die beschrieben und schürten die Furcht vor Black-Out Szenarien, die zwar längst widerlegt sind, doch durch das ständige Wiederholen dieser verrückten Thesen verfestigte sich das doch.

Es ist einfach das, was viele Menschen hören wollen. Eine besonders wichtige These ist die, dass der Klimawandel nicht menschengemacht, also nicht anthropogen wäre. Diese Schlüsselfrage ständig zu diskutieren, führte dazu, dass viele zu der Ansicht kamen, alle Bemühungen wären umsonst und man kann so weitermachen wie bisher. Es lässt sich sowieso nichts ändern.

Thomas Watson spielt auf der ganzen Klaviatur. Er entwickelte eine auf den ersten Blick fachlich nicht zu widerlegende Argumentation.

Alles ist gelogen, eine bizarre Erfindung. Die Erde erwärmt sich nicht. Er schüttelte diese Kette an Argumenten geradezu aus dem Ärmel, instruierte seine Leute akribisch darin und prüfte sie immer wieder ab. Watsons Ziel ist es eindeutig, den ökologischen Fortschritt gänzlich zu unterbinden. Seinem Charakter alles zuzuspitzen folgend, steigert er sich immer tiefer in seine eigenen falschen Thesen hinein.

Eine bizarre Idee, die er immer wieder darstellen lässt, ist der Einschluss von Kohlendioxid in

unterirdischen Kavernen. Die bloße Idee dieser veralteten und nie zur Reife gebrachten Technik muss am Leben gehalten werden, meint er. Gelingt das, besteht kein Grund darin, fossile Kraftwerke zu schließen. Irgendwie würde man das Kohlendioxid schon in die Erde pressen.
Die höchsten Gewinne hat Watsons Firma mit grünen Labels, die nichts wert sind, gemacht. Das muss man sich mal vorstellen. Die Labels stammen aus völlig fragwürdigen, meistens amerikanischen Quellen.
Durch intensive Werbung und bezahlte Medienarbeit wurden diese Labels so bekannt, dass sie jedermann kennt und achtet.
So, ich muss jetzt Schluss machen, sonst bekomme ich die Marmelade nicht mehr vom Fußboden. Schreiben sie, wenn noch was ist.«
»Ja, Entschuldigung, eine letzte Frage. Warum haben sie, ich meine ihre Firma, nichts dagegen unternommen?«
»Uns war klar, dass Thomas gefährlich sein würde. Wir wollten nicht in seine Schusslinie geraten.« Susan hob entschuldigend ihre Schulter. Dann war sie weg.
Emilia war zufrieden mit dem, was sie über Thomas Watson erfuhr. Sie flog zurück nach Edinburgh. Noch während des Fluges schrieb sie ihren dritten Artikel und postete ihn, als sie in ihrer Wohnung war. Bis auf Weiteres wollte Emilia ihre eigene kleine Agentur behalten. Was immer sie schrieb, es wurde für hohe Summen übernommen.

Kapitel 18

Diana war verunsichert. Es waren zwei Dinge, die ihr keine Ruhe ließen und über die sie lange nachdachte, weil sie gegeneinander liefen. Spontan entschied sie, nicht an der Tagung teilzunehmen, obwohl sie förmlich eingeladen worden war und sie Professor Purcell, dank ihrer Prominenz, sogar persönlich anrief.

Sie scheute vor allem eine Begegnung mit Thomas Watson im Beisein von Paul, dessen Teilnahme Purcell erwähnte. Dann aber, am nächsten Tag, trat ihr zweiter Gedanke in den Vordergrund. Sie änderte ihre Meinung. Gerade wegen Paul musste sie auf die Tagung. Wenn ihre Vermutung stimmte, böte sich für Watson die ideale Gelegenheit Paul während seiner Anreise, seinem Aufenthalt im Hotel, oder sogar während der Tagung ermorden zu lassen, oder das selbst zu tun.

Auf Dianas Magen legte sich ein Druck bei diesem Gedanken. Es war ein Sonntagnachmittag und Diana war von ihrem ersten Besuch auf dem Golfplatz zurückgekommen. Sie wurde unruhig und begann fahrig und sinnlos Dinge zu ordnen, wie das Aufschütteln von Kissen, sie sammelte Zeitschriften und Zeitungen zusammen und gab sie zum Papiermüll und sie sortierte Schuhe aus, die sie nicht mehr trug. Diese Art der Nervosität kannte sie nicht an sich.

Es waren noch zwei Monate bis zu der Tagung. Vielleicht konnte sie Paul unter einem Vorwand von der Teilnahme abhalten? Mit Sicherheit war Paul stolz auftreten zu dürfen und hatte vermutlich mit Freude zugesagt. Sie musste einen Weg finden. In einer Zeitschrift, die sie in die Hand nahm, war ein Artikel aufgeschlagen: Der Kohlendioxidgehalt in der Atmosphäre steigt und zwar schneller als bislang befürchtet. Schuld daran ist das globale Wirtschaftswachstum und eine immer ineffizientere Industrie, meinen Forscher.

Schuld daran ist nach Ansicht der Forscher das weltweite Wirtschaftswachstum, vor allen in Teilen Asiens wie China und Indien.

Diana legte die Zeitschrift zurück. Den Artikel wollte sie komplett lesen. Sie war alleine, ihr Mann war ausnahmsweise nicht Zuhause. Er hatte sich auf Dianas Drängen hin in einem Fitnessstudio angemeldet und nach anfänglichem Zögern einen Gefallen daran gefunden. Diana musste sich beruhigen. Sie konnte nichts tun, außer selbst nach London zu fahren. Paul zu warnen, war unmöglich. Er würde fragen, warum sie ihm ihre Vermutung nicht längst anvertraut hatte und überhaupt, in welchem Verhältnis sie zu Watson stand, angesichts dieser unglaublichen Vermutung. Ihr Verhältnis würde daraufhin noch mehr leiden. Vielleicht war es ja nur ein Hirngespinst.

Sie setzte sich in ihrem Arbeitszimmer an ihren Schreibtisch und nahm den Teaser einer Firma zur Hand, die sie übernehmen wollte. Die Firma plante die Begrünung von Städten und war sehr erfolgreich. Sie beschäftigten 200 Mitarbeiter in drei Büros. Die lagen in Frankfurt, Tokyo und Dubai. Der Gründer und Eigentümer, ein bekannter Architekt, war verstorben und seine Tochter suchte einen Käufer, der die Firma, die mit Idealismus aufgebaut worden war, zuverlässig weiterführte.

Die Seiten hatte sie schon einmal gelesen und war überzeugt, dass der grüne Städtebau, gerade für ihr Gesamtkonzept ein interessanter Markt der Zukunft wäre. Diana nahm die Unterlagen in die Hand und wanderte, mit ihren Gedanken noch immer bei Watson verbleibend, durch das Haus.

In weniger als 30 Jahren würden mehr als zwei Drittel aller Menschen in Städten leben. Das Wohlbefinden und die Lebensqualität der Bewohner rückten in einem ganz anderen Maße als bisher in den Vordergrund. Grüne Gebäudefassaden in Verbindung mit Fenstern, die über Fotovoltaik-Filme Strom erzeugten, waren eine ideale Lösung für Großstädte, die über hohe Gebäude verfügten.

Diana veranlasste vor einigen Wochen, dass von Hernsbach eine Professur für urbane Ökophysiologie stiftete. Der Prozess war schnell abgeschlossen und die Professur würde zum nächsten Sommersemester besetzt werden.

Das machte von Hernsbach weiter bekannt und trug zu ihrem guten Image bei. Diana wurde in mehreren Artikeln als klug und weitsichtig gelobt. Die von Hernsbach Holding und Diana persönlich waren innerhalb weniger Monate für mehrere Umweltpreise vorgeschlagen worden.

Auch rechnete sie täglich mit der Zuerkennung des Preises für die Unternehmerin des Jahres. Dieser

Preis wurde von der größten Wirtschaftszeitung des Landes ausgelobt und würde sie noch bekannter machen.

Die großen Vorteile der begrünten Gebäude war neben der durch die Solarfenster gewonnenen Stromerzeugung, dass weniger Feinstaub aufkam, weniger Lärm in einem signifikanten Maße gemessen wurde und die Wirkung der Städte als Wärmeinseln deutlich zurückging.

Grünräume und begrünte Gebäudehöhlen wirkten sich nicht nur positiv auf die Gesundheit, insbesondere die geringere Belastung der Atemwege aus, sondern trugen, alleine durch ihre optische Wirkung und die reine Vorstellung ihrer Funktion, die sich aus dem Anblick der grünen Fassaden ergab, ganz entscheidend zum Wohlbefinden und zur Stressreduktion bei. Das Mikroklima in Städten würde sich messbar verbessern und den Energieverbrauch von Gebäuden, vor allem für das Kühlen der Räume reduzieren.

Grünfassaden senkten den Schallpegel, der aus dem Straßenverkehr und anderen Quellen entstand. Die derzeit verfügbaren Begrünungssysteme waren hochinnovativ und technisch komplex. Wegen ihrer hohen Kosten und ihres hohen Wartungsaufwandes kamen sie bisher nur auf begrenzten Flächen zum Einsatz. Was aber genau sollte zu dem geschäftlichen Erfolg beitragen, den Diana anstrebte? Eine reine Beratung, das hatte sich bei der erneuerbaren Energie gezeigt, brachte weder den Umsatz noch die Margen, die ein Industrieunternehmen anstrebte.

Zunächst musste jedoch die Planung in der Hand von Hernsbach sein. Noch war diese Branche jung und Planer hatten alleine deshalb einen großen Einfluss. Dann ging es darum, komplette Hochhäuser zu begrünen. Komplette Fassaden auf den Dächern auf dem Balkon, die Gärten, die Parkanlagen. Es musste ein Gesamtkonzept erstellt werden. Es sollten große städtische Flächen und wenigstens ein Dutzend Hochhäuser in ein Projekt miteinbezogen werden. Das würde das Auftragsvolumen interessant machen und man konnte Synergien und Skaleneffekte erwarten. Die Tür in den Immobilienmarkt tat sich auf.
Es war wichtig, wie das Sonnenlicht auf die Gebäude auftraf, was schon mit der Planung begann. Es war nicht einfach, die vertikalen Grünpflanzen zu bewässern. Diese Technologie war nicht kompliziert, aber sie musste entwickelt werden. Diana war überzeugt von dem gesamten Geschäftsmodell, das sie sich ausmalte. Gegen Abend rief sie die Eigentümerin des Unternehmens an und fragte nach einem Termin für erste Vertragsverhandlungen. Paul würde sie dieses Mal gleich mitnehmen. Ja, Paul, was sollte sie nun tun? Es stand ihr angeschlagenes Verhältnis zu ihm, gegen die Gefahr, in die sie ihn sehend gehen lassen würde.

***

Paul sah, dass Samuel eine schnelle Auffassungsgabe hatte und mit großem Interesse alles aufnahm, was er während seines Traineeprogrammes erklärt bekam. Über alles machte sich Samuel Notizen und er fragte sofort nach, wenn er etwas nicht verstand. Von Tilda hatte Paul gehört, dass sich Junaiba und Samuel mit anderen Ghanaern, die in Frankfurt lebten, angefreundet hatten.

Paul entschloss sich, Samuel zu seinem Vertreter bei FRA-Konverter zu machen. Samuel sollte an den wöchentlichen Routinebesprechungen teilnehmen und gemeinsam mit Paul an den Sitzungen des Aufsichtsrates. Samuel war sehr stolz. Um ihn bei den beiden Geschäftsführern einzuführen, fuhr Paul mit Samuel durch Frankfurt zu der Firma, die sich auf einem Startup Campus der Universität befand.

Während der Fahrt konnten sie sich einmal wieder unterhalten. Er fragte Samuel, wie die Einarbeitung laufen würde, wen er kennenlernt habe und überhaupt, wie er in der fremden Welt zurechtkäme.

»Hast du Franz Müller-Breitschwert kennengelernt?«, fragte Paul auf einmal, als ihr Gespräch für einen Moment zur Ruhe gekommen war.

»Ja, wir saßen in einem Büro.« Antwortete Samuel etwas knapp.

Paul bemerkte nicht, dass ihnen ein Fahrzeug folgte. Eigentlich waren es zwei, die sich abwechselnden. Einmal wurden sie überholt und mehrmals borgen die Verfolger hinter ihnen ab.

»Müller-Breitschwert ist in einer rechtsradikalen Partei«, sagte Samuel und erzählte davon, wie Müller-Breitschwert keinen Hehl aus seiner Mitgliedschaft machte. Doch Samuel fügte hinzu, dass Müller-Breitschwert eher ein Problem mit seinen

Lebensumständen, das hieße, mit seinem Alleinsein habe und wahrscheinlich deshalb in dieser Gruppe Anschluss suche und dieses verrückte Umfeld war froh um jeden, der kam und mit Sicherheit ist er nicht der Einzige, der eine gescheiterte Existenz dort ist.

»Müller-Breitschwert ist ein unsicherer, verlassener Mann. Keine Ahnung wie das kam, doch er war für jedes Gespräch dankbar, das ich mit ihm geführt habe. Er ist wohl ziemlich einsam.« Sie schwiegen, dann fügte Samuel hinzu: »Er war Teamleiter, nicht wahr?« und sah fragend zu Paul.

»Das ist schön, dass du Verständnis für ihn hast. Aber das Problem mit den Rechten ist ziemlich ernst geworden in Deutschland. Er hatte deine E-Mail an August unterschlagen. Deshalb habe ich ihn abgelöst. Wegen des Arbeitsrechts konnte ich ihn nicht sofort rauswerfen. Was er bestimmt nicht erzählt hat, und behalte das jetzt für dich ist, dass er eine Büste von Adolf Hitler bei sich in seiner Wohnung gar und Tonnen von Nazischriften.« Paul sah Samuel an, um seine Worte zu verstärken.

»Wir werden ihn loswerden.« Samuel war etwas bestürzt darüber, als er hörte, dass die ganze Sache mit ihm zu tun hatte.

An diesem Tag geschah Paul nichts. Doch es wurden hunderte Fotos von ihm gemacht und das war schon während der letzten Tage der Fall. Dasselbe spielte sich bei Diana ab, die ebenso wenig davon bemerkte. In ihrem Fall waren es Bilder, die auf dem Golfplatz, während des Einkaufens, von außen, durch die

Fenster ihres Büros und ihres Hauses, während sie alleine über einen Weg zu ihrem Auto ging und auch während sie seit Jahren zum ersten Mal eine Therme aufsuchte und dort auch ohne Kleidung in der Sauna aufgenommen wurde.

***

Tilda hatte wie jedes Jahr nur einen kleinen Weihnachtsbaum gekauft, den sie mit Keksen und Kugeln sowie kleinen Figuren von Weihnachtsmännern, die auf Schlitten saßen und lustig winkten, schmückte. Auf seiner Spitze befand sich ein Stern und um den Ständer herum lag Reisig.
So war es zur Tradition bei ihnen geworden. Otto war nun in einem Alter, in dem er alles zur Kenntnis nahm, was sich Zuhause abspielte und er hinterfragte in seiner kindlichen Redeweise alles, was Tilda belustigte und sie beantwortete ernsthaft und fröhlich und mit Freude an der Neugier ihres kleinen Sohnes alle Fragen und freute sich an seinen drolligen Bemerkungen.
Wenn Paul in diesen Tagen im Dezember nach Hause kam, tranken sie Glühwein und aßen Lebkuchen, die Tilda gebacken hatte. In diesem Jahr begann es nach langer Zeit einmal wieder zu schneihen und sie sahen durch das große Fenster des Wohnzimmers hinaus auf die weiße Ebene des verschneiten Rasens, die sich in der schwarzen Nacht verlor.
Sie beide mochten keine poppigen Weihnachtslieder. Sie hörten das Weihnachtsoratorium von Bach

und andere Oratorien und sanfte Jazzmusik. Sie hörten die Katzenklappe. Joseph machte sich auf den Weg nach draußen. So verging ihr Abend.

Am nächsten Morgen ging Paul besonders früh in das Büro. Es war nun die Woche vor Weihnachten und kurz bevor bei Tilda die Fruchtblase platzen sollte. Wie jeden Tag öffnete sie den Briefkasten. Sie fand ein Kuvert. Als Absender war die von Hernsbach KGaA zu sehen. Sie spürte, dass bald etwas passieren musste, auch war sie zwei Tage über dem Geburtstermin.

Tilda setzte sich umständlich auf das Sofa im Wohnzimmer und öffnete das Kuvert. Sie entnahm zehn große Fotos, sie erschrak. Die Fotos zeigten Paul und Diana. Hand in Hand gingen sie einen Weg entlang, Diana nackt in einem Bett, wahrscheinlich in einem Hotel aufgenommen, Diana auf dem Golfplatz und Paul blickte versonnen auf sie, Paul und Diana beim gemeinsamen Einkauf.

Tilda kamen die Tränen, ihr Gesicht wurde rot. Sie senkte ihren ganzen Oberkörper auf die Knie und weinte laut. Tilda war verletzt wie noch nie in ihrem Leben. Sie lehnte sich zurück und blickte in das Leere.

Dann platzte ihre Fruchtblase. Plötzlich wurde ihr klar, dass es sich nur um eine Fälschung handeln konnte. Sie hatte über die Möglichkeiten solche Fotos zu erstellen gelesen und warum sollte ihr jemand diese Fotos machen und zusenden, selbst wenn sie echt wären? Otto begann in seinem Zimmer zu

weinen. Er hatte geschlafen und war von seiner Mutter, als sie kurz aufschrie, geweckt worden.
Tilda wurde konfus. Was sollte sie als Erstes tun? Eigentlich mussten die Fotos zu einem Experten, der sie analysierte. Für einen kurzen Moment wurde das wichtiger als die Geburt. Es war ausgemacht, dass Tilda Henriette, die Studentin, die bei ihren Eltern nebenan wohnte, anrufen würde, sollte die Geburt beginnen. Henriette kannte Otto gut und sollte während der Tage, in denen sie im Krankenhaus war, bei ihm bleiben.
Natürlich wäre Paul auch da und in ihrer Verwirrung und Verletzung dachte Tilda, dass Paul sofort etwas mit Henriette anfangen würde. Tilda wusste für einige Minuten nicht, was sie machen sollte. Dann kehrte langsam ihre Logik zurück.
Nein, das war vollkommener Unsinn und natürlich waren die Fotos bearbeitet. Von wem? Von dem, der den Anschlag auf sie in Auftrag gegeben hatte. Wer konnte das sein, nur ein Konkurrent? Tilda hatte sich wieder gefangen.
Konnte sie Henriette bitten, einen Experten zu finden, der sich die Fotos ansah? Nein, das war jetzt nicht möglich, sie musste zu viel erklären. Tilda steckte die Fotos zurück in das Kuvert und dieses in ihre vorbereitete Tasche. Sie wollte auf keinen Fall, dass Paul sie in ihrer Abwesenheit fand. Das würde eine große Unsicherheit bei ihm auslösen und er könnte sich ihr nicht erklären, beziehungsweise, sie mussten alles direkt nach der Geburt besprechen und das wollte sie auf keinen Fall. Vielleicht würde sie

die Fotos im Krankenhaus einfach wegwerfen. Nein, dann würde sie nie erfahren, wer sie angefertigt hatte. Tilda steckte sie also in ihre Tasche und rief Henriette an.

Sie wartete und versuchte Otto zu erklären, was geschah, nämlich, dass sein Geschwisterchen auf die Welt kommen würde. Doch ihre Gedanken rasten. War sie auch fotografiert worden, wusste der Versender, dass sie ein Kind erwartete und war die Zustellung genau an diesem Tag ein Zufall? Noch einmal dachte sie darüber nach, wer bereit war, so ein Unglück über sie zu bringen, denn das war ja offensichtlich die Absicht, dass ihre Ehe scheitern musste. War ihr E-Mail-Konto gehakt worden?

Vielleicht, doch das war ihr in dem Augenblick egal. Sie hatte noch nie etwas Kompromittierendes geschrieben. Höchstens konnte man in ihren Namen Mails verschicken, doch was würden sie sagen ...?

Tilda spürte, dass sie zögerte Paul anzurufen, doch das war töricht. Die Fotos waren nicht echt, sie konnten es nicht sein. Sie konnte Paul vertrauen und so dumm zu sein, sich so offen mit Diana zu zeigen, traute sie ihm eigentlich auch nicht zu.

»Es ist so weit, die Fruchtblase ist geplatzt«, sagte Tilda. Paul fragte sich sofort, ob etwas mit Tilda wäre. Er hörte jede Feinheit in ihrer Stimme und sie klang zwar hoffnungsvoll und erregt, doch auch merkwürdig distanziert.

»Ich komme sofort«, sagte Paul nur und legte auf. Es war klar, dass er bei der Geburt dabei sein würde.

Nun hörte auch Tilda, dass mit Paul etwas nicht stimmen konnte und ihr wurde übel.
Sie ging in das Bad und erbrach sich. Danach saß sie zitternd auf dem Sofa und wartete auf Paul. Als er eintraf und sie in diesem verstörten Zustand vorfand, wurde Paul blass. Henriette traf im selben Moment ein.
»Was ist denn, was hast du?« Tilda mochte nicht antworten. Sie fasste sich um ihren Bauch, stand auf, griff nach ihrer Tasche, wobei Paul ihr zuvorkam, streifte sich flache Schuhe über, zog ihre Winterjacke an und wollte aus der Tür gehen.
Tilda verstand, was sich abspielte, dass sie sich gegenseitig quälten, sich sorgten und Angst machten und dass das von ihr ausging. Sie griff nach ihrer Tasche, die ihr Paul erst entwinden wollte, sie ihr dann aber überließ. Tilda zog das Kuvert heraus und gab es Paul. Dann sagte sie:
»Es ist alles nicht wahr, ich weiß es. Mach dir keine Sorgen, ich war nur durcheinander, weil alles auf einmal passierte. Dann küsste sie ihn zärtlich und öffnete die Tür. Paul blieb für einen Moment zurück und sah die Fotos an. Er traute seinen Augen nicht. Die Fotos wirkten echt. Dann wurde ihm klar, wie klug Tilda reagierte. Er sagte nichts, Tilda erwartete keine Bemerkung. Während der Fahrt, während der sie schwiegen, sagte Paul einmal:
»Du bist die klügste Frau der Welt, Tilda.« Sie wussten beide, was der andere dachte. Sie liebten und vertrauten sich. Ihr Schweigen verband sie auf eine zauberhafte Weise. Beide fragten sich, ohne es

auszusprechen, ob Diana dieselben Fotos erhalten hatte. Nach einigen Kilometern, sie näherten sich schon dem Krankenhaus, sagte Paul plötzlich ohne einen weiteren Kommentar:

»Ich werde sie fragen.« Sie sahen sich schweigend an. Dann nahm Tilda Pauls Hand und küsste sie.

Schweigend fuhren sie durch die Stille der winterlichen Nacht. Feine Schneeflöckchen schwebten vom Himmel. Der Mond war nicht zu sehen. Die Fenster vieler Häuser waren geschmückt mit Fenstersternen und Schwibbögen, die sanft und verzerrt leuchteten. Im Auto war es warm und behaglich und in Tilda entfaltete sich gleichsam Vorfreude und ein vages Unwohlsein. Wie lange würde die Geburt dauern, würde alles gut gehen, wäre das Kind gesund?

Als sie sich dem Krankenhaus näherten, es war dasselbe, in dem Otto zur Welt kam, sahen sie einen großen beleuchteten Weihnachtsbaum, der stolz in den Himmel ragte. Er war mit Strohsternen und elektrischen Kerzen geschmückt und strahlte voller Freude und Optimismus über die ganze Front des Einganges.

Tilda hatte Schmerzen, doch sie war glücklich, dass ihr zweites Kind nun zur Welt kommen sollte. Paul parkte das Auto in der Tiefgarage und sie fuhren hoch zum Empfang des Krankenhauses, auch dort war es weihnachtlich geschmückt. Auf dem Tresen standen brennende Kerzen, im Flur stand ein weiterer Weihnachtsbaum und ein Weihnachtsmann stand bereit, Geschenke an Kinder zu verteilen.

Die Geburt dauerte sechs Stunden. Dann war ihr zweiter Sohn auf der Welt. Sie nannten ihn Maximilian Paul. Er wog 3.600 Gramm und schrie den ganzen Kreißsaal zusammen. Tilda hielt den kleinen Maximilian glücklich im Arm. Sie blieben eine Stunde zusammen auf Tildas Zimmer. Es war Nacht geworden. Tilda war erschöpft eingeschlafen. Paul rief Otto, Mirjam und Sofia an, dann schickte er Alex stolz ein Foto. Schließlich fuhr er nach Hause. Der kleine Otto schlief in seinem Bettchen. Henriette war noch wach. Müde trank Paul ein Glas Wein mit ihr und legte sich schlafen.

***

Watson gab seinen Namen bei Google ein. Er wurde blass und sprachlos. Eine Emilia MacLeod hatte ihm nachgespürt. Sie sprach mit seiner Mutter, seinem Mitbewohner Anusheh Kathran und Susan Landman. Die letzteren hatte er völlig vergessen. Wie hatte sie die gefunden?
Kühl dachte Watson nach. Zweimal las er ihre beiden Artikel. Eigentlich war er gut getroffen, dachte er. Die Journalistin hatte wohl genau das berichtet, was ihr gesagt wurde. Sie warnte nicht vor ihm, sie rief nicht dazu, auf ihn zu stellen, wie auch immer. Je länger er darüber nachdachte, umso mehr fühlte sich Watson geschmeichelt. Seine Eitelkeit kehrte zurück. Natürlich war es unter dem Strich negativ, was über ihn geschrieben wurde, doch

irgendwie…man bekam Respekt vor ihm, man würde ihn fürchten und das stieg Watson sogleich zu Kopf.
Susan Landman stellte ihn als verschlagen dar. Er wäre kein Idealist, das waren ja auch nur Idioten. Ach was soll's, dachte Watson, unter dem Strich fühlte er sich wohl, wie ihn die Journalistin beschrieb.

Kapitel 19

Wegen des großen Interesses an der angekündigten Diskussion, wurde das Podium kurzfristig, nämlich ganze zwei Tage vor dem Termin vom Museum for Energie in das größte Theater der Stadt verlegt. Es hatten sich zehnmal so viele Besucher um Karten bemüht, wie das Museum Plätze anbieten konnte. Dieser Wechsel führte zu einiger Verwirrung bei den Teilnehmern, die auf der Bühne erwartet wurden.

Thomas Watson hatte, als er von Pauls Teilnahme hörte, sofort beschlossen, ihn in seinem Hotel, das er für den Zweck als den sichersten Ort ausmachte, ermorden zu lassen.

Um nicht noch einmal in dem Gewerbe herumfragen zu müssen, was jedes Mal Staub aufwirbeln konnte und er war nun auch durch seine Teilnahme an der Diskussion, die im ganzen Land Aufmerksamkeit fand, bekannt geworden, beauftragte er dasselbe Team, das schon in Portugal für ihn arbeitete und das Paul zu seinem Missfallen verfehlte.

Er überließ ihnen nicht die Vorgehensweise, sondern gab ihnen in einem Telefongespräch den genauen Ablauf vor, was ihn im Übrigen wiederum in einen besonderen Zustand der Erregung brachte. Lange dachte er nach.

Dann bestimmte er folgendes: Die kleine Gruppe sollte um Mitternacht, wenn noch Gäste in das Hotel zurückkämen, in Pauls Hotelzimmer eindringen und ihn einfach erschießen. Natürlich gab es gerade in London unzählige Überwachungskameras und in

Pauls Hotel konnte es nicht anders sein, doch konnte Pauls Ermordung ohnehin nicht geheim gehalten werden, außer man hätte ihn entführt und komplett verschwinden lassen, was aber noch mehr Schwachstellen beinhalten würde.

Es kam nur darauf an, dass die drei nicht erkannt wurden. Sie sollten getrennt zu Pauls Tür gelangen. Einer sollte in einem anderen Stockwerk warten, ein zweiter mit dem Fahrstuhl hochfahren und ein Dritter durch das Treppenhaus kommen.

Dass sich Paul in dem bestimmten Hotel befand, hatte Watson schnell herausgefunden, indem er seine Assistentin die Hotels, dir sich in der Nähe des Museums befanden, anrufen und fragen ließ, ob sie einen Herrn Paul von Hernsbach erwarteten. In der schnelllebigen Geschäftswelt Londons war man derartige Erkundigungen gewohnt und antwortete bereitwillig. Schon beim dritten Hotel hatte die Assistentin Paul gefunden.

Paul reiste am 13. Februar nach London. Er wollte die Örtlichkeiten in Ruhe besichtigen und sich an die Umgebung gewöhnen. Seinem Erscheinen maß man eine große Bedeutung zu. Er wollte nichts dem Zufall überlassen.

Paul hatte in einem Hotel reserviert, das in Brentford lag. Das große Theater hingegen lag in Soho und befand sich damit 12 Kilometer von Brentford entfernt. Die Änderung des Ortes wurde unmittelbar vor Pauls Anreise bekannt gegeben, das heißt, er war schon auf dem Flughafen, als er die Nachricht vernahm.

Paul stornierte seine Reservierung in Brentford und buchte ein Bed & Breakfast in der Nähe der Argyll Street. Es war ein vornehmes kleines Bed & Breakfast und Paul sah keine andere Möglichkeit, als dort zu buchen, da die Hotels in der Nähe gerade wegen der Tagung komplett ausgebucht waren. Damit war er von der Bildfläche verschwunden.

Paul war während der letzten Wochen als kluger Investor bekannt geworden und Thomas Watson wurde als Mastermind der Regierung dargestellt, der Unbekannte, der die Fäden zog, aber gleichwohl als einziger, der die Konsequenzen aus der Erderwärmung richtig benennen konnte. Er galt als Experte. Dieses Image hatte ein Berater vorgeschlagen und es wurde mit viel Aufwand in kurzer Zeit aufgebaut.

Die Diskussion auf dem Podium war der viel erwartete Höhepunkt nach der Fachkonferenz, die in Cambridge über drei Tage hinweg abgehalten wurde. Diese Konferenz war auf hohem wissenschaftlichem Niveau und das breite Publikum verstand nichts von den mathematischen Modellen, die von Meteorologen, Physikern und Umweltforschern präsentiert wurden. Nur die Zusammenfassung war eindeutig. Der Kipppunkt war erreicht.

Sie beide, Paul von Hernsbach und Thomas Watson, standen im Zentrum des allgemeinen Interesses. Neben ihnen waren die vier weiteren Teilnehmer angekündigt worden. Das waren zwei sich stets spröde gebende Wissenschaftler, die gegensätzliche Meinungen präsentieren sollten, was sie aber nicht taten. Eine Vertreterin von Survival2030, ein hochrangiger Vertreter vom Intergouvernemental Panel on Climate Change, dem IPCC, das heißt dem Weltklimarat, der von einem Russen repräsentiert werden sollte, sowie ein Staatssekretär aus China, dem Land, das den großen Durchbruch durchsetzte und viel Anerkennung dafür genoss, der aber besonders wortkarg bleiben sollte, obwohl man viel von ihm erwartete. Sein Name war Xi Huang und selbst in China trug er den Spitznamen Sekretär für allgemeine Beschwichtigung.

Es war der Abend vor dem Ereignis. Survival 2030 veröffentlichte gegen ihre ursprüngliche Planung um Tage verspätet das Exposé, das Thomas Watson anklagte und vernichten sollte. Sofort bestürmten Journalisten Watson. Obwohl seine Rolle der letzten Jahre eigentlich bekannt war, wies Watson alles zurück.

Er gab eine kurze Pressekonferenz. Die Medien waren über den Skandal verzückt. Sie belagerten auch Survival 2030. Dann beantragte Watsons Anwalt eine einstweilige Verfügung gegen die weitere Veröffentlichung der Schmähschrift, wie er es nannte. Dem Antrag wurde stattgegeben. Bisher brodelte es, nun kochte die Stimmung.

Die Medien bauschten das zweifellos wichtige Ereignis noch mehr auf. Es war die erste große nationale öffentliche Diskussion nach den Entscheidungen in China, die allergrößtes Aufsehen erregt hatten.

In dem fragilen Zustand, indem sich praktisch alle Länder befanden, gab es nichts, was mehr öffentliches Interesse wecken würde, als eben jene Diskussion, in der die Überzeugungen diametral gegenüberstanden. Gab es noch einen Ausweg aus dem ökologischen Niedergang, oder würde sich die Menschheit auf wenige Prozent ihrer Bevölkerung vermindern und um Jahrhunderte zurückfallen?

Diese Frage, so verrückt sie klang, galt es zu diskutieren. Inzwischen verstand jeder, es ging um alles oder nichts. Brachten die neuen Atomkraftwerke die einfache und schnell durchzuführende Rettung? Wer war dieser weitsichtige junge Unternehmer Paul von Hernsbach aus Deutschland, dem Land, dem man für seine technischen Innovationen nach wie vor Respekt entgegenbrachte und welche Ansichten vertrat er und vor allem, welche Rolle würde er selbst in der Zukunft spielen?

Paul symbolisierte die Hoffnung eines ganzen Teiles des Landes. Ihm selbst hingegen war nicht klar, welches Gewicht sowohl der Tagung in Cambridge als auch der Diskussion in dem Theater gleichkam.

Als er am nächsten Tag, es war der Tag vor der eigentlichen Diskussion, das riesige Theater mit seinen 2.300 Plätzen betrat, wurde ihm bewusst, auf was er sich eingelassen hatte.

Der Saal dehnte sich endlos nach hinten und die beiden Ränge zogen sich ebenfalls weit in die Tiefe. Paul wurde es flau im Magen. Er ging durch die Reihen des Parketts. Die Sitze waren mit rotem Stoff bezogen. Das ganze Theater machte einen exklusiven Eindruck. Alles war in Rot und Gold gehalten.

Die Teppiche, die Stoffe an den Wänden und die weite Bühne.
Das Hauptportal war einem griechischen Tempel nachempfunden. Das dreiecksförmige Dach, der weiß getünchten Fassade, welches in einer goldenen Aufschrift den Namen des Hauses trug, stand auf acht Säulen. Die oberen, das eigentliche Dach tragenden Stützen waren vergoldet.
Paul stellte sich in die Mitte des leeren Theaters. Er schloss seine Augen und versuchte sich die Atmosphäre vorzustellen, wenn alle Plätze besetzt waren, die stille Unruhe, die zögerlichen Bewegungen der Besucher und ihre Aufmerksamkeit auf ihn, wenn er redete. Paul sah nach oben. Dort stand jemand, der eine Baskenmütze trug. Er würde für einige Stunden im Zentrum des öffentlichen Interesses Großbritanniens und darüber hinaus stehen.
Die eigentliche Hauptperson würde jedoch der Vertreter des IPCC, Dr. Dmitri Poljakow sein. Seiner eigenen Anwesenheit maß Paul eine deutlich geringere Bedeutung zu als diesem Abgesandten der wahrscheinlich bekanntesten internationalen Forschergruppe. Nach einer Weile verließ Paul das Theater wieder und wanderte, die Hände tief in seinen Taschen vergraben, die Argyll Street zurück zu seinem Bed & Breakfast.
Dieses kleine Gästehaus, das nur einen Kilometer vom Theater entfernt lag, war im historischen Stil des neunzehnten Jahrhunderts eingerichtet. Die bräunlich dunklen und karierten Tapetenbahnen, der zierliche Schreibtisch, noch im Biedermeier, vor

dem ein hölzerner Stuhl stand, dessen gerundete Ecken die Lehne bildeten und die ovalen Bilder mit offensichtlich originalen Fotografien, welche Hafenszenen zeigten, ließen gemeinsam mit dem voluminösen Bett, das über mächtige Vorder- und Rückseiten verfügte, eine Atmosphäre entstehen, die Paul in das neunzehnte Jahrhundert zurückversetzte.

Auch waren überall Plüschkissen. Die dicken Vorhänge verschlossen vollkommen die Fenster, sodass auch am Tage kein Licht hereinfiel. An der Decke war ein Gasleuchter angebracht, der nun mit Glühlampen ausgestattet war.

Paul setzte sich in einen Biedermeier Sessel und ließ diese eigenartige Umgebung auf sich wirken. Dann richtete sich seine Aufmerksamkeit auf eine große stehende Uhr, die aber stillstand und ihm fiel ein, dass er Tilda anrufen wollte. Eine Internetverbindung war zu seiner Erleichterung vorhanden. Er griff zu seinem Telefon und rief Tilda über FaceTime an. Tilda war ausgezeichnet gelaunt, hatte Maximilian auf dem Arm und Otto hatte Besuch von einem Nachbarskind, dessen Familie zugezogen war. Die beiden machten viel Lärm und tobten durch das Wohnzimmer und da Tilda Maximilian stillen wollte, dauerte ihr Gespräch nur wenige Minuten.

Paul tippte auf die Nummer von Alex. Der war so in Gedanken, dass er erst nicht realisierte, vor welcher ungewöhnlichen Situation Paul stand.

»Eben habe ich mit den Ghanaern gesprochen. Die haben super Ideen. Mir war nicht klar, wie weit Afrika mit dem Internet ist. Wir haben überlegt, ein

Joint-Venture zu gründen. Das ist aber zu kompliziert. Ich gründe jetzt eine Firma in Ghana und übernehme die. Die haben zehn Leute…« Alex redete für seine Verhältnisse begeistert weiter. Irgendwann brach er ab. Er müsse jetzt noch was vorbereiten.

»Ich bin in London«, sagte Paul. »Morgen ist die Konferenz, die Tagung, bei der ich auf der Bühne sitzen werde.«

»Ach ja richtig… wie sieht's aus?«, fragte Alex mit mäßigem Interesse. Er blickte von seiner Tastatur auf, in die er während des Gespräches tippte.

»Wer kommt da noch?«

»Du meinst auf die Bühne? Wir sind einige Leute«. Paul zählte sie auf. »Der Wichtigste ist Dr. Dmitri Poljakow vom IPCC. Die haben das größte Gewicht und bereiten die Entscheidungen für die Klimakonferenzen vor. Dann ist da noch ein Lobbyist. Thomas Watson heißt der. Ich vermute, der steckt hinter dem Überfall auf mich.«

»Aha und mit dem sitzt du auf der Bühne?« Alex tippte weiter, was Paul nervte. Er musste seine Gedanken loswerden.

»Das ist natürlich nur eine Vermutung, keine Ahnung, ob das wirklich so ist. Diana kennt ihn, sie hat ihn in London besucht.«

»Oh Mann, was sind denn das für Zusammenhänge? Hast du einen Body-Guard?«

»Einen Body-Guard?« Darauf war Paul nicht gekommen. Eigentlich war die Idee nicht so dumm. Jetzt war es zu spät.

»Watson werden sie morgen auseinandernehmen. Ich versteh gar nicht, warum er sich auf die Diskussion einlässt. Er wurde jetzt auch noch durch die Survival2030 geframed, das heißt, eigentlich haben sie ihn angeklagt, öffentlich in einer Art Denkschrift.« Paul erzählte, was sich zugetragen hatte.
»Jeder weiß, welche Rolle er in den letzten Jahren gespielt hat.«
»Der wird schon ein paar Pfeile im Köcher haben, scheint ja nicht dumm zu sein, der Typ.« Sie überlegten beide.
»Vielleicht steht die Regierung hinter ihm, kann doch sein. Die brauchen genauso einen wie ihn.«
»Wieso meinst du das?«
»Die englische Regierung, na, weil eine Regierung den radikalen Umbau überhaupt nicht hinbekommt. Ich meine den Umbau in ein CO_2 freie Wirtschaft. Das geht doch niemals ohne drastische Verluste an Steuereinnahmen. Das kostet erst tausende Arbeitsplätze und dann wird die Regierung aus dem Amt gefegt. Das machen Politiker einfach nicht. Die brauchen so einen Dreckskerl, der alles verbiegt und aufschiebt. Mit Sicherheit bezahlt die englische Regierung diesen Watson. Mal sehen, wie er auf der Bühne sein wird. Du musst jedenfalls eisern dein Programm durchziehen. Lass dich ja nicht draus bringen.«
»Vielleicht hast du recht.« Paul wurde nachdenklich.
Sie verabschiedeten sich.
Tilda war glücklich inmitten ihrer Kinder. Sie konnten ihr nicht laut genug sein. Die Zukunft lag hell

und leuchtend vor ihr. Tilda hatte keine Geschwister. Sie war mit alten Eltern aufgewachsen. Ihre Mutter war 43, als sie zur Welt kam. Seit sich Tilda erinnern konnte, war ihre Mutter krank, sie quälte sich 20 Jahre lang dahin. Tilda wuchs in einer trostlosen und stickigen Welt auf.

Ihr Vater nahm wenig Anteil am Leiden seiner Frau. Er war auch in keiner Weise ein Vorbild für seine Tochter. Ihr Vater war mürrisch und sprach nur selten mit ihr. Er war ein städtischer Beamter, worauf er ein wenig stolz war. Sein Name stand hin und wieder auf Bekanntmachungen.

Ambitionen, oder Interessen, oder irgendeine Art von Lebensfreude hatte er nicht. Eigentlich wuchs Tilda auf, ohne einen Vater zu haben. In den Urlaub zu fahren war unmöglich, dafür reichte das Geld nicht. Seit sie in den Kindergarten kam, war sie gänzlich auf sich gestellt.

Sie war einsam und sehnte sich danach, Geschwister zu haben. Wegen der trostlosen Stimmung Zuhause lud sie nur selten Freundinnen ein. Ihr erster Freund hatte das Haus nie betreten. Ihre Mutter verbrachte zehn Jahre in einem Rollstuhl und wies sie ab, sobald sich Tilda um sie kümmern wollte, was Tilda noch mehr isolierte und die Ablehnung ihrer Anteilnahme verletzte sie. Sie fragte sich später oft, warum ihre Mutter so abweisend war und Tilda quälte ein schlechtes Gewissen, dass sie ihrer Mutter nicht helfen konnte. Eine Antwort erhielt sie nie.

Als sie 17 Jahre alt war, verstarb ihre Mutter nach langem Leiden an Multipler Sklerose. Tilda lebte noch zwei Jahre mit ihrem wortkargen und trockenen Vater zusammen. Dann nahm sie sich ein Zimmer in einem Studentenwohnheim und besuchte ihren Vater nur noch an seinem Geburtstag.

Kinder zu haben, war Tildas Glück. In ihnen fand sie alles, was sie selbst vermisste und was sie fast in eine Depression getrieben hätte. Kinder waren für sie das blühende Leben. Nie wieder brauchte sie einsam zu sein und Otto brachte ihr mit seinem Lärmen und seiner lustigen, aufgeweckten Art so viel Liebe entgegen, wie sie es niemals erfahren hatte.

Sie liebkoste ihre Söhne ständig und fühlte jede Minute mit ihnen. Sie hatte ein geordnetes Heim voller Zuwendung und Geborgenheit. Tilda war glücklich und ohne Sorgen. Bis auf diesen Anschlag auf sie, den sie sich wohl niemals erklären konnte. Tilda wollte noch zwei Kinder und sie würde sie niemals hergeben, sie wollte für sie da sein, ihre Mutter sein, in jedem Moment.

***

Je näher der Zeitpunkt heranrückte, an dem Francesco Esposito seine Tat ausführen konnte, umso mehr ließ sein wilder Zorn auf Thomas Watson nach. Es war ihm etwas unheimlich geworden, als er sich ausmalte, dass er Watson beim Verlassen des Theaters auflauern und einfach in den Kopf schießen würde, denn das war sein Plan. Es wäre Nacht. Er würde eine Perücke und einen Bart tragen und einen langen Trenchcoat, eine italienische Don Matteo

Baskenmütze sowie Turnschuhe. Seine Flucht plante er so, dass er einen Mietwagen in etwa einem Kilometer Entfernung parken würde, den er gut erreichen konnte.

Es war klar, dass die Londoner Flughäfen überwacht würden, auch wenn er vermutlich in der Menge verschwinden konnte. Also hatte er vor, mit dem Mietwagen nach Liverpool zu fahren, dort eine Woche zu verbringen, eine Fähre über den Mersey zu nehmen, nach Dublin überzusetzen und von dort nach Palermo zu fliegen.

Das wichtigste war, alles unter einer anderen Identität durchzuziehen. Die Buchung seines Hotels, die Anreise nach London, das Anmieten des Wagens, die Übernachtungen in Liverpool, die Fahrkarte für die Fähre und schließlich den Flug nach Palermo.

Einen anderen Pass zu bekommen, dessen Daten den seinen ähnelte und dessen Foto ihm glich, stellte sich als kein Problem heraus. Zu seiner Überraschung erhielt er nach einer Woche, nachdem er einem Genossen der Kommunistischen Partei in Turin sein Anliegen schrieb, dass er dergleichen brauchen würde und ein Foto von sich an ihn schickte, ein Kuvert, in dem sich der Pass befand. Den Pass nahm Francesco jedoch nur zögerlich und mit Vorsicht an, was ein Ausdruck seiner zunehmenden Unsicherheit war. Er hatte nun in gewissem Maße einen Mitwisser, aber das musste er in Kauf nehmen. Sein neuer Name war Luigi Antonio Lombardo. Er war am selben Tag in Mailand geboren worden. Der echte Luigi Antonio Lombardo war vor einem Jahr an Krebs gestorben.

Der Wechsel des Tagungsortes verunsicherte ihn. Er war eine Woche vorher angereist und hatte das Museum for Energie sorgfältig in Augenschein genommen. Als er von der kurzfristigen Änderung erfuhr, sah er keinen Grund darin seine Unterkunft zu wechseln, was er sich kurz fragte, ob er das tun solle.
Ein Umzug war automatisch mit Risiken verbunden, außerdem befand sich sein kleines Hotel in Hammersmith und lag damit einigermaßen zentral. Inzwischen war er froh, dass er alleine handeln konnte. Mitwisser zu haben, war eine große und unkalkulierbare Gefahr. In der Abwägung war es besser alleine zu sein, als möglicherweise von unsicheren Helfern zu profitieren, auf die er sich dann doch nicht verlassen konnte, wie ihm inzwischen klar wurde.
In der Nähe seines Hotels suchte er einen Friseur auf und ließ sich seine lockigen Haare kurz schneiden. Eine Perücke hatte er aus Berlin mitgebracht. Auch seine Wohnung in Berlin war gekündigt und seine wenigen Habe nach Palermo geschickt und bei einer Spedition eingelagert worden.
Akribisch notierte er jeden Schritt in sein kleines Heft. Trotz seiner Umsicht wollte er nicht aufgrund seiner zu erwartenden Nervosität irgendetwas missachten. Nach wie vor war er vom grundsätzlichen Gelingen seines Planes überzeugt und er hatte auch keinen Zweifel daran, dass es sein Opfer verdiente, schließlich war er eine Bedrohung für die Menschheit, was keinesfalls übertrieben war. Was ihm aber so langsam zu schaffen machte, war die Tatsache, dass er einen Menschen erschießen würde. Der

Moment, in dem er abdrückte, war genau der, vor dem er zunehmend Angst bekam. Würde er das wirklich können? Er sagte sich, es wäre eine gewöhnliche menschliche Regung, eine natürliche Reue, die sich vor der Tat entfaltete, was er nicht weiter beachten sollte.

Auf eine gewisse Art würde er dennoch eine Schuld auf sich laden. Noch überwog, was ihn antrieb, sein Vorhaben auszuführen, nämlich eine geradezu finstere Macht zu beseitigen, die sonst niemand imstande war aufzuhalten. Davon war Francesco überzeugt, obwohl solche Ausdrücke sonst nicht zu der Kategorie an Worten gehörten, die er benutzte, aber es traf einfach zu.

Nun musste er dringend die neuen Örtlichkeiten in Augenschein nehmen. Er sprach nicht gut Englisch, das heißt, er hatte einen harten italienischen Akzent und er fürchtete, dass man ihn später daran erkennen könne. So blieb er, nachdem er sich schon in Berlin lange Zeit im Verborgenen hielt, noch einmal fast eine ganze Woche, ohne mit einem Menschen zu reden, in seinem Hotel. Am Abend ging er hinaus und joggte ein paar Kilometer in einem Park.

Der lange Aufenthalt im Hotel machte ihm aber nun, auch wegen der fremden Umgebung, besonders zu schaffen. Seine Gedanken rasten immer wieder, dann verfiel er in seine dumpfe Melancholie.

Er war es in Italien eigentlich nicht gewohnt, sich auch nur für eine Stunde niemandem mitzuteilen. Ihm war bewusst, dass er seine sensible, ja seine depressive Seite hatte und das lange Alleinsein begann ihn nun zu zermürben. Er würde es nicht mehr lange aushalten, seine ständig kreisenden Gedanken nicht aussprechen zu können. Er musste Claudia oder Valentin sprechen. Sie waren die Einzigen, die eingeweiht waren. Er überlegte, dass dies von seinem Mobiltelefon aus töricht wäre. Das konnte er nur von einer Telefonzelle aus tun. Er sah nach und stellte fest, es existierten noch 5.000 Telefonzellen in London.

An einem Freitagnachmittag vor der Tagung, als er sich schließlich aufraffen konnte, sich das Theater anzusehen, was er bis zu diesem Moment immer wieder hinausgeschoben hatte und es nun in seiner Einsamkeit nicht mehr aushielt, ging er hinunter auf die Straße und machte sich auf die Suche. Er schlug die Richtung des Theaters ein, als ihm nach wenigen Metern einfiel, dass der Weg viel zu weit wäre.

Er sah die U-Bahn-Station Hammer Smith. Er musste bis Oxford Circus fahren, was noch immer eine halbe Stunde dauern würde. Francesco ging hinunter zur U-Bahn und stieg in den ersten Zug ein, der hielt. In dem Moment wurde ihm klar, wie warm es auf der Straße war. Hier unten, in der U-Bahn-Station war es kühl, doch oben auf der Straße… es war Februar und es mussten 15 Grad oder mehr sein. Niemand trug eine Mütze oder einen Anorak. Durch sein Verbleiben in seinem Hotel hatte er auch nicht bemerkt, wie unruhig die Stimmung unter den Menschen in London war, denen er nun begegnete.

Eine deutlich wahrzunehmende Nervosität lag in der Luft. Viele sprachen erregt, manche nur vor sich hin und sofern Francesco verstand, was gesprochen wurde, handelte es sich eben um diese ungewöhnliche Wärme und darum, wie der kommende Sommer werden würde. Nach einer Weile hörte er die Ansage Hyde Park Corner. Der Begriff kam ihm bekannt vor und weil er wieder gedankenversunken und verwirrt war, stieg er aus und ging die Treppe hoch auf die Straße. Er war falsch, doch gegenüber war der Hyde Park, den er kurz beobachtete und dem er sich neugierig zuwandte. In dem Park fanden offensichtlich Demonstrationen statt.

Francesco trat näher und stellte sich zu eher bürgerlich aussehenden Menschen, die alle älter zu sein schienen, als er es war. Auf einer kleinen Plattform stand ein in einem Tweed Mantel gekleideter Mann, der um die fünfzig Jahre alt sein durfte und der einen grauen welligen Bart trug.

Es ging um die Wasserversorgung von England. Wenig erregt und sachlich erklärte er, was ab dem Frühling zu erwarten war. Francesco fragte jemanden, der neben ihm stand, wer das sei. Sein Name wäre so und so und er sei ein Konservativer, ein Abgeordneter aus dem Unterhaus und vertrete einen Wahlkreis in London.

Der Redner sagte dasselbe, wie alle vernünftigen Politiker. Er listete die Folgen der zunehmenden Wasserknappheit auf und rechnete vor, dass die Aufbereitung von Wasser aus der Themse und große, industrielle Meerwasserentsalzungsanlagen, die man ebenfalls benötigen würde, den Wasserpreis verzehnfachen würde. Außerdem wäre durch die eingesetzten Methoden der Ausstoß an Kohlendioxid um ein Vielfaches höher, als es heute wäre, da der Energiebedarf von Entsalzungsanlagen enorm hoch sei.

Das Ergebnis, so wie er es vorhersah, sei, dass nur noch an wenigen Stunden am Tag Wasser zur Verfügung stehen könne und vor allem könnte diese Entwicklung nicht mehr rückgängig gemacht werden. Es war identisch mit dem, was Francesco in Deutschland hörte. Dann kam der Redner auf das Thema zu sprechen, was praktisch alle bewegte und große Sorgen machte. Was sich in kurzer Zeit als große Gefahr herausstellte, war die Fragilität der staatlichen Institutionen. »Es ist eine stille Form der Anarchie eingetreten«, rief der Abgeordnete der Menge zu.

»Ein Staatswesen ohne die grundsätzliche Bereitschaft der Bevölkerung, der Verfassung und den Gesetzen zu folgen, kann nicht existieren.

Die Regierung ist in eine Angst starre verfallen.« Was geschehen würde, käme wie eine Seuche über die Menschen. Die Schwierigkeiten waren unendlich komplex, alles hinge mit allem zusammen.

Arbeitsplätze, das Steueraufkommen, die Ausgaben des Sozialstaates, bis hin zum täglichen Wohlbefinden der Bürger, die sich nur noch zwischen dem Oktober und dem März frei bewegen konnten und jeder spürte inzwischen den morbiden Geschmack des Untergangs.

»Die Lage ist verzweifelt. Wie kann man die bestehende Infrastruktur, die ganze Industrie, den

Verkehr, die Energieerzeugung, wie kann man das alles in wenigen Monaten, die uns noch bleiben, ändern?«, rief der Abgeordnete nun in einem verzweifelten Ton.

»Wir haben nichts getan, jahrelang haben wir nur geredet und waren stolz auf kleinste, unbedeutende Maßnahmen, die insgesamt völlig lächerlich waren.« Nun kam er in Fahrt und ließ von seiner bedächtigen Art ab.

»Ja, wir haben ganz langsam den Kohlendioxid Ausstoß im Verkehr reduziert, wir haben Windenergieanlagen errichtet, die aber ohne die fossilen Kraftwerke nicht arbeiten können, wir haben Gebäude isoliert, doch war alles so nachlässig, dass es bloß niemanden schmerzte. Wir haben Millionen in die Erforschung von Gezeitenkraftwerken investiert. Seit 100 Jahren forschen wir daran. Theoretisch ließen sich 285 Terawattstunden pro Jahr gewinnen.« Dann kam er noch einmal auf die politische Situation zurück.

»Was wir jetzt erleben, ist die systematische Schwächung der Demokratie. Dieses politische System, die Demokratie, kann niemals klug im Voraus agieren, es kann nur reagieren, es kann nur schmerzhafte Maßnahmen ergreifen, wenn die Katastrophe vor unser aller Augen ist.

Das war schon 1940 so, als Churchill gerufen wurde. Erst dann, im letzten Augenblick, kam er an die Macht, er, der den Willen und die Vision hatte, uns vor dem Untergang zu bewahren und es ging damals nicht um weniger.

Dieses Mal muss es anders sein! Wir erfahren wieder eine Konfrontation im größten Maßstab, doch der Feind kann besiegt werden! Was wir bisher getan haben, ist Appeasement, Wunschdenken, die Selbstaufgabe.« Der Abgeordnete wischte sich die Stirn ab. Das war also die Sprache, die in Großbritannien gesprochen wurde, dachte Francesco. Die Analyse der Situation war weltweit fast wörtlich identisch.

»Die Anzahl der Hitzetoten hat sich verhundertfacht!«, kam er noch einmal auf die direkten Auswirkungen der Katastrophe zurück. Er ging hinüber zu einer anderen Demonstration.

»Nun retten uns vielleicht die Chinesen, aber sie werden sich dafür bezahlen lassen«, hörte Francesco noch den Abgeordneten hinter sich ausrufen. Die Menge spendete an der Stelle besonders viel Beifall. Vor den Chinesen hatte man Angst.

Die andere Gruppe war weitaus kleiner und als Francesco nähertrat, bemerkte er, dass es sich um Anhänger des früheren amerikanischen Präsidenten handelte, die verbotenerweise die alten, irren Parolen wiederholten.

Deren Redner, ein Amerikaner, der mit zwei vollbusigen Blondinen auftrat, vertrat die Ansicht, es gebe keinen Klimawandel. Die ganze Diskussion wäre eine perfide Strategie der Chinesen und der europäischen Kommunisten, die an der Spitze der Europäischen Union inzwischen das Sagen hätten.

Solcherlei bizarre Ansichten, getan in der Wärme des Februartages, waren längst verboten, doch was kümmerte das den Amerikaner. Francesco blieb nicht stehen, sondern trat zu der dritten Gruppe.

Die waren für Francesco zunächst keiner bestimmten Richtung zuzuordnen. Die Redner waren ungeübt. Nervös lasen sie von handgeschriebenen, flatternden Zetteln ab. Es handelte sich um eine Mischung aus Verschwörern, die in jedwede Richtung ihre Theorien hatten und religiösen Eiferern, welche die Endzeit heraufkommen sahen.

Manche sprachen davon, dass Außerirdische die Welt beherrschten, der Premierminister wäre eine Echse, der Verteidigungsminister ebenso und man betonte, dass dies keine Metapher, sondern eine ernste Tatsache wäre. Dann kam das Bild mit den bluttrinkenden Eliten, den Juden und ihren Banken und der Milliardäre, die ihr Vermögen mit Software gemacht hatten und nur eine Handvoll von ihnen würde die Welt beherrschen, neben den Juden natürlich und schließlich wurde gesagt, der einzige Mensch, dem man noch vertrauen könne, wäre der Präsident Russlands. Mikrochips würden implantiert und so weiter…Alles stand in einem Zusammenhang mit der anstehenden Diskussion im Theater. Um sie gingen Menschen, die auf bodenlangen Schildern, die sie am Hals festgebunden hatten, meinten, Raumschiffe stünde bereit, um eine Gruppe von Auserwählten auf einen geheimnisvollen Planeten zu holen.

Die Menschheit verliert den Verstand, sagte sich kopfschüttelnd Francesco.

Es war im Übrigen nicht so, dass sich nur diese drei unterschiedlichen Gruppen im Hyde Park befanden. Wie es üblich geworden war, gesellte sich eine Art von Partizipationsindustrie dazu.

Stände, die Fisch und Chips anboten, waren zu sehen. Wagen, die wie auf dem Jahrmarkt Bier ausgeschenkten, überdachte Tische, die Süßigkeiten anboten und nur wenig verborgen konnte man Drogen jedweder Art erwerben.

Für sämtliche Waren verteilten sich die Anbieter auf der großen Fläche. Außerdem waren Gruppen von Journalisten zu erkennen, sofern es sich um solche handelte, denn das Internet war so voll mit selbst ernannten Berichterstattern, dass sich seriöse Journalisten schon lange nicht mehr von Spinnern unterscheiden ließen.

Der Abgeordnete, der noch am vernünftigsten gesprochen hatte, musste unter dem Schutz der Polizei das Gelände verlassen. Er wurde mit Eiern und Kot beworfen, wobei letzteres eine gängige Art geworden war, seine Missgunst auszudrücken.

Überhaupt wurden alle drei Kundgebungen von zahlreichen Gegnern bedrängt. Auf der Wiese war ein stetiges Gedränge und Besucher wechselten von einer Kundgebung zu einer anderen.

Seine Zweifel daran, die Tat auszuführen, war für Francesco gänzlich erloschen. Ganz im Gegenteil dynamisch ging er auf die U-Bahn-Station zu. Jetzt galt es das Museum in Augenschein zu nehmen. Als er sich dem Eingang zur U-Bahn näherte, sah er eine Telefonzelle, das heißt, eine Zelle war es nicht, sondern ein überdachter Telefonapparat, der ungeschützt im Freien hing. Es war nun aber so, dass dieser Apparat, der ja wohl für einen Notfall verblieben war, nur Kreditkarten nahm. Francesco zögerte. Das könnte ihn überführen, sofern das Gespräch abgehört würde. Er nahm sich vor, nur kurz zu sprechen und es würde ihm ja auch nur darum gehen, eine vertraute menschliche Stimme zu hören und über sein Vorhaben musste er ja auch nichts sagen.

»Hallo, Valentin?«

»Francesco, wo bist du, doch nicht in London, wir haben uns Sorgen gemacht, deine Wohnung war plötzlich leer.« Valentin klang tatsächlich besorgt, aber auch nervös. Diese Frage überrumpelte Francesco etwas. Sie wussten doch, wo er war. Er antwortete:

»Ich bin in London, schon seit einer Woche.«

»In London, willst du es tatsächlich tun?«

»Äh ja, natürlich, du kannst dir nicht vorstellen, was hier los ist …« Francesco wollte von der Atmosphäre sprechen und von seinen Beobachtungen im Hyde Park, aber Valentin unterbrach ihn.

»Francesco, wir sind da wohl alle etwas verrückt geworden … ich meine, man kann doch einen Menschen nicht umbringen, nur weil er andere politische Ansichten hat.«

»Politische Ansichten? Watson ist ein Verbrecher! Er hat ein Vermögen damit gemacht, dass er die Erderwärmung bestreitet, er ganz persönlich ist schuld daran, dass wir, ich meine, wir alle in Panik sind. Ist dir klar, wie nah die Katastrophe ist?«

Für Valentin war bereits alles in weite Ferne gerückt. In Berlin war es auch warm, doch dachte sie in diesen Tagen nicht darüber nach. Sie arbeitete an einem neuen Projekt und hatte gerade mit ihrem Freund, dem langweiligen Soziologen, Schluss gemacht, nachdem sie jemanden anderen kennengelernte.

Sie schluckte, Francesco hatte recht. Sie richtete sich in ihrer kleinen Welt ein, während er ein politisches Attentat plante, an dessen Vorbereitung sie vor ein paar Tagen noch selbst beteiligt war. Aber ihr ging das nun alles zu weit. Francesco dachte, dass ihr Gespräch nun völlig abgeglitten war und er wollte Valentin noch etwas Belangloses, etwas Menschliches fragen, er wollte ihr sagen, dass er viel alleine wäre und es ihm helfen würde, nur ihre Stimme zu hören, doch es war zu spät.

»Francesco, ruf nicht mehr an, mir ist das alles zu verrückt. Du wirst dein Leben im Gefängnis verbringen, verstehst du?« Das traf nun Francesco. Er wollte Valentin seinen Fluchtplan erklären und sie auch an ihre langen Gespräche erinnern und daran, dass es irgendjemand tun musste, gerade diesen Watson musste man aus dem Verkehr ziehen.

Aber Valentin hatte aufgelegt. Das traf Francesco aufs Neue. Seine Stimmung drohte abermals zu kippen und er spürte, wie sich ein neuer Pessimismus in ihm auszubreiten drohte, doch er sagte sich, das werde er sich jetzt nicht mehr gestatten. Er musste stark bleiben und durchhalten. Er musste sich auf eine lange Einsamkeit einstellen. Zögerlich stieg er hinunter zur U-Bahn und fuhr zum Theater.

***

Nach weiteren fünfzehn Minuten, er sah auf seine Uhr, erreichte Francesco die Haltestelle Oxford Circus. Nach wenigen Augenblicken stand er vor den Säulen des Theaters. Er sah nach oben. Natürlich handelte es sich um ein massives Gebäude. Wie viele Ausgänge und Notausgänge mochte es haben? Francesco ging vorsichtig in das Gebäude hinein und fand den Bühneneingang. Die Tür war offen. Er betrat das Treppenhaus und ging direkt hoch auf den ersten Rang. Was suchte er? Durch welchen Weg würden die Teilnehmer der Diskussion das Haus betreten, wo würden sie sich vorbereiten und wie würden sie es verlassen?

Was er brauchte, war ein kompletter Plan, der die Fluchtwege zeigte. Wo konnte so ein Plan sein? In der technischen Verwaltung, doch diese zu finden, zumal sie nicht in diesem Gebäude sein musste, war unmöglich. Vielleicht war etwas im Internet zu sehen. Eigentlich hing so etwas an jeder Tür. Doch er fand grobe Skizzen, die ihm nicht halfen.

Es blieb Francesco nichts anderes übrig, als seine Absicht so umzusetzen, dass er aus der ersten Sitzreihe aufstand und direkt auf die Bühne schoss. Seine Flucht wäre damit jedoch unmöglich. Er dachte an John Wilkes Booth, der im Theater Lincoln erschoss und der törichterweise auf die Bühne sprang, sich ein Bein brach und ein erbärmliches Ende fand.

Für einen Moment blitzte ein Gedanke in ihm auf, wie er vor Gericht seine Tat rechtfertigte und dies mit so viel Gewandtheit und einem Anruf an den Idealismus der Welt tat, dass man ihn freisprechen würde. Doch das war törichter Unsinn. Es gab nur eines. Er musste früh da sein und die Szenerie beobachten. Aus welcher Richtung kamen die Teilnehmer? Dort musste er sich aufhalten und ganz am Ende zuschlagen.

Plötzlich zuckte er zusammen. Unten trat jemand auf das Parkett. Es war ein Mann in seinem Alter. Er tauchte unter dem Rang auf und ging den Mittelgang entlang. Dabei streiften seine Hände die Sitzlehnen, als würde er durch hohes Gras gehen. In der Mitte blieb er lange stehen. Offensichtlich dachte er über etwas nach. Francesco meinte ihn schon einmal gesehen zu haben.

Dann drehte sich der Fremde mit geschlossenen Augen im Kreis, es war merkwürdig. Schließlich verschwand er. Was war das für ein befremdlicher Auftritt, dachte Francesco. Sollte er nach unten eilen und den Fremden ansprechen, vielleicht war er ein Angestellter, oder ein Schauspieler und konnte ihm helfen?

Nein, dachte er dann, es durfte ihn absolut niemand unmittelbar zur Kenntnis nehmen. Unzufrieden, dass er keine Möglichkeit fand, Thomas Watson alleine zu treffen, machte sich Francesco auf den Weg zurück ins Hotel. Der Zufall musste ihm helfen.

Kapitel 20

Es traten drei Herren und zwei Frauen auf die Bühne. Die Moderatorin ging voran. Sie war etwa fünfzig Jahre alt, eine frühere Nachrichtenmoderatorin und Leiterin der Programmabteilung der BBC. Sie galt als harsch und fordernd. Ihr Name war Martha Inglewood.
Martha trug ein dunkles, blaues Kostüm, eine weiße Bluse mit Schößchenärmeln, Ösen, Stickereien, Bänder und Rüschen. Ihre Frisur glich der von Margarethe Thatcher und sie redete, auch wie die Premierministerin. Im ganzen Land war sie bekannt.
Sie hatte in einem Fernsehinterview einen Finanzminister der Labour Party überführt, ihm ins Gesicht gesagt, er habe einen Jungen jahrelang missbraucht. Der Minister nahm sich das Leben. Daraufhin nannte sich Martha freie Journalistin. Das Mitgefühl von Labour hatte, wenn es um einen von den ihren ging, seine Grenzen. Öffentliche Kritik war man nicht gewohnt und konnte man nicht dulden. Ms. Inglewoods Spitzname war fortan die blutige Martha.
In ihrer rechten Hand befand sich eine durchsichtige Unterlage aus Plexiglas. Darauf waren Papiere eingeklemmt. In ihrer linken Hand hielt sie einen Kugelschreiber.
Martha sah aus wie sechzig. Sie ging kerzengerade. Sah sie in die Kamera, lächelte sie mit eingefrorenen Lippen. Ansonsten blickte sie, als hätte sie eine Kröte verschluckt. Für diesen Abend war die blutige

Martha die ideale Besetzung. Ihr traute man zu, diejenigen, die an implantierte Chips und Außerirdische glaubten, im Griff zu haben. Sie nahm in dem Sessel, der sich in der Mitte befand, Platz.

Ms. Inglewood gab eine kurze, aber passende Einführung. Sie dramatisierte nicht, aber nannte die Dinge, das heißt die Bedrohungen durch den Klimawandel beim Namen.

Kurz berichtete sie über die Tagung der Wissenschaftler in Cambridge. Das verstand das Publikum nicht und interessierte es auch nicht. Dann stellte sie die Teilnehmer mit Namen und ihren Funktionen vor. Alles ging mit einer beeindruckenden Professionalität vor sich.

Die Moderatorin rief jeden Gast unter Nennung des Namens und der Funktion auf. Thomas Watson, der von ihr als führender Fachmann des Landes zum Klimawandel vorgestellt worden war und der aufrecht gehend, mit kurzen Schritten und schlenkernden Armen die Bühne betrat, nahm neben ihr Platz.

Ihm folgte unter viel Applaus Paul von Hernsbach, der Unternehmer aus Deutschland, der nach einer gewagten DeInvestition in post-fossile Technologien investierte und dabei sehr erfolgreich war. Die beiden musterten sich neugierig.

Eine Vertreterin von Survival2030 folgte. Die Organisation, die durch ihre sachkundigen Beiträge und ihr kompromissloses Auftreten Anerkennung erworben hatte, wurde durch eine weißblonde Norwegerin mit Namen Dr. Liv Malmström vertreten.

Sie war gänzlich unbekannt. Nicht einmal Francesco Esposito, der Watson gegenüber, in der Mitte der ersten Reihe saß, hatte von ihr gehört. Des Weiteren betraten die Bühne eine Professorin für Metrologie der Universität Cambridge, sowie ein Mathematiker der Universität Edinburgh und Staatssekretär Xiao Huang aus China.

Diese Diskussion, die vor 2.300 unruhigen und mäßig disziplinierten Zuhörern stattfinden sollte, wurde als ein Höhepunkt in der Debatte der verhängnisvollen Situation angesehen. Großbritannien befand sich seit zwei Jahren, nachdem die größten Hitzewellen eingetreten waren und ganz Europa zerrissen hatte, in Aufregung.

Vielleicht war das so, weil eine erste Erleichterung nach den Beschlüssen in China eingetreten war und man die Folgen, von denen man sich viel versprach, nun aus dem Munde von Fachleuten bestätigt haben wollte.

Oder sei es, weil ein prominenter englischer Unternehmer zugegen war. Die einen, das heißt die wenigen, die von ihm gehört hatten, hielten ihn für einen Scharlatan. Die anderen für eine Lichtgestalt. Er spräche mutig aus, was jeder denken würde.

Vielleicht war die Erwartung aber auch so, weil sich die Bürger danach sehnten, eine ehrliche Debatte sehnten und es satthatten, den Beschwichtigungen der ewig selben und feigen Politiker beizuwohnen. Das Ziel war es jedenfalls, eine Befriedung der allgemeinen unruhigen Situation herbeizuführen.

Aus dem Lager der offenen Klimaleugner nahm gleichwohl niemand teil, wenn man von Thomas Watson absah, dessen wahre Rolle nicht bekannt war und der von der Regierung sehr nachsichtig behandelt wurde. Man bemängelte ihn euphemistisch als erfolgreichen Umweltunternehmer, wogegen er nichts einzuwenden hatte.

Unter den Teilnehmern, die sich nun während der nächsten drei Stunden im Lichte des großen Interesses konzentrieren mussten, war Thomas Watson derjenige, der am meisten gewinnen konnte.

Die wichtigste Person jedoch war nicht erschienen. Der Vertreter jener UNO Behörde, die seit über dreißig Jahren den Klimawandel modellierte, traf nicht ein. Er hatte einen Flug für denselben Morgen gebucht und konnte wegen Nebel in Genf nicht starten. Watson war erleichtert darüber. Er saß in seiner Großartigkeit gespreizt, seine Arme locker entlang der Stuhllehne abgelegt, ein Bein über das andere geschlagen, belustigt in den Raum blickend, das Kinn hochgestreckt, da.

Scheinbar fühlte er sich von allem enthoben. Zu seiner Rechten saß Frau Malmström, der er gleich zuzwinkerte, daneben Paul, den er anfangs neugierig musterte, aber nun ignorierte. Watson wähnte sich im Zentrum des Geschehens.

Es war vorgesehen, dass jeder Teilnehmer ein fünfminütiges Eingangsstatement halten sollte. Dann würde, moderiert von Martha Inglewood, die Diskussion beginnen. Nach einer Stunde sollte es eine Pause geben.

Watson sah noch einmal kurz zu Paul. Sein Gesicht verfinsterte sich. Dies würde Pauls letzter Abend sein.

Da Pauls Hotel nicht in Erfahrung zu bringen war, hatte Watson seine Leute angewiesen, ihm nach der Veranstaltung zu folgen. Sie sollten ihn alle drei nach dem Verlassen des Theaters niederstrecken, irgendwo, wo es passte. Der Plan war sehr einfach und deshalb musste er gelingen. Da es sich um Landsleute handelte, die tausende natürlicher Spuren hinterließen, sollten sie getrennt, einer nach Australien, einer nach Kanada und einer nach Kapstadt ausfliegen und dort für ein Jahr bleiben.

Martha Inglewood sprach Thomas Watson als ersten an und fragte im Hinblick auf die bisherige Rolle seiner Firma, gemeint war die Lobbyfirma in Brüssel, ob er seine Ansichten, angesichts der sich zuspitzenden Situation, korrigieren würde.

Watson passte es nicht, von Anfang an in diese Ecke gestellt zu werden, doch er hatte sich eine Strategie zurechtgelegt, die ihn befreien würde. Angesichts der Katastrophe, die einfach nicht mehr zu leugnen war, wollte er sich nicht lächerlich machen. Er beabsichtigte seine bisherigen Ansichten in einer ziemlich eigenwilligen philosophischen Theorie darzustellen, mithin zu neutralisieren und im zweiten Schritt sich über die Auflage seiner Fonds, die in grüne Energie investierten, zu befreien.

Dass Ersteres gewaltig überwog und er sich seit Jahren über das Leugnen des Klimawandels bereicherte und außerdem seine größten Fonds in fossile

Energie investierten, musste er übergehen. Watson begann mit einer allgemeinen Darstellung der Philosophie des Pessimismus.

»Arthur Schopenhauer sagte: Alles Leben ist Leiden. Es gibt keinen Optimismus, außer man ist grenzenlos naiv«, führte Watson aus.

»Die Weltgeschichte zeigt den Niedergang aller großen Kulturen, warum soll unsere Kultur nicht auch untergehen? Kulturen durchlaufen Phasen der Entwicklung, eine Phase der Reife und eine Phase des Niedergangs. Nach rund einem Jahrtausend versinkt jede Kultur in der Bedeutungslosigkeit, aus der sie einst hervorkam.« Zitierte Watson einen anderen großen Deutschen. Dann führte er weiter aus:

»Der Pessimismus und die Sehnsucht nach dem Untergang ist dem Menschen freilich innewohnend. Eine jede Kultur, die alt geworden ist, muss einfach dem Dekadenten anheimfallen. Wer nicht mehr nach vorne strebt, mit Gewalt und Macht und Handel, ist dem Untergang geweiht.

Für die europäische Kultur ist das Ende gekommen. Der Klimawandel ist nur ein äußeres Anzeichen dieses Verhängnisses.«

Obwohl Watson im nächsten Satz bestritt, dass der Klimawandel menschengemacht sei, blieb er doch bei dieser Meinung und versuchte dadurch irgendwie zu entkommen und zu beweisen, dass seine Verleugnung der Erderwärmung eine völlig normale Reaktion auf das fatale Verhalten der ganzen Gesellschaft wäre und im Übrigen durch nichts zu beschleunigen sei, sondern alles wäre von selbst gekommen. Dem mangelte es an einer Logik, doch das Publikum hörte ihm gebannt zu.

So brutal und grundsätzlich hatte die Katastrophe noch niemand dargestellt. Alleine Watsons Energie, wie er seine Gedanken vortrug und sein Charisma bewirkten, dass ihm viele Hörer an den Lippen hingen.

Watson war ferner der Meinung, man müsste das Beste aus allem machen und das bezog er natürlich auf sich selbst und seine geschäftlichen Dispositionen, mit denen er sich zu schmücken begann.

Er habe ein Dutzend Investmentfonds an der Börse gegründet, viele Menschen zu Reichtum geführt und wie ein kluger Investor habe er in einer Voraussicht die Investitionen in fossile Brennstoffe längst aufgegeben und würde nun nur noch in grüne Energie investieren.

Schließlich fügte er hinzu, die Erderwärmung könnte zu einer Katastrophe führen, aber bis dahin müsse man sich einrichten, da man die Welt nun einmal nicht ändern könne. Gleich daraufhin verharmloste er die Situation und behauptete, die Temperaturerhöhung würde wieder zurückgehen und es gäbe schließlich Regionen, die nicht so stark betroffen wären und überhaupt, die Ansammlung von Kohlendioxid in der Atmosphäre wäre in Wirklichkeit eine Behauptung chinesischer Medien, die für ihr Land eine Weltregierung anmaßen wollten.

Das behauptete er an demselben Tag, an dem die UNO einen Kohlendioxidrekord meldete. In der

Atmosphäre waren 500 ppm Kohlendioxid gemessen worden.

Watson ließ noch einige philosophische Begriffe fallen, die jedoch niemand verstand und am Ende doch irgendwie eine schuldbefreiende Wirkung hatten.

Ganz am Ende behauptete er, der frühere amerikanische Präsident wäre ein kluger und weitsichtiger Politiker, dessen Maßnahmen sein Nachfolger willkürlich zunichtegemacht habe.

Diese Bemerkung allerdings erzeugte einen Widerspruch im Publikum. Daraufhin zählte Watson einzelne Projekte auf, die im Bereich der grünen Energie lagen und in die er investiert habe, was seine Weitsicht aufzeigen sollte, aber eine glatte Lüge war. Watsons Fonds beteiligten sich nur mit kleinsten Beträgen an diesen Projekten und es war ein reines Green-Washing.

Er hörte nicht auf zu sprechen und behauptete plötzlich Frauen im Management wären gänzlich orientierungslos, woraufhin er von Martha Inglewood brüsk unterbrochen wurde.

Plötzlich war im Saal Stille und Schweigen. Watson grollte innerlich. Er sah sich gegenüber diesen Menschen als völlig überlegen an. Er blickte auf sie herab, wie ein Cäsar auf die Plebejer, der sich genötigt sah, sich ihnen gegenüber verbiegen.

Seine Jovialität begann sich aufzulösen.

»Niemand außer mir wagt es, die Wahrheit auszusprechen.« Watson hatte keinen Hehl daraus gemacht: Er stand für den Niedergang und den Pessimismus und er meinte, man solle so lange leben, wie es die Umstände eben erlaubten. Jede Veränderung im Alltag der Menschen wäre sinnlos, weil der Mensch ohnehin nicht überlebensfähig wäre und gegen äußere Umstände nichts tun könne.

»Im Übrigen«, schloss er dann endgültig: »Bin ich Nihilist.« Nach einem Moment des betretenen Schweigens sagte Martha Inglewood:

»Daran wird niemand zweifeln.« Sie wandte sich nun den beiden Wissenschaftlern zu und bat um ihre Stellungnahme zu dem, was Watson ausgeführt hatte. Watson redete dreimal so lange, wie ihm zustand.

Gleichwohl war es so, auf Watson direkt antworten konnten die beiden Professoren eigentlich nicht. Ihre Art zu denken und zu argumentieren, unterschied sich fundamental von der, die Watson bemühte. Sie hatten in ihrer eigenen Logik und Akribie auch selbst kaum verstanden, was Watson sagte.

Das Publikum wartete gespannt darauf, was die Wissenschaftler zu sagen hätten. Die dreiste Art von Watson und seine Lust am Untergang gefiel den meisten, jedenfalls in diesem Augenblick. Sie waren in Watsons Bann gezogen worden und er unterhielt sie und befreite sie für diesen Augenblick von ihren Sorgen.

Es begann die Professorin für Metrologie zu sprechen. Auf das Gerede von Watson ging sie mit keinem Wort ein. Sie sprach leise, mit einer dünnen Stimme, rückte hin und wieder ihre Brille zurecht und begann damit eine Statistik über die Dutzenden-Gase in der Atmosphäre, von denen die meisten nie

gehört hatten, darzustellen. Sie nannte chemische Formeln, sodass nach einigen Minuten Zwischenrufe laut wurden, sie solle auf den Punkt kommen.
Die Professorin hatte darum gebeten, eine Präsentation über einen Projektor zeigen zu können. Damit wäre ihr Beitrag verständlicher geworden, doch ging dieses Anliegen unter. So redete sie weiter, um ihre fünf Minuten vollzumachen. Am Ende blieb es still. Der Mathematiker, der als nächster dran war, lernte daraus. Er unterließ es, seine wissenschaftlichen Erkenntnisse auch nur zu erwähnen und verwarf sein Konzept.
»Den Untergang der Menschheit zu beschwören ist albern und Humbug«, sagte er noch im Sitzen. Der Professor entsprach nicht dem Klischee, des Mathematikers, das heißt, er trug kein Cordsakko, hatte kein Übergewicht, trug keine Brille, hatte keinen Bart, sondern redete deutlich und präzise und nuschelte an keiner Stelle. Der Professor stand auf und begann auf der Bühne auf und ab zu gehen. Er beschloss so zu reden, wie das Volk ihn verstehen konnte.
»Die Zunahme von Kohlendioxid in der Atmosphäre ist eindeutig vom Menschen verursacht. Wer was anderes behauptet, ist ein Narr.« Diese Art zu sprechen, Watsons Behauptungen als törichtes Gefasel zu überführen, entfaltete seine Wirkung. Buhrufe wurden laut.
Watson wurde unruhig, als er die Taktik des Vereinfachens verstand. Der Professor zählte in einer ruhigen, aber eindringlichen Weise die Auswirkungen

der Erderwärmung auf, ganz so, wie es der Politiker am Tage zuvor getan hatte. Seine Reputation, die er nicht erwähnen musste, tat ihr Übriges. Die Stimmung im Saal wandelte sich. Der Professor sprach plakativ und eindringlich.

»Sie alle wissen, was ein Kipppunkt ist. Das ist der Punkt, ab dem das komplexe System, welches das Wetter, das heißt Stürme, Regen, Schnee und die Anteile der Sonnenmonate im Sommer kollabieren und sich ihr statisches Gleichgewicht, das alles in allem berechenbar ist und die Erde in ihren Klimazonen fixiert, auflöst. Natürlich gibt es schon immer Unwetter und Trockenheit, doch jetzt wird das unberechenbar. Alles kann für einige Jahre überall auftreten. Nur eines ist sicher, die Temperatur der Erde erhöht sich jedes Jahr - gnadenlos - und das ist nicht aufzuhalten … Sie spüren alle die Auswirkungen, es sei denn …«, nun machte er eine lange Pause und steigerte die Erwartungen seiner Zuhörer, »wir stoppen sofort, und zwar wirklich sofort den Ausstoß an weiterem Kohlendioxid.«

Mit diesem dramatischen, appellativen Höhepunkt kehrte der Wissenschaftler zu einem Platz zurück und gab Martha zu verstehen, dass er geendet habe. Watson grummelte etwas vor sich hin, was aber niemand verstand. Nun war Paul an der Reihe.

Paul stand auf. Schlank und dynamisch ging er an den vorderen Rand der Bühne. Er trug seinen einfarbigen grünen Pullover, darunter sah man einen weißen Hemdkragen. Seine hellblaue Jeanshose saß wie angegossen. Ihr Bund wurde von einer rechteckigen, großen Schnalle gehalten. Er trug braune, elegante Schuhe. Man sah Paul seine Ernsthaftigkeit an. Er wirkte aufgeschlossen und gefasst und strahlte durch seine ruhige und selbstsichere Art Vertrauen aus.

»Mein Thema ist die grundsätzliche Neuausrichtung der Industrie nach klimaneutralen Gesichtspunkten«, begann er. »Die Energiekosten müssen so aufgebaut werden, dass fossile Energien zu einer solchen Verteuerung führen, dass sich eine industrielle Fertigung nicht mehr lohnt, und zwar überall, ich meine in jedem Land.

Das wird ja über die Kohlendioxid-Steuer, die inzwischen 100 Euro pro Tonne beträgt, auch gemacht. Ich teile im Übrigen nicht die Ansicht von Herrn Watson, dass wir dem Geschehen hilflos ausgeliefert sind.« Paul berichtete von der grundsätzlichen Umschichtung des Kapitals der Von Hernsbach Holding und wie problemlos das vonstattengegangen war. Er bedankte sich bei Diana Robinson, wobei er nicht wusste, ob sie überhaupt im Saal war.

Paul zählte die drei neuen Schwerpunkte ihres Unternehmens auf und fügte hinzu, man würde zu Beginn nicht profitabel sein, was aber kalkuliert wäre und aufgefangen würde. Was Paul sagte, wirkte plausibel und beruhigend auf das Publikum.

»Lassen sie mich etwas zu Dr. Watson sagen.« Der sah ihn argwöhnisch an. »Wir verfolgen die Aktivitäten von Dr. Watson. Er ist derjenige, dem es gelungen ist, jede Einigung der vielen Klimatagungen zu verwässern, zu verzögern und insgesamt zunichtezumachen. Er ist es, der auch das Pariser

Klimaabkommen torpediert und aussetzen will. Watsons Firma in Brüssel bezahlt dafür Wissenschaftler und Journalisten. Wir wissen nicht, warum die sich darauf einlassen. Sie machen sich schuldig. Watsons Einfluss reicht sehr weit. Er reicht in die britische Regierung, die ihn bezahlt und er verkauft Zertifikate, die ein reines Green-Washing sind.«

Paul trat so selbstsicher auf, wie er es noch nie tat. Er sprach mit lauter, aber nicht zu lauter Stimme. Was er sagte, wirkte plausibel, er wirkte völlig souverän, wie er dastand und frei redete. Er gestikulierte nicht, sondern bewegte langsam seine Arme und Hände an seinem Körper entlang. Manchmal verschwanden seine Hände in seinen Hosentaschen. Er war nicht mehr der unsichere, selbstkritische, unfertige Nachwuchsmanager.

Paul sprach lange weiter. Er zerpflückte Watsons wirre Rede, Punkt für Punkt. Er bedankte sich bei dem Professor für Mathematik für dessen fundierte und verständliche Rede, was ihm einen besonderen Rang verleihen würde. Paul war die entscheidende Figur des Abends. Er hatte es bewiesen, als Unternehmer und als Persönlichkeit. Er setzte sich. Ein zaghafter Applaus kam auf. Der Applaus steigerte sich und wurde immer lauter, nicht stürmisch, sondern respektvoll. Lange hielt der Applaus an.

Nun sollte der Staatssekretär Xiao Huang aus China sprechen. Dieser folgte bisher, mit wächsernem Gesicht, auf den Armlehnen bewegungslos abgelegte Arme und einem gläsernen Blick, in einem blauen Anzug gekleidet, der die Nadel der

Kommunistischen Partei trug, regungslos den Ereignissen. Seine blauen Schuhe bewegten sich keinen Millimeter.
Alles, was er sagte, war, er würde sich für die Einladung bedanken und beließ es bei einem Gruß des Generalsekretärs der Kommunistischen Partei Chinas sowie Vorsitzendem der Zentralen Militär-Kommission und Staatspräsidenten der Volksrepublik China, sowie des obersten Führers.
Staatssekretär Xiao Huang fügte noch hinzu, dass nur die Initiative Chinas, den kulturellen und ökologischen Niedergang der Welt stoppen würde. Dann klatschte er selbst und das Publikum folgte zögerlich.
Watson wurde ungehalten. Alleine die Tatsache, dass er so lange schweigen musste, verärgerte ihn. Was Paul sagte, war der Höhepunkt, die frontale Provokation der vielen Angriffe auf ihn. Diesen wirren Angriff konnte er unmöglich auf sich sitzen lassen. Doch er war unsicher. Er spürte die Augen der 2.300 Zuschauer. Er musste sich zusammenreißen. Was sollte er tun? Gehen? Das würde seine Position geradezu lächerlich machen. Er entschloss sich abzuwarten und später, wenn er wieder dran war, Paul zu sezieren.
Was dieser behauptete, war eine dreiste, sinnlose Erfindung. Er wäre es, der die Menschheit zur Vernunft brächte. Dieser Paul war ein linker Spinner…bald wäre er erledigt. Die Stimmung würde sich wieder wenden.

Es waren, weil alle bis auf den Chinesen zu lange sprachen, vierzig Minuten vergangen.

»Bevor Frau Dr. Liv Malmström sprechen wird, möchte ich noch einmal hervorheben, dass der Zweck dieser Diskussion, die der Abschluss der Tagung in Cambridge ist, darin besteht, offen und ohne Scheu sowie ohne eigene Absichten die Situation zu analysieren.

Es soll weder ein Schönreden sein, was wir von den politischen Verantwortlichen kennen, noch soll die Erderwärmung in Abrede gestellt werden.« Martha Inglewood sah Liv Malmström erwartungsvoll an.

Frau Malmström aber, hatte in einem Moment der Zerstreutheit verpasst, dass sie nun reden sollte. Watson, der sich maßlos ärgerte, aber sitzen blieb und Souveränität demonstrieren wollte, der den Drang zu einer Boshaftigkeit verspürte und der Dr. Malmström schon seit Längerem wegen ihrer hellen und attraktiven Erscheinung, die ihm irgendwann aufgefallen war, fixierte, erkannte die Situation ihrer Verunsicherung. In der Absicht sie noch mehr aus dem Konzept zu bringen und weil er ohnehin gegenüber jüngeren Frauen, sie mochte 25 Jahre alt sein, zu chauvinistische Äußerungen neigte, raunte er ihr ins Ohr:

»Eine schöne Frau ist daran zu erkennen, dass sie breite, helle und wohlgeformte Fußfesseln hat.«

Dr. Malmström wusste nicht, wie ihr geschah. Sie sah an sicher herunter. Sie trug weiße Sneaker und kurze Söckchen darin. Tatsächlich sah man ihre

Fußfesseln, doch was sollte diese völlig absurde Bemerkung?

Sie musste nun sprechen. Neben Watson sitzend, wollte sie das nicht tun. Also tat sie es dem Mathematiker und Paul gleich, stand auf, nahm ihren Notizzettel zur Hand und begann. Ihr Vortrag war kurz, präzise und dauerte exakt fünf Minuten.

Sie stellte Survival 2030 vor, sprach in klaren Worten über die Ziele der Bewegung, betonte die akademische Arbeitsweise und rundete das Ganze mit ein paar Zahlen ab, welche auf erschreckende Weise die dramatische Situation aufzeigten. Schließlich machte sie das Exposé bekannt, das über Thomas Watson von Survival 2030 angefertigt und an hunderte Adressaten verteilt worden war.

Leider habe er die weitere Verbreitung und vor allem die Publikationen darüber, über eine einstweilige Verfügung unterbunden.

Watson war entsetzt, hunderte Adressaten? Er starrte Frau Malmström an und war für einen Moment sprachlos. Was war das für ein Komplott gegen ihn?

Als Frau Malmström endete, wollte Martha Inglewood den Beginn der ersten Pause bekannt geben.

Liv Malmström jedoch, hatte eine gefestigte Meinung zu derlei obszönen Andeutungen, wie Watson sie tat. Sie gehörte einer Generation Frauen an, die Männer mit einem grundsätzlichen Argwohn begegneten. Alleine zu leben, war für Frau Malmström die glücklichste Lebensform.

Diese sexistische Bemerkung von Thomas Watson konnte sie sich nicht bieten lassen. Während ihres ganzen Vortrages fühlte sie sich von ihm beobachtet, als würde er sie ausziehen und weil sie jung an Jahren war und auch sonst zu einer impulsiven Art neigte und weil sie sein Gefasel nicht im Geringsten verstanden hatte, ging sie auf Watson zu und ohrfeigte ihn und das gleich zweimal, nämlich einmal mit der linken und einmal mit der rechten Hand.
Aus Watsons Nase schoss Blut. Ein Raunen ging durch den Saal. Malmström wandte sich dem Saal zu und rief mit brüchig werdender Stimme, eine gespreizte Wortwahl bemühend:
»Dieser Herr hat mich eben mit seinen fleischlichen Gelüsten beleidigt und ich werde mir das nicht bieten lassen! Er sagte wörtlich, man könne eine schöne Frau daran erkennen, dass sie breite, helle und wohlgeformt Fußfesseln habe.«
Ihre Stimme zitterte vor Empörung. Fragend starrte sie in den Saal, als erwarte sie eine Reaktion des Publikums. Alles schwieg. Dann brach ein johlendes Watson, Watson los, erstarb aber schnell, als sich Martha Inglewood erhob, auf Watson zuging und verärgert sagte:
»Entschuldigen Sie sich.« Watson, dem eine solche Demütigung noch nie widerfahren war und der ohnehin wütend wurde, fuhr die junge Frau Malmström an.
»Wie kommen Sie dazu mich zu ohrfeigen, sind Sie verrückt geworden?« Nun sah man einen starren grauen Glanz in seinen Augen, den er, während der

Mathematiker sprach, schon einmal gezeigt hatte. Watson dachte nicht daran, sich zu entschuldigen. Seine Augen blitzten und funkelten bösartig. Paul schoss es durch den Kopf, das war der, der ihn töten wollte. Watson stand auf und stellte sich mit breiter Brust vor das Publikum.

»Frauen haben keinen Verstand, sie ertragen nicht den kleinsten Scherz und sie haben keine Nerven. Ich wollte das eben schon sagen, aber man ließ mich ja nicht ausreden. Frauen haben in der Führung einer Firma nichts zu suchen! Gar nichts.«

Watson war wütend, doch war er auch geradezu berauscht von seinem Auftreten. Jedem musste klar sein, es handelte sich um einen Choleriker, der sich in völlig absurden Welten verloren hatte.

Watson dachte nicht daran, die Bühne zu verlassen, was das Beste gewesen wäre. Er nahm nicht wahr, wie sich die Stimmung gegen ihn wandte. Wieder sah er nur sich, sich selbst inmitten der blinden Masse.

Die Menge wurde nun laut. Manche riefen Raus, Raus, die vorhin johlten, solidarisierten sich mit Watson, den sie gleich dem amerikanischen Präsidenten für einen begnadeten Egomanen hielten, der ja recht hatte und von dessen Reichtum und seinen Erfolgen an der Börse, wovon sie nicht das Geringste verstanden, beeindruckt waren. Die Ersten skandierten:

»Make Britain great again!« Andere buhten Watson aus und pfiffen lautstark. Trinkbecher flogen…

Es entstand ein heilloses Durcheinander. Die Menge geriet in einen solchen Aufruhr, dass man befürchten musste, die Leute würden aufeinander losgehen. Martha Inglewood redete auf Watson ein, Staatssekretär Xiao Huang verließ schleichend die Bühne, die beiden Wissenschaftler folgten ihm, Paul blieb in seinem Sessel und beobachtete Watson, der wutschnaubend gegen die Moderatorin anredete und Liv Malmström stand mit verschränkten Armen daneben und sah erzürnt auf Watson hinab. Plötzlich hörte man die Stimme einer Frau. Sie sagte nur:

»Meine Damen und Herren.« Die Stimme war tief und rund und die Frau sprach in einer glatten Received Pronunciation. Sie stand mit ihrem roten Haar in der Mitte des Parketts hinter einem Mikrofon, das am Ende für die Diskussion zwischen dem Publikum und den Gästen auf der Bühne gedacht war. Der Ton war so laut gestellt, dass im ganzen Theater eine sofortige Stille eintrat. Mit einem Ruck wandten sich alle Blicke der Frau zu.

Sie stand in einem eleganten Kostüm da und strahlte eine kühle Gelassenheit aus. Sie wartete, bis sich das Publikum beruhigte. Tatsächlich ließ jeder vom anderen ab. Als es völlig still geworden war, fragte sie und ihr Ton war laut, deutlich und fördernd und drang in jede Pore:

»Thomas Watson, haben Sie die Zerstörung der Solaranlage in Lago de Eucalipto veranlasst?« Alle Blicke wanderten zu Watson. Man hätte eine Stecknadel fallen hören.

»Ich kenne keine Solaranlage in Lago de Eucalipto, ich kenne überhaupt keinen Ort, der so heißt.« Von der ganzen Szenerie war er nun hart getroffen. Seine Stimme sagte alles. Er sprach weich und die Melodie seines Satzes klang entschuldigend, erklärend und ausweichend.

So sprach er sonst niemals. Nun stand Watson erst zögerlich, dann schnell auf und wandte sich dem Ausgang der Bühne zu. Er musste weg. Die Welt blickte auf ihn. In der vordersten Reihe erhob sich Francesco Esposito.

***

Bevor er hinter dem großen Vorhang verschwand, warf Watson Paul noch einen hasserfüllten Blick zu. Paul hatte ihn gedemütigt und nun zerstörte Diana sein Leben. Seine Leute sollten Paul auf der Stelle erschießen. Er musste vor das Theater gelangen, wo sie warteten und sie noch einmal instruieren. Jetzt musste es geschehen. Sofort nachdem er sich erhoben hatte und es offensichtlich war, dass er das Theater verlassen würde, begannen sich die 2.300 Zuschauer mit ansteigendem Raunen aufzulösen.

Watson war klar, man würde ihn verfolgen. Er musste vor dem Tumult, der sich vor dem Theater bilden würde, entkommen. Er fand den Ausgang nicht. Nicht den Bühnenausgang und nicht den Hauptausgang für die Zuschauer. Es musste weitere Nebenausgänge geben.

Watson hetzte immer eiliger durch Zwischenstockwerk und Treppenaufgänge. Die ersten empörten Zuhörer begegneten ihm und einer versuchte ihn an seiner Jacke zu packen. Er hastete weiter.
Paul, der zu der Überzeugung gekommen war, dass es Watson war, der ihn habe erschießen lassen wollen, rannte ihm hinterher, doch fand er Watson nicht. Er musste hinunter, vor das Theater. Auch Paul wurde bedrängt. Paul sah Diana, die ihm zuwinkte. Sie verstand, wen Paul suchte. Sie rief ihm durch die Menge zu, er solle ihr folgen, sie würde das Theater kennen.
Unruhig lauernd warteten Watsons Leute. Plötzlich öffneten sich alle Türen und die Menge kam heraus. Das sollte erst in zwei Stunden sein, doch Watson hatte ihnen befohlen, sich während der ganzen Diskussion bereitzuhalten. In wenigen Minuten war der Platz vor dem Theater voller Menschen geworden.
Eine sinnlose Panik drohte zu entstehen. Die Sensation, die sich vor ihren Augen ereignet hatte, wirkte wie eine Droge auf die Menge und ihre schiere Anzahl sorgte dafür, dass die Masse in eine ungeheure Bewegung geriet. Ihr Drängen verselbständigte sich und wie ein Lavastrom ergossen sich die Menschen hinaus aus dem Theater.
Watsons Leute blickten in die Richtung der großen Tür. Sie verstanden nicht, was geschah. Würde Paul überhaupt aus dem Theater kommen? Wie sollten sie Paul finden und wenn sie ihn erkannten, wie sollten sie ihm unter diesen Umständen folgen, ohne selbst erkannt zu werden?

Der Große gab eine Anweisung, wie sie es machen sollten. Sie würden ihn sofort erledigen, hier und jetzt. Die beiden anderen nickten, während ihre Augen auf die Haupttür des Theaters gerichtet waren. Sie warteten, doch außer, dass immer mehr aufgebrachte Menschen, die durcheinanderredeten, auf den Platz strömten, geschah nichts.
Direkt neben ihnen stand ein junger Mann in einem Trenchcoat. Er trug eine merkwürdige Mütze, eine Art Baskenmütze, und unter dieser Mütze quoll langes Haar hervor, das seiden glänzte. Es wirkte nicht stimmig, als hätte er sich verkleidet.
Paul, hinter dem Diana ging und Watson stießen im selben Augenblick auf die große Ausgangstür. Paul sah für einen Moment in Watsons Gesicht. Er wollte etwas rufen, wie warten sie, doch jene, die hinter ihm gingen, stießen ihn fast um und drängten Paul zur Tür hinaus.
Watson versuchte schnell vorwärtszukommen, doch direkt vor ihm ging ein altes Ehepaar, das kleine, langsame Schritte machte. Nun war Paul vor ihm, stolperte fast und wandte sich zu Diana um. Dann fuhr es ihm durch alle Glieder.
Getrennt durch zwei Menschen erkannte er denjenigen, der auf ihn geschossen hatte und genau in diesem Augenblick sah der zu Paul herüber. Er griff in die Innentasche seines Mantels. Zwei weitere Männer schoben sich brutal, die Besucher wegboxend rechts und links neben Paul. Der Große zog eine Pistole hervor und zielte auf Paul, der in eine Schockstarre verfiel. Was sollte er tun? Diana sah die

Pistole ebenfalls. Sie riss Paul zu Boden. Der Große hatte wegen der Menschen zwischen ihm und Paul noch nicht abgedrückt. Die Menge geriet in Panik. Ein unermessliches Kreischen hob sich in den Himmel.

Die Menge reagierte so rasch, stob so schnell auseinander, dass sich zwischen Paul und dem Schützen niemand mehr befand. Paul lag am Boden und faltete seine Hände hinter seinem Kopf. Diana stand zitternd neben ihm. Plötzlich brach der, der auf Paul zielte, ohne jeden Halt in sich zusammen. Sein Schädel war aufgerissen und Blut schoss über die Straße. Alle Blicke richteten sich auf ihn.

Ein verzerrtes Entsetzen zeigte sich auf den Gesichtern der beiden anderen, die Paul bedrängten. Einer fasste sich mit beiden Händen an den Kopf, schrie irgendetwas und zeigte auf Paul, der andere holte aus seinem Gürtel, das heißt hinter seinem Rücken, ebenfalls eine Pistole hervor und lud sie durch. In diesem Augenblick brach auch er zusammen.

Dieses Mal hörte man den Schuss. Eine Gasse hatte sich von dem Geschehen aus bis zu dem jungen Mann gebildet, der, mit seinem Trenchcoat, der Baskenmütze, unter der das seidene Haar hervor hing und den Turnschuhen, etwa in fünf Metern entfernt stand. Der stand irre und starr blickend vor dem Dritten. Der Komplize war ins Herz getroffen.

Paul und Diana erstarrten. Die Menge zerstob weiter, ohne eine rechte Notiz davon zu nehmen, was sich ereignete, man wusste nur, es wurde geschossen. Der mit dem Trenchcoat trat auf den Dritten zu und streckte ihn mit einem Kopfschuss nieder.

Dann rannte er los, er rannte so schnell und verschwand hinter einer Hausecke, dass ihm niemand zu folgen vermochte, zumal er bewaffnet war, eben drei Menschen erschossen hatte und ihm alleine deshalb schon niemand zu folgen gedachte.

Paul erhob sich. Er blieb ruhig und überlegt. Es war offensichtlich, was geschehen war. Paul dachte daran, Watson zu suchen. Es drängte ihn danach, doch es wäre aussichtslos, Watson war geflohen. Paul trat zurück zu der Treppe des Theaters und setzte sich auf die Stufen. Er war nicht schockiert, er war erschrocken, mehr nicht. Die Schüsse auf die drei Attentäter hatte er nicht gesehen. Nur ihre toten Körper, die vor ihm lagen, sah er.

Er hatte gut reagiert. Paul war hoch konzentriert. Wie war genau die Reihenfolge, dessen, was geschehen war? Dianas Frage hatte Watsons Flucht verursacht. Seine drei Leute waren wahrscheinlich überrascht davon, dass die Menge und auch er plötzlich aus dem Theater kamen. Wer war der Schütze, der ihn rettete? Wie kam er plötzlich in genau diese Position?

Diana setzte sich erschöpft neben Paul auf eine Stufe. Sie zitterte am ganzen Körper. Paul blieb gelassen. Wie machte er das?

Sie hörten die Menge, die zu einem stillen Raunen übergegangen war. Diana legte ihren Kopf in ihre Hände und versuchte, die Bilder, die sie eben sah, sich nicht ständig wiederholen zu lassen. Es würde vorbeigehen, wie alles vorbeiging. kurz, legte seinen Arm um sie, er nahm ihn wieder weg. Tränen rannen über Dianas Wangen. Lange saß sie so da. Irgendwann sah sie zu Paul. Nachdenklich blickte er in die Ferne. Diese Rede von ihm, diese unglaubliche Souveränität, mit der er Watson entlarvte.

Ihre eigene Stärke lag darin, dass sie nach vorne sah, dass sie sah, wie alles kommen würde und darauf konzentrierte sie sich nun. Es befanden sich nur zwei unbewaffnete Polizisten in der Nähe des Theaters. Die Menge strömte unentwegt an Paul und Diana vorbei. Irgendwann erhob sich Paul, steckte die Hände in seine Hosentaschen, wie er es in letzter Zeit zu tun pflegte und schlenderte die Straße hinunter. Ging er etwa in sein Hotel, einfach so, in seinem grünen Pullover? Diana war, als müsse sie sich übergeben.

Lange blieb, sie sitzen, wurde angestoßen, man blickte auf sie herab. Manche erinnerten sich daran, was sie sagte und damit dieses ganze Drama ausgelöst hatte, andere erkannten sie nicht. Niemand sprach sie an. Diana wurde wie ein Gespenst wahrgenommen. Jene, die jetzt noch kamen, hatten die grausamen Ereignisse vor dem Theater nicht beobachtet. Wo war er jetzt, der Zyniker, der Teuflische?

Diana wurde plötzlich bewusst, dass Watson verschwunden war, grundsätzlich verschwunden. Sie mochte sich nicht aus ihrer unbequemen Haltung erheben, sie war so erschöpft, dass sie nicht daran dachte aufzustehen.

Sie blieb sitzen, inmitten des Volkes. Die Letzten traten langsam heraus. Sie hörten nur gerüchtweise, was geschehen war.

Die Nachricht hatte sich zu Beginn eilig von vorne nach hinten durchgearbeitet, doch ließ das Gesagte nach, auch waren viele Besucher durch die Seitentüren gegangen und so kam der Moment, in dem sich das Theater komplett lehrte und auch die Stufen waren auf einmal leer. Dianas Gedanken wurden schwer und düster und plötzlich bemerkte sie, dass es Abend war und kühl wurde. Einsam saß sie in ihrem Blazer auf den Stufen. Sie musste aufstehen, doch sie fürchtete sich davor. Diana hatte Angst davor, sich zu bewegen. Einer der Polizisten sprach sie an. Sie sagte, ihr Mantel und ihre Sachen wären in der Garderobe. Diana gab ihm den Abholschein und nach einigen Minuten kam er mit den Sachen heraus. Lange lagen die Toten vor ihr, direkt vor ihrem Blick. Sie versuchte nicht hinzusehen. Es fuhren drei Leichenwagen vor. Die toten Körper waren abgedeckt worden. Die Polizei machte Aufnahmen und es gingen welche in weißen Anzügen umher. Eine junge Frau, mit stacheligen, gegelten Haaren und einer Jeans, mit zerschnittenen Knien machte in einem schottischen Dialekt eine Aussage. Sie erwähnte den Namen Watson.

Dann plötzlich, als Diana wieder aufblickte, waren die Toten verschwunden. Diana sollte mit der Polizei gehen, um den Flüchtigen zu beschreiben. Sie tat es unwillig. Gegen Mitternacht war sie in ihrem Hotel, fiel auf ihr Bett. Noch einmal dachte sie an Pauls Verwandlung. Plötzlich verlor er alle Unsicherheit, in dieser extremen Situation, vielleicht gerade deshalb. Er trat auf, wie Otto in diesem Alter gewesen sein musste, kühl und souverän. Wann hatte das begonnen? Als er sie zu sich rief, da setzte diese Verwandlung ein?

Wie konnte ein Mensch eine solche Kraft aufbringen und sich nach eigenem Willen verändern? Waren es gerade die Herausforderungen, die ihn wachsen ließen? Es hatte wohl auch mit ihr zu tun. Dass er sich von ihr löste, war wohl auch ein Zeichen seiner Reifung. Noch einmal dachte sie auf seinen souveränen Auftritt auf der Bühne. Diana respektierte Paul dafür. Sie würde ihn ernster nehmen, in der Zukunft, viel ernster. Diana schlief ein.

Der Schütze war vom Erdboden verschluckt worden. Obwohl in London an jeder Ecke eine Kamera angebracht war, die das Geschehen auf den Straßen aufzeichneten, war er entkommen.

Es war offensichtlich, dass er eine Perücke trug und als er die abstreifte und wahrscheinlich auch den Bart entfernte und den Trenchcoat irgendwohin, vielleicht in eine Mülltonne warf, verschwand er in der Menge. In London waren täglich Dutzende Demonstrationen, wie in allen großen Städten. Seit Jahren waren die Menschen aufgebracht und viele geradezu verwildert.

Sie hatten jedes Maß verloren und protestierten täglich, betrunken oder nüchtern. Sie sahen den Sinn

ihres Daseins darin, gegen oder für Maßnahmen zu sein, welche der Erderwärmung entgegenwirkten.
Die Straßen waren voll brodelnder Unruhe.
Auch gab es täglich Anschläge, wie Messerattacken oder Bombenanschläge von Ideologen jedweder Richtung. Vor allem die Hitze im Sommer und der Wassermangel hatte nicht wenige in Panik versetzt und dann in den Wahnsinn getrieben. Zwar hatte sich die Welt auch an diese anarchistischen Zustände gewöhnt, doch jedem war klar, dass sich das komplette Staatswesen aufzulösen begann und niemand imstande war, das aufzuhalten.
Einzelne Polizisten für die Diskussion im Theater abzustellen, war unmöglich, jedenfalls nicht dauerhaft. Man hatte einen Zug vor dem Beginn vor das Theater geschickt und zum Ende hin sollte ein anderer Zug bereitstehen. Da sich die Diskussion unerwarteterweise in ihrer Mitte auflöste, waren eben nur die beiden Aufpasser vor Ort, die allenfalls gegen Fahrrad- oder Taschendiebe gedacht waren.
Noch am selben Abend verhörte die Polizei Paul. Sie riefen ihn an und kamen in sein Hotel, in das er in aller Ruhe gegangen war. Was den unmittelbaren Tathergang anging, konnte er weniger Aussagen, als sie erwarteten. Auf dem Boden liegend und mit seinen Armen über dem Kopf, hatte er nichts gesehen. Er wirkte unglaublich gefasst auf die beiden Inspektoren. Was er zum Tathergang zu sagen hatte, war unerheblich. Wer der Urheber des Anschlages gewesen sein könnte, wobei es nicht eindeutig war, dass es Paul war, den sie umbringen beabsichtigten,

konnte Paul nicht mit Sicherheit sagen. Vermutlich Thomas Watson.

Er sandte der Polizei ein Exposé, das er über Thomas Watson angelegt hatte. Darin fanden sich Aktivitäten seiner Unternehmen, mehr nicht.

Nachdem er alles über Watson berichtet hatte, von dem Überfall beim Radfahren, der Ermordung von Leandro Almeida und einfach alle Fakten über Watson schilderte, ergab sich ein gewisses Bild. Bewiesen war natürlich nichts. Watson war wie vom Erdboden verschluckt, das machte ihn verdächtig. Wo sich Watson aufhalten könnte? Paul wusste es nicht.

Alleine, dass der Große auch bei der Radtour auf ihn geschossen hatte, bestätigte er mit Sicherheit. Es dauerte Tage, bis die Identität der Täter festgestellt werden konnte. Dann, nach und nach, ergab sich ein Bild. Man fand Watsons Telefonnummer in den Abrechnungen der drei Täter.

Die Polizei fragte auch Diana, wie sie darauf käme, dass Watson verantwortlich war für den Untergang der Anlage in Lago de Eucalipto. Sie hatte keine rechte Antwort, sagte, es wäre eine Vermutung, die ihr während eines Gespräches mit Watson durch den Kopf schoss.

Ebenfalls wurde sie gefragt, warum sie ihn dann während der Diskussion damit konfrontierte. Sie hätte sich empört über seine Haltung zu der Erderwärmung und was er über Frauen in Management sagte. Letzteres hätte sie besonders verletzt. Schließlich fand sich eine Überweisung von Watson an einen der Täter. Verrückterweise hatte Watson als Bezug: Lago de Eucalipto angegeben. Er musste sehr zufrieden mit seinen angeheuerten Mitarbeitern gewesen sein. Von Watson fehlte jede Spur.

Kapitel 21

Wenige Wochen waren seit den dramatischen Ereignissen vergangen. Äußerlich merkte man Paul wenig an. Tilda und den Kindern gegenüber war er liebevoll, doch weniger zugewandt. Paul war nachdenklich und in sich gekehrt.

Es gab Momente, während denen er schweigsam und teilnahmslos blieb. Watson war noch immer verschwunden und auch über den Schützen wusste die Öffentlichkeit nichts.

Es war offensichtlich, dass die Londoner Polizei wenig Interesse an einer Aufklärung hatte. Inzwischen gab es andere dramatische Ereignisse. Ein Minister war entführt und enthauptet aufgefunden worden und dann begann ein Streik der gesamten englischen Polizei.

Paul begann wieder in der Odyssee zu lesen. Er wusste nicht, was er darin suchte, doch Tilda sagte ihm, es wäre eine Art von Identifikation mit dem Helden, der so viel durchgestanden hatte, auch wenn er am Ende starb, aber letztlich wäre es nur eine Ablenkung.

Für Paul war es ein Rückzug in eine Welt, die vor 2800 Jahren existierte und die mit der Häutigen nichts zu tun hatte. Die Mythologie, die Hochzeit mit Penelope, die Fahrten, die Rückkehr des Odysseus und so weiter. Für Paul blieb das alles fremd, doch die Odyssee zog ihn an.

Er begab sich in diese Welt der Fantasie, doch er wusste von Anfang an, dass er wieder aus ihr zurückkehren musste. Hin und wieder saß Paul in seinem Sessel und sah gedankenverloren auf Joseph, den er kraulte und der Stunden auf seinem Schoß lag. Tilda ließ ihn, wie er war. Sie störte ihn nicht. Es war ihr klar, dass Paul diesen Prozess des inneren Rückzuges beenden würde und Paul würde zurückkehren.

Zweimal telefonierte er mit Alex und mehrmals rief Otto an. Paul erzählte nicht viel von den Ereignissen in London. Er erzählte Alex von seinen Investitionsvorhaben und ging nur insofern auf die Ereignisse in London ein, dass er sagte, er wäre mehr denn je überzeugt davon, in die post-fossile Industrie einzusteigen.

Er musste das mit sich selbst ausmachen, dachte Alex. Sein Rückzug, der ausgewogen erschien, war ein gutes Zeichen. Paul reagierte anders als bei dem ersten Überfall. Es war ihm wenig anzu merken. Äußerlich blieb er gelassen und er und Alex sprachen über die jeweiligen geschäftlichen Vorhaben.

Dann verließ Paul an einem Morgen das Haus und ging in die Firma. Die Tiefe seiner Gedanken hatte sich aufgelöst.

Diana war im Büro. Auch sie war so, als wäre nichts passiert. Diana trug dieselbe Kleidung wie immer. Sie sprach, wie sie immer sprach, sie ging mit keinem Wort auf das ein, was sich ereignet hatte. Für sie schien es vorbei zu sein und sie blickte nach vorne. Paul bewunderte Dianas Härte. Er hatte in den vergangenen Tagen nicht an sie gedacht, dabei musste er froh sein, dass sie sofort wieder die Firma leitete, während er Zuhause blieb. Diana kehrte am nächsten Tag nach ihrer Rückkehr aus London an ihren Schreibtisch zurück. Sie sprachen über die aktuellen Vorgänge.

»Hast du keine Angst?«, fragte Paul.

»Ich sage mal so, ich habe Watsons Leben zerstört und darauf bin ich stolz.« Diana verschränkte hinter ihrem Schreibtisch sitzend ihre Arme und ließ ihren Stuhl hin und her kreisen.

»Nein, ich habe keine Angst. Watson wird nicht wagen, in unsere Nähe zu kommen. Es ist wahrscheinlich so, dass er einen kanadischen, oder einen australischen, oder irgendeinen anderen Pass hat und sich nun dort befindet.«

Dianas Aufmerksamkeit wurde durch eine E-Mail, die eintraf, abgelenkt. Sie las sie in Ruhe und wandte sich dann wieder Paul zu.

»Wir sollten über die Firmen reden, die wir für den Städtebau übernommen haben. Sie machen sich alle gut.«

»Lass uns das Morgen machen«, sagte Paul und verließ Dianas Büro. »Danke, dass du mich niedergedrückt hast«, sagte er noch. Auf seinem Computer warteten hunderte Nachrichten. Pauls Gang hatte sich verändert. Er erschien aufrechter, gelassener und Sicherheit ausstrahlend. Er ging, wie einst Otto gegangen war. Auch redete er langsam und überlegt. Paul kaufte Verbindlichkeiten von Gläubigern von Watsons Firmen. Dann stellte er gegen sämtliche Unternehmen einen Konkursantrag. Wenige Wochen danach wurden sie aufgelöst. Am Ende setzte er eine Belohnung von 500.000 britische Pfund für Hinweise zur Ergreifung von Watson aus. Er ließ dafür eine Internetseite erstellen. Er machte Werbung aufseiten für Kopfgeldjäger, die sich zu seiner Überraschung einfach finden ließen.

***

Claudia und Valentin waren schockiert, von dem, was sich zugetragen hatte. Sie wussten nicht, was sie machen sollten. Sie trugen eine große Schuld. Alleine die Tatsache, dass ihnen bekannt sein musste, wer der Täter war, hätte gravierende Folgen für sie. Sie dachten an die Toten und sie dachten an Francesco und daran, wie er sich nun fühlen musste. Immer wieder lasen sie die Artikel im Internet und sandten sich die Links zu. Es wurde genau beschrieben, was sich ereignet hatte. Sie trafen sich mehrmals, um darüber zu sprechen, was sie tun sollten. Sie trafen sich nur im Freien. Wie konnte Francesco das nur tun?
Leise unterhielten sie sich beim Spazierengehen. Nervös wandten sie sich immer wieder um, sie hatten Angst. Dann kam Claudia auf den Punkt zu sprechen, dass Francesco Paul das Leben rettete und darin sah sie eine moralische Entschuldigung für ihn.
Natürlich wussten sie nichts von Francesco, wo er war oder wie es ihm ging? Sie wagten nicht, Kontakt mit ihm aufzunehmen. Es gab mehrere E-Mail-Adressen, über die sie es versuchen konnten. Er hatte Valentin noch angerufen, weil er sich einsam fühlte.

War er in Sicherheit, war er überhaupt noch am Leben? Würde es zu einem Gerichtsprozess kommen, würden sie ohne Zweifel einbezogen werden. Sie waren Mitwisserinnen.

***

Francesco fragte sich immer wieder, was in ihm vorgegangen war, als er die drei erschoss. Er wusste, dass er jetzt auf keinen Fall in Depressionen verfallen durfte. Das würde ihn umbringen.
Zuerst verlor er Watson aus den Augen. Er war weg, verschwunden, verschluckt in der Menge. Das war im selben Augenblick, als Paul die Stufen des Theaters herunterkam. Für einen Moment hatte Francesco vor ihn anzusprechen und ihm seine Sympathie auszudrücken für sein Auftreten an diesem Abend und seine Klarstellung, was Watson anging und überhaupt für seine Arbeit in seinem Unternehmen, die er bewundern würde.
Er stand bestimmt 10 Meter von Paul entfernt. Plötzlich bemerkte er die drei Männer, die sich zunickend Paul näherten. Dann fiel im auf, wie sie Paul umkreisten. Er wusste nicht warum, doch schoss ihm durch den Kopf, was sich ereignen würde. Vielleicht war es die Haltung der Männer, vielleicht waren es ihre angespannten, sich verziehenden Gesichter, ihre konzentrierte Ernsthaftigkeit, dass es offensichtlich werden ließ, dass sie etwas vorhatten und dieses unmittelbar bevorstand.

Francesco hatte keinesfalls vor, auch nur einen von ihnen zu erschießen. Watson hatte sich entfernt, ihm schien die Flucht geglückt zu sein. Francesco war sogar erleichtert darüber. Dann aber beobachtete er, wie einer der Männer, ein besonders groß gewachsener, in seine Jacke griff und eine großkalibrige Pistole hervorzog.

Was folgte, war keine bewusste Entscheidung Francescos. Was ihm die Kraft gab, den Angreifer niederzustrecken, wusste er nicht mehr. Vielleicht war es so, dass er sich schon darauf eingestellt hatte auf jemanden zu schießen, vielleicht war es auch nur ein unbestimmter Reflex. Sein Innerstes war bereit dazu, das zu tun.

Plötzlich fühlte er sich kalt und ohne Gefühle und er war konzentriert. Mechanisch zog er seine Waffe, richtete sie mit der notwendigen Geduld auf den Mann, der schon auf Paul zielte, drückte ab und traf ihn in seinen Kopf, der zu seiner Überraschung in Teilen wegbrach. In diesem Augenblick fühlte er weder Scham noch Schuld, noch Stolz. Er tat einfach, was genau in diesem Moment getan werden musste, nämlich Pauls Leben zu retten. Er war gekommen, um zu töten und nun tat er das.

Es war nicht Watson, den er auslöschte, aber vermutlich seine Handlanger. Was dann folgte, war ein Automatismus. Er erschoss den nächsten, als der nach seiner Waffe griff und dann den Dritten.

Francesco empfand nichts dabei. Es war dieser Moment, als er den Dritten erschoss, bei dem er sich nun fragte, warum er so gefühlskalt war, warum er keine

Angst hatte, sondern mit Entschlossenheit den Dritten einfach erledigte, der keine Anstalten machte, eine Waffe zu ziehen.

Seine Flucht verlief ganz genauso wie er sie geplant hatte. Er wusste, dass in London Tausende Kameras angebracht waren, die jeden Straßenzug und sicherlich auch den vor dem Theater ständig aufnahmen. Die Menge schützte ihn aus einem Zufall heraus. Geplant hatte er das keineswegs. Er zwängte sich zwischen eine Gruppe von Menschen, die sich ganz langsam nach vorne schoben, streifte seinen Mantel und seine Baskenmütze ab und warf beides in eine Mülltonne. Dann ging er weiter, etwa 100 Metern, dort ging er in die Knie, zog die Perücke von seinem Kopf, entfernte seinen Bart, stopfte beides unter seinen Pullover und steckte die Sachen in die nächste Mülltonne, die er sah.

Niemandem fiel das auf. Er erreichte seinen Mietwagen und fuhr, ohne zu schnell zu werden, aus der Stadt hinaus und erreichte nach vier Stunden Liverpool. Er gab den Mietwagen ab. Dann betrat er das Hotel, schaltete den Fernseher ein und sah die Berichte, die sofort auf allen Sendern ausgestrahlt wurden. In dem Hotel wurde ihm klar, dass er an diesem Ort auf eine gewisse Weise deplatziert war.

Er würde auffallen und man würde sich fragen, was ein Italiener eine ganze Woche und ohne das Hotel zu verlassen, wohl anstellte. Hatte er etwas mit der Sache in London zu tun? Also blieb er nur einen weiteren Tag und nahm die Fähre hinüber nach Dublin. Er war aufgewühlt, doch noch hatte er keine Zeit,

über irgendetwas nachzudenken. Er konzentrierte sich auf jeden kleinen Schritt, war vorsichtig und umsichtig. In Dublin fuhr er sofort mit der Bahn zum Flughafen und kam am selben Tag am Nachmittag gegen sechzehn Uhr in Palermo an. Es gelang ihm, mit seinem Pass und ohne dass sein Gesicht bekannt gewesen wäre, aus Irland auszureisen.
Das war vor vier Wochen.
Langsam kam er zur Ruhe. Francesco spazierte jeden Tag um das kleine Dörfchen Villalba, das sich in der Mitte Siziliens befand. Die Bewohner konnten unmöglich wissen, wer er war und was es mit dem Fremden auf sich hatte. Natürlich fiel er auf. Inzwischen war es aber nicht so ungewöhnlich, dass Norditaliener sich für eine gewisse Zeit nach Sizilien zurückzogen. Es waren Künstler, oder Schriftsteller, welche die Einsamkeit suchten.
Francesco wurde es allerdings schnell leid, den staubigen Weg entlang des Dorfes mit der kargen Landschaft jeden Tag zurückzulegen.
Er hatte es sich ein kleines leer stehendes Haus gemietet und speiste auch täglich dasselbe. Vor allem quälte ihn wieder, dass er mit niemandem reden konnte. Seine Einsamkeit bedrückte ihn heftiger als in der Zeit in London.
Der Zeitpunkt rückte näher, wo er das Dörfchen verlassen musste. Es gab eine Station der Carabinieri, die ihn am Tag seines Eintreffens angesprochen hatten.
Francesco sagte, er würde einen Kriminalroman schreiben. Das klang für einen Sizilianer plausibel.

Doch nun lief die Zeit ab. Francesco beabsichtigte nach Palermo mit seinen fast 700.000 Einwohnern zu gehen. Vielleicht hätte er das gleich tun sollen. Doch er war sich nicht sicher, ob man ihn doch über eine Gesichtserkennung identifizieren konnte.

Wegen der Vorkommnisse in London, die natürlich um die Welt gegangen sein mussten, konnte er sich unter Umständen nicht auf die Polizei Palermos verlassen. Die Polizei könnte auch seine Bekleidung, die Perücke und seinen Bart gefunden haben und damit verfügten sie über seine DNA.

Was er tat, hatte nichts mit Italien zu tun und er wusste nicht, wie das italienische Innenministerium mit jenem in Großbritannien kooperierte. Das kleine, unbekannte Dörfchen schien für den Anfang am sichersten zu sein. Nun wollte er sich mit seiner neuen Identität auf eine Stelle der Universität Palermo bewerben und seine Promotion abschließen.

Vorher mussten seine Unterlagen der Berliner Universität mit seinen neuen Daten versehen werden. Er hatte sich darauf vorbereitet und wusste, wie das zu machen war. Francesco brauchte eine Perspektive dafür, wie sein Leben weitergehen würde. Außerdem würde sein Geld nur für ein Jahr ausreichen. Nach weiteren Anschlägen, oder einem Bekennerschreiben, war ihm nicht zumute.

Pathetisch und selbstbewusst sagte er sich, was er getan hatte, veränderte die Welt, da war er sicher. Alle diejenigen, die den Klimawandel leugneten und natürlich konnte das nur wider besseres Wissen sein, würden sehen, was ihnen passierte. Den

Zusammenhang, dass Watson Paul erschießen lassen wollte und niemand wissen konnte, warum Francesco überhaupt dort war, ignorierte er.
Watson würde keinen Schaden mehr anrichten. Er musste sich für immer verbergen. Er hatte drei gedungene Mörder bezahlt und das brach ihm nun das Genick. Francesco hatte sein Ziel erreicht und das befriedigte ihn und machte ihn stolz. Dieser Stolz, auf den sich Francesco nun konzentrierte, war es, der ihn nicht in eine demütige Scham abgleiten ließ. Dieser Stolz sollte auch die Basis für sein neues Leben sein. Trug er überhaupt eine Schuld? Rechtfertigte nicht seine gute Absicht, was er getan hatte?
Kaum war er in Palermo, begann er die heilige Messe zu besuchen. Er fühlte sich zum ersten Mal in seinem Leben von der spirituellen Aura des Inneren einer katholischen Kirche angezogen. Eigentlich hatte Francesco keinen Zugang zur Religion. Er war stolzer Kommunist. Doch nun, nach allem, was geschehen war, führte ihn ein ihm bisher unbekannter Instinkt, in die Kirche. Er suchte eine Antwort auf die Frage, die ihn am meisten quälte.
Immer öfter besuchte er den Gottesdienst und irgendwann ging er täglich in die Frühmesse und am Sonntag besuchte er den großen Gottesdienst in der zentralen Kathedrale. Francesco wollte ein guter Mensch werden. Zur Beichte konnte er jedoch niemals gehen.

Palermo war nicht der Ort, in dem man irgendjemandem vertrauen konnte. Der Priester würde seine

Abhängigkeit, die er durch seine Beichte offenbarte, zu Geld machen. Er würde Francesco drohen, ihn entweder bei der Polizei oder beim organisierten Verbrechen anzuzeigen, wenn Francesco ihm nicht monatlich einen bestimmten Betrag geben würde. In dieser Stadt trug jeder eine Schuld. Von einer ernsten Sittenstrenge konnte in Palermo, so reich diese Stadt an einer großen Geschichte auch war, keine Rede sein.

Es war der Gedanke an seine Schuld, der schon einmal aufgeflammt war und der nun mahnend vor ihm stand. Doch für Francesco war es eine Schuld aus sittlicher Pflicht und keine Schuld, die aus einem niedrigen Beweggrund erwachsen war. Francesco mochte nicht so weit gehen und seinen Beweggrund einem deterministischen Motiv zuordnen. Bevor die drei Attentäter auftauchten, hatte er jede Freiheit, sich zu entscheiden.

Was er sich gegenüberzustellen hatte war, einerseits das Streben nach Gewinn und Größenwahn und Boshaftigkeit und schließlich nicht weniger als den Untergang der Welt, was nicht übertrieben war und als Hauptgegenstand seines Motives zu gelten hatte. Darüber stand das Ideal des Kommunismus. Zweifellos war er ein Überzeugungstäter oder wäre einer geworden, sofern er Watson erschossen hätte. Von einer moralischen Verdorbenheit konnte ohnehin keine Rede sein.

Sein Motiv war im Gegenteil seine Selbstlosigkeit und es war ein Opfergang, schließlich drohte eine lebenslange Unterbringung in einem Gefängnis und auch jetzt, unter einem anderen Namen, musste er ein neues, stilles, bescheidenes und unauffälliges Leben führen. Ob er jemals eine Frau finden würde, war ungewiss.

Es war Watson, der sich einer ethischen Pflichtverletzung schuldig machte. Francescos persönliche Schuld konnte nicht in der Rettung dessen liegen, der so hilfreich auf die Verhältnisse einwirkte, nämlich Paul und der ein Beispiel gab für all jene, die wankelmütig geworden waren und gedankenlos einfach den Niedergang der Welt hinnahmen. So rechtfertigte er seine Tat und erhoffte ein ruhiges Leben darin zu finden.

Niemand würde ihn jemals verstehen und niemand würde jemals davon erfahren, was er getan hatte. Er hatte aus Notwehr gehandelt und nicht aus einem Vorsatz.

Keineswegs beabsichtigte er jemanden willkürlich, aus Grausamkeit oder dergleichen zu ermorden, sondern er hatte einen Menschen vor dem Tod bewahrt.

Es waren zwei Taten, die er abzuweichen hatte. Eine, die nicht zur Ausführung kam und eine, die er mit Kälte durchführte.

Nun trug er ein großes Geheimnis in sich, das er mit niemandem teilen konnte, das bereitete ihm Sorgen, denn es lag in seiner Natur, dass er sprechen musste, dass er berichten musste, seine Gedanken teilen musste und das würde er niemals können.

Es gab andere Wege als seinen, gegen den Unfrieden in der Welt zu kämpfen, doch ohne seine dramatische Tat, würde sich niemals etwas ändern. Das war die Theorie des Terrorismus. Francesco erschrak bei diesem Gedanken. Und er dachte wieder an die roten Brigaden aus den Siebzigerjahren.

Ohne recht zu wissen, warum, teilte sich Francesco von nun an seine Tage strikt ein. Er gab seine Nachlässigkeiten, die ihm auch innewohnte, auf. Alle Leichtigkeit verschwand aus seinem Leben.

Er durchlief einen Prozess der Reifung, war stets gut auf seine Lesungen vorbereitet, veröffentlichte zwei Paper hintereinander und galt bald als Kandidat für eine Professur, auch wenn er seine Dissertation gerade erst beendete. Francesco kaufte ein kleines Haus in einem Vorort von Palermo und blickte einem geordneten Leben entgegen. Dass er Survival2030 mitgegründet hatte, wurde nie bekannt.

Diese Gedanken waren es, die Francesco nun in seine Seele hineintrug.

Kapitel 22

Das Blutbad vom fünfzehnten Februar, wie die Medien es nannten, löste, obwohl sich die Ereignisse selbst nur zwei Wochen in der Öffentlichkeit hielten, eine Unruhe in Europa aus.
Die Situation war so angespannt, dass der Mord an den drei Terroristen angesichts der bisherigen schwächlichen Politik eine Kritik auslöste, wie man es bisher nicht kannte.
Es war jener Tropfen, der das Fass zum Überlaufen brachte. Nicht, dass sich die Öffentlichkeit für die Beteiligten interessiert hätte. Es war das Motiv, das ins Zentrum der Aufmerksamkeit rückte.
Paul stand für eine Einsicht in das Unvermeidliche, für einen klugen Aufbruch in eine neue Zeit. Paul war prominent geworden und gehörte zu den wenigen die ein Ansehen genossen, indem sie mit Ernsthaftigkeit und Kreativität gegen die Zerstörung des Lebens angingen. Pauls Ansehen war höher, als er sich selbst auszumalen, imstande war. Es gab andere Unternehmer, die versuchten sich von fossiler Energie und alles, was damit zusammenhing zu lösen.
Doch niemand machte das so konsequent, so erfolgreich wie Paul von Hernsbach. Dass es Diana Robinson war, von der alles ausging und deren Konzepte akribisch umgesetzt wurde, nahm die Öffentlichkeit nicht wahr. Das verbitterte Diana.
Paul wehrte sich zunächst dagegen weitere Interviews zu geben und sei es nur Im Radio. Das war

jedoch nicht durchzuhalten. Wie es ihre Art war, puschten die Medien ihn hoch. Die Bewunderung für ihn bildete einen Gegensatz zu der kraftlosen Regierung in Deutschland. Pauls kühne Entschlossenheit wurde als Beispiel genommen, um die Regierung vor sich herzutreiben. Es war die allgemeine Stimmung, die große Unsicherheit im Volk, die Angst, die Stelle zu verlieren, die nackte Angst davor, kein Wasser zu erhalten, was dieses ungewöhnliche und nicht balancierte Verhältnis zwischen einem einzelnen Unternehmer und der Regierung auslöste.

Die täglichen Demonstrationen in Berlin erhielten einen noch größeren Zulauf.

Jedem Bürger in Europa wurde klar, dass man an einem Scheideweg stand. Es drohte Anarchie. Diese beängstigende Erkenntnis setzte sich in allen europäischen Ländern gleichermaßen durch. Die Angst vor dem Niedergang herrschte überall. In der Phase der neuen nationalen Besinnung entzogen die Regierungschefs der Mitgliedsländer der Europäischen Union die Erhebung eigener Steuern und verminderte ihre Kompetenzen drastisch. Doch damit blieb die Existenz der Europäischen Union vorläufig gesichert. China war der Schlüssel zur Wende im weltweiten ökonomischen Geschehen.

Die Forderungen aus China, die eigentlich nicht mehr als ein unverbindliches Machtwort waren, wurden von der Gesetzgebung aller Länder übernommen und konsequent durchgesetzt. Das Volk nahm die Maßnahmen, die zu einer sehr hohen

Steuerlast führten, ohne jedes Murren auf. Länder setzten auf Atomkraft und investierten große Summen in die neuen, kleinen Kraftwerke. Zu hunderten wurden sie errichtet.
Es kam, wie es kommen musste. Ein Passagierflugzeug mittlerer Größe stürzte in eines der Kraftwerke. Schnell wurde verkündet: Die Gegend würde in einem Radius von einhundert Kilometern auf eine unbestimmte Zeit unbewohnbar bleiben. Das ereignete sich in Spanien. Deutschland war das einzige Land in Europa, indem die Renaissance der Atomkraft, trotz des Protestes seiner Nachbarn, undenkbar blieb. Die Grüne Industrie in Deutschland bekam einen enormen Schub.
Niemand vermochte voraussagen, welche Auswirkung der hohe Anteil Kohlendioxid in der Atmosphäre haben würde. Wegen der extrem hohen Konzentration von 500 ppm Kohlendioxid, wurde von der Wissenschaft eine schnelle Besserung kategorisch ausgeschlossen. Die Menschheit müsste über Jahrzehnte vielleicht länger mit der Trockenheit, den gewaltigen Stürmen und Regenfällen mit allen Konsequenzen leben. Die Pole und sämtliche Gletscher waren abgeschmolzen. Der Golfstrom nahm eine statische Haltung ein, doch man fürchtete schlimmeres.
China gab den Ton an und dirigierte die Welt über seinen wirtschaftlichen Einfluss. Die USA, die ein letztes Mal gegen die Vorgaben und Vereinbarungen aus China aufbegehrten, wurden von der

Weltgemeinschaft mit einem kompletten Boykott ihrer Waren gestraft.

China verbot jedwede Raumfahrt und sie verboten die Dieselantriebe für die großen Frachtschiffe, die nunmehr unter Segel gesetzt wurden. Es stellte sich heraus, dass zwar kleinere Schiffe gebaut wurden und diese dreimal so lange brauchten wie die früheren Frachtschiffe, doch hatte das keine Auswirkung auf den weltweiten Handel. Alle Arten an Kosten, solange sie global verglichen wurden, besaßen einen relativen Charakter. Ob sie hoch oder niedrig waren, spielte keine Rolle, solange sie in jedem Land in gleicher Höhe anfielen.

Die wesentlichen Kosten in jeder Volkswirtschaft, das heißt, die Frage nach versteckten Subventionen wurde von einer Behörde, die der neu gestärkten UNO unterstand, aber eigentlich von China kontrolliert wurde, akribisch rückverfolgt. Wer dagegen verstieß, wurde bestraft.

Elektrische Antriebe waren die einzig zugelassene technische Methode für Maschinen und Fortbewegungsmittel. Der Flugverkehr war verpönt und reduzierte sich auf geringe, operativ notwendige Einheiten. Der Bahnverkehr wurde der Schlüssel des globalen Handels und des globalen Reisens. Auf dem Meer kreuzten Segelschiffe. Eine stetig wachsende Weltbevölkerung würde nicht versorgt werden können, mit den neuen weniger effizienten Methoden.

Es wurden Düngemittel und alle Methoden verboten, die einen Eingriff auf das Überleben von Insekten, Vögel und der gesamten Tierwelt bedeuteten.

Damit reduzierte sich auf dramatische Weise die zur Verfügung stehende Ackerfläche. Jedes Paar durfte nur ein Kind bekommen. China hatte eine jahrzehntelange Erfahrung mit dieser Politik. Was blieb, war die Verschmutzung der Meere mit Mikroplastik. Dieses Phänomen würde wahrscheinlich niemals rückgängig gemacht werden können. Die Welt vor eine andere geworden.

***

Der Alltag hatte Paul eingeholt. Er kümmerte sich wieder um die Angelegenheiten der Von Hernsbach KGaA. Alle Investitionen, auch die in Afrika, auch die in FRA Konverter blühten und wurden zu einem Erfolg. Nach wie vor entschied Diana über die Angelegenheiten des Unternehmens. Er meinte, ohne sie würde er nicht auskommen. Doch Paul wollte ein größeres Maß an eigener Freiheit, das es ihm erlaubte, das strategische Wachstum an sich zu ziehen. Er war ehrgeizig geworden.
Diana reduzierte er Schritt für Schritt auf die Leitung des Tagesgeschäftes. Ihr Stab an persönlichen Mitarbeitern blieb gleich.
Sie leistete ein enormes Arbeitspensum und traf den ganzen Tag über Entscheidungen, die ihr über detailliert ausgearbeitete Vorlagen vorgelegt wurden. Paul fragte sich, ob er sie selbst ersetzen konnte. Sie war dynamisch, entscheidungsfreudig, weitsichtig und hart.

Doch der Tag kam, an dem Diana das Angebot bekam, einen zehnmal größeren Konzern zu leisten. Sie war 41 Jahre alt, nahm das Angebot an und zog in die USA. Von ihrem Mann trennte sie sich und ihre Söhne George und Markus kamen auf ein Internat in England. Diana besuchte sie nicht öfter als zweimal im Jahr. Während der großen Ferien im Sommer kamen sie zu ihr. Nach zwei Wochen schickte sie sie zu ihrem Vater.

Von Paul fiel eine Last. Er musste sie nicht mehr sehen, er war frei. Wie es in diese Position üblich war, ging Diana von heute auf morgen. Sie und Paul sahen sich nur einmal sehr kurz, um den Mindeststand zu wahren.

Dianas Kündigung gab ihm auch die Freiheit, als Vorstandsvorsitzender den Konzern noch mehr nach seinen Vorstellungen zu formen. Tatkräftig reorganisierte Paul von Hernsbach. Es wäre ein Kampf für ihn, den Konzern zu leiten. Doch Paul fühlte sich nach allem, was war, auch wegen seines hohen Ansehens in den Medien und bei der Belegschaft, einschließlich der Gewerkschaften, fähig, die Aufgabe anzunehmen. Von Diana hatte er viel gelernt.

Er ersetzte Diana durch drei Geschäftsführer für die jeweiligen Investitionsbereiche und wurde selbst Vorstandsvorsitzender der Holding. Paul ließ sich coachen. Der Coach war ein siebzigjähriger ehemaliger Topmanager, der einen Weltkonzern leitete und dem die Verwaltung seines Weingutes in der Toskana eher aufs Gemüt schlug, als dass er es mit Muße betrieb. Er trug ein schmales Oberlippen-

Bärtchen, war schlank und nicht frei von Dünkel. Sein graues Haar wellte sich über seinen Kopf. Sein Name war Prof. Dr. Antonio Giuliani. Er hatte eine Honorarprofessur für Unternehmensführung an der Università Commerciale Luigi Bocconi in Mailand. Seine Eltern waren 1965 mit vier Kindern aus dem Abruzzischen Apennin als Gastarbeiter nach Deutschland gekommen. Antonio war 15 Jahre alt. Paul besuchte ihn in jedem Quartal zu einem Privatissimum auf seinem Landsitz. Tilda und die Kinder begleiteten Paul jeweils im Sommer. Prof. Dr. Antonio Giuliani hörte sich gerne Reden. Die Auswahl der Rebsorten war, seien Spezialität. Ausführlich schilderte er die Kriterien für diese Arbeit.

Er war außerordentlich erfahren und fähig und ein geborener Lehrer. Er forderte Paul in jeder Hinsicht. Es ging um Führung und um Entscheidungsfindung. Nachdem er sich ein Bild von Paul gemacht hatte und zur Kenntnis genommen hatte, dass er ein junger Mann mit Anfang dreißig war, schlug Antonio Giuliani vor, neben dem Aufsichtsrat ein weiteres Gremium von Beratern, einen Beirat einzusetzen.

Das sollten keine Wirtschaftsfachleute und nicht einmal top Akademiker sein, sondern Praktiker wie Förster, einen Experten für Wasseraufbereitung, den es in Deutschland gleichwohl nicht gab, weshalb Paul einen Israeli einlud, Ingenieure für Brennstoffzellen, Verkehrsexperten, einen Seefahrtexperten, Experten für die Betankung von Flugzeugen, eine Frauenärztin und so weiter. Seinen Freund Aleksandar Vlado Jočić berief er auch in den Beirat, außerdem Dr. Liv Malmström und Amadou Amadiume, der mit wenigen Worten das verbogene und herablassende Bild über Afrika, das in Deutschland herrschte, korrigierte.

Paul lernte von dem Gremium so viel, wie in seinem Leben davor nicht.

Das wichtigste war die Entwicklung seiner Persönlichkeit. Er war Topmanager und das musste Paul leben. Es gab ununterbrochen Veränderungen, für die er offenbleiben musste.

Paul definierte Ziele, die er mit dem Coach besprach. Er musste ein Bewusstsein für seine Qualitäten gewinnen. Perspektiven entwerfen, als persönliche Chancen und Herausforderung. Er musste einen eigenen Führungsstil entwickeln, der auf seine Persönlichkeit zugeschnitten war.

Stress durfte nicht aufkommen und herausfordernde Projekte sollte er mit Begeisterung und Selbstbewusstsein angehen. Was er machte, sollte er mit Leidenschaft tun. Um nicht abzuheben und um sich um seine Kinder zu kümmern, arbeitete Paul jeweils nicht am Mittwochnachmittag und nur selten am Freitag. Die Wocheneden hielt er sich grundsätzlich frei.

Samuel und Jainaba Amadiume kehrten nicht nach Ghana zurück. Jainaba heiratete einen aus Ghana stammenden Chemiker. Samuel trat in FRA Konverter ein und würde dort früher oder später die Geschäftsführung übernehmen. Die beiden Gründer waren Wissenschaftler und keine Unternehmer.

An einem Sonntagmorgen bekamen Paul und Tilda die Nachricht, dass Otto verstorben war. Es war sein fünfundachtzigster Geburtstag. Auf Paul lastete eine große Trauer. Sein Vorbild, sein Mentor war gegangen. Otto wurde in einem Familiengrab beigesetzt. Ottos Villa verkauften sie. Am Abend dieses Tages sagte Tilda zu Paul, sie wäre schwanger.

***

Es waren weitere sechs Monate vergangen. Paul begab sich auf eine Reise nach Australien. Er hatte vor, auf einer Tagung des dortigen Industrieverbandes über die Beendigung der fossilen Energieerzeugung zu sprechen. Außerdem beabsichtigte er eine neue Niederlassung seiner Firma, die vor wenigen Wochen in Melbourne gegründet worden war, zu besuchen.

Australien war bis vor Kurzem das Land mit einer der größten Kohlefördermengen der Welt. Der sofortige Stopp des Kohleabbaus traf die Industrie schwer. Die Regierung Westaustraliens suchte Ideen und Investoren. Das Recycling von Grafit und die Förderung von Lithium boten sich an. Paul ließ ein Gutachten erstellen.

Er befand sich in einer Lounge am Flughafen. Es war noch eine Stunde bis zu seinem Abflug. Während er eine Zeitung durchblätterte, sah er immer wieder auf einen Bildschirm, der stumm ihm gegenüber an der Wand hing.

Plötzlich schrak Paul auf. Ein Foto von Thomas Watson wurde eingeblendet. Paul legte die Zeitung zur Seite, griff hektisch nach der Fernbedienung, die vor ihm auf dem Tisch lag und stellte den Fernseher laut. Watson war gefasst! Er befand sich in New York. Paul, der immer wieder Albträumen geplagt wurde, erkannte ihn sofort. Ihm schoss das Blut ins Gesicht.

Man hatte Watson im östlichen Brooklyn, in einem kleinen möblierten Appartement festgenommen. Verpixelte Aufnahmen der Festnahme wurden gezeigt. Unter einem anderen Namen handelte er mit Aktien. Seine Fonds und Firmen existierten dank Pauls Anwälten nicht mehr. Es wurde erklärt, wie es zu seiner Festnahme kam.

Der tiefere Grund, dass Watson entdeckt wurde, lag in einer Eigenart von ihm, mit der er lange lebte, aber die er offensichtlich nach den Ereignissen in London nicht mehr ertrug. Es war sein Einzelgönnertum.

Die englische Polizei hatte die Aufklärung des Anschlages auf Paul und die Ermordung der drei Männer vernachlässigt. Doch wegen der politischen Verwerfungen und Pauls Prominenz wollte das Innenministerium den Fall aufklären. Man sah auch ein, wie gefährlich Watson noch immer war. Ein Team erfahrener Ermittler wurde eingesetzt.

Dass Watson mehrere Pässe haben musste, war naheliegend, auch wenn das bisher nie nachgewiesen worden war. Watson beherrschte keine Fremdsprache. Das hatten seine Angestellten ausgesagt.

Längst gab es die Gesichtserkennung an den Flughäfen, doch Watson gelang es abzutauchen. Die polizeilichen Ermittlungen in den USA verliefen allerdings im Gegensatz zu Europa störungsfrei. Man spürte Watson auf, nahm ihn aber nicht fest. Es ergab sich ein Problem. Was konnte man ihm nachweisen? Eine Verbindung zu den Attentätern, aufgrund der Telefonverbindungen war in Zeiten der unberechenbaren Gerichte zu unsicher. Man brauchte den Inhalt, was gesprochen wurde.
Die Attentäter entstammten dem britischen Militärgeheimdienst. Man fand nur nichtssagende Hinweise, wie sie untereinander kommunizierten.
Zum Verdruss der Leiter der Polizei, schlug das Team, das ihn aufspürte, vor, die Verhaftung Watsons auszusetzen, bis man ihm nach einer längeren Überwachung irgendetwas, vielleicht ein Steuerdelikt nachweisen konnte.
Das mochte der Abteilungsleiter im britischen Innenministerium, der Watsons Verfolgung initiiert hatte, nicht. Es gab andere Kanäle und Möglichkeiten. Dass es sich bei Watson um einen Einzelgänger und einen Narzissten, der Anerkennung brauchte, handelte, wurde schnell erkannt.
Soweit der Vorbericht im Fernsehen.
Nun sah man Watson aus der Perspektive einer verborgenen Kamera in einem Raum sitzen. Die Kamera war ihm gegenüber installiert worden. Es mochte in einer Bankfiliale, oder etwas Ähnlichem sein. So steril der Raum war, in dieser Umgebung fühlte sich Watson wohl. In einem Laufband wurde

eingeblendet, die Veröffentlichung wäre richterlich genehmigt worden.

Wie es seine Gewohnheit war, hatte Watson eine überhebliche Haltung eingenommen, indem er ein Bein über das andere schlug. Seine Arme streckte er rechts und links entlang der Lehne seines Stuhles aus. Steinern, mit tiefer gewordene Furchen in den Wangen und mit dunklem Blick, sah er in den Raum. Man sah Säcke unter seinen Augen, auch hatte er Gewicht verloren. Das Gespräch schien seit Längerem im Gange zu sein. Man befand sich in einer lockeren Unterhaltung, als wäre eben eine Sache einvernehmlich erledigt worden. Es wurde zu allgemeinen Themen übergegangen.

»China bildet eine Art von Weltregierung und domestiziert uns alle.« Das war der erste Satz, den eine Unbekannte, eine Frau in Watsons Alter sagte. Sie war von der Seite zu sehen. Watson hob seinen Blick und schüttelte fast unbemerkt den Kopf. Er sah das anders mit den Chinesen. Sie mischten sich ein, waren aber nicht willkommen. Der Westen brauche sie nicht. Was sollte das Ganze überhaupt? Der sogenannte Klimawandel wäre eine Erfindung der Linken. Die wollten den Sozialismus wieder einführen. Neben Watson lag seine offene Brieftasche. Man sah die Hüllen von

Dokumenten. Die Unterhaltung lief nun entlang der Frage, ob es den Klimawandel gab. Watson monologisierte, wie es seine Gewohnheit war.

Wie lange mochten er und die Frau sich kennen? Plötzlich wandte sie das Gespräch ins Persönliche.

Die Frau lehnte sich zurück, sah kurz auf den Tisch und fragte:
»Wie geht es dir eigentlich, Thomas? Fühlst du dich wohl in New York?« Ohne Watsons Antwort abzuwarten, fügte sie hinzu:
»Wie lange lebst du jetzt schon hier?« Die Atmosphäre zwischen der Frau und Watson musste freundschaftlich und vertrauensvolles ein. Woher sie sich kannten, war nicht zu erkennen. War sie seine Therapeutin?
Watson war es nicht gewohnt, über seine persönlichen Verhältnisse zu sprechen. Doch hatte sich manches geändert.
Watson begann freimütig:
»Meine Niederlage, so sehe ich das, als mich Diana Robinson im Theater vorgeführt hat, ließ mich dann doch nachdenklich werden. Das muss ich zugeben. Die drei Toten sind mir egal, sie sind selbst schuld.«
Watson trank Kaffee. Seine Stimme blieb unverändert.
»Seit einem halben Jahr spreche ich nur wenige Worte beim Einkaufen mit völlig Fremden, die mich kaum wahrnehmen. Das ist hart. In London habe ich mich mit meinen Angestellten unterhalten. Ich war auf dem Golfplatz und natürlich habe ich Geschäftspartner getroffen, auch meine Haushälterin war da, ja und ein Nachbar, der mit seinem Hund entlang ging.
Hier muss ich mich isolieren, spreche tagelang kein Wort und meine Stimme wird sogar brüchig und rau. Manchmal denke ich, ich wäre Robinson Crusoe.

Überhaupt bekommt man verrückte und finstere Gedanken, wenn man völlig alleine ist.« Watson sah auf die Kamera, bemerkte sie aber nicht.

»Ich muss mir mitteilen. Die Isolation zermürbt jeden, auch mich und das jeden Tag mehr. Vor allem sehe ich keinen Ausweg, wie sich das alles jemals ändern sollte. Ich gehe im Central Park spazieren. Jemanden ansprechen will ich nicht. Man entwickelt einen Verfolgungswahn, wenn man gesucht wird, selbst ich.« Lange sah Watson mit gesenktem Haupt vor sich hin. Er rieb sein Kinn.

»Dieser Deutsche…«

»Paul von Hernsbach.«

»Ja, Paul von Hernsbach ist an allem Schuld. Ständig hat er mich angegriffen, meiner Lobbyfirma unterstellt, wir würden die internationalen Abkommen torpedieren. Wie soll das eine kleine Firma machen? Er hat sich da völlig reingesteigert. Natürlich nehmen die Medien so was auf. Dann hat er meine Investitionen angegriffen, systematisch, hat mir Firmen vor der Nase weggeschnappt. Keine Ahnung, wie er auf die kam. Er hat mich angegriffen, immer wieder, der Kerl ist vollkommen verrückt geworden, geradezu manisch. Mir blieb nichts übrig, als mich zu wehren.«

»Du bist ziemlich cool, hast Leute engagiert.«

»Die Sache in Portugal hat sich von selbst entwickelt. Diesen Ingenieur zu erschießen, war nicht geplant. Die Leute waren nun aber da. Ich war unter Druck, meine Firmen waren unter Druck. Was macht man da, man wehrt sich.« Watson zögerte, als stünde er vor einer unsicheren Brücke.

»Die drei sollten von Hernsbach erledigen, ganz einfach. Das erste Mal hat das nicht geklappt. Das waren Spezialisten, egal...« Watson sah zu der Frau hin. »Als von Hernsbach neben mir auf dem Podium saß, dachte ich...egal, lassen wir es.«

Dass man Watson nicht früher aufgespürt hatte, war ein Wunder. Er wollte nach Kanada, in die Einsamkeit, aber trotzdem in der Nähe einer Großstadt bleiben. Dafür brauchte er Geld und daran arbeitete er.

Diese Frau war seine Nachbarin. Sie zog vor Monaten ein. Langsam und sorgfältig entwickelte sie eine Bekanntschaft. Watson suchte sie in ihrem Büro auf, so hatte man das arrangiert. Das Büro war bescheiden und das einer Versicherungsvertreterin. Watson hatte keinen Zweifel an ihrer vorgegebenen Identität.

Man hatte eine Frau gewählt, weil sich Watson überlegen vorkommen sollte. Die Absicht, dass sie eine besonders attraktive Frau war, lag darin, dass er sich einschmeicheln und öffnen sollte. Auch musste sie in seinem Alter sein, was bewirken sollte, dass er trotz allem Respekt vor ihr haben sollte, ja im Idealfall würde sie eine dominante Rolle übernehmen.

Watson war erleichtert, als sie ihn einlud doch mal vorbeizukommen und entgegen seinem Wesen unbekümmert. Er konnte überhaupt mit jemandem sprechen. Man hätte das noch viel Male wiederholen könne, bis er etwas sagte. Doch es funktionierte bei seinem ersten Besuch.

Die Frau wusste, wie man jemanden in Watsons Lage dazu brachte, nach und nach aus seinem Innersten zu sprechen. Watson würde eine eher direkte Art akzeptieren. Er war brutal und das war das Muster, wie er dachte.

»Insgesamt fühle mich wohl. Diese Isolation wird ja irgendwann aufhören, spätestens in Kanada«, sagte Watson in einer etwas rührseligen Weise.

»Ich bin jetzt seit sechs Monaten in New York. Aber um ganz offen zu sein, meine Investitionen in Aktien sind alle eingebrochen. Das hat alles mit diesen Chinesen zu tun«, fügte er hinzu. Die Frau ging nicht darauf ein.

»Darf ich dich was fragen? Was bedeutet Gewalt für dich?« Watson stutzte, doch er antwortete:

»Gewalt ist ein legitimes Mittel, seine Ziele durchzusetzen, sofern sie einem höheren, einem idealistischen Ziel dient. Gewalt mag hier und da gegen Gesetze verstoßen, aber was sind schon, Gesetze?« Watson sah die Frau grimmig an. Es war sein Hochmut, der aus ihm sprach.

»Politisches Handeln erlaubt jede Form der Anwendung dieser Mittel.« Damit lehnte er sich zurück und verschränkte seine Arme.

»Du handelst politisch?«

»Aber sicher, meine Firma in Brüssel beriet politisch agierende Menschen, die Verantwortung tragen, damit handeln wir auch politisch.« Der Bann war gebrochen. Nun griff die Frau an:

»Was du in Wirklichkeit machst ist, dass du betrügerische Argumente lieferst, die den Leuten

einreden sollen, den Klimawandel gäbe es nicht, als würden wir alle nur fantasieren.« Watson erschrak, seine Gedanken rasten. Was war das, wo war er? Er schwieg und versuchte sich nichts anmerken zu lassen. Wurde er gefilmt? Er sah sich um, er musste gehen, wahrscheinlich war es zu spät.
»Das Böse bei dir ist angeboren.«
Watson sah die Frau starr an.
»Es gibt ein Gespräch einer Journalistin mit deiner Mutter. Die lebt in einem Pflegeheim in London. Europäische Zeitungen haben das Protokoll übernommen und es in ihren Feuilletons diskutiert. Du bist so eine so bizarre Erscheinung, dass es sich ihnen aufdrängte, deinen Charakter zu untersuchen. Eigentlich bist du eine transparente Figur des öffentlichen Lebens.«
Watson sah die Frau aus seinen dunklen Augen fragend an. Er saß in der Falle.
»Nachdem sich die Yellow Press an dir abgearbeitet hat, begannen die seriösen Zeitungen ein Psychogramm von dir zu erstellen. Du hast eine Art von Kultstatus des ruchlosen Kriminellen.« Schonungslos setzte die Frau Watson weiter unter Druck. Sie ließ ihm keine Luft.
»So what?«, sagte Watson kurz und trocken und mit einer wegwerfenden Geste seiner Hand.
»Der Anschlag auf Paul von Hernsbach beim Radfahren und vor dem Theater wurden von Journalisten deiner Mutter zur Kenntnis gebracht. Sie wusste alles, jedes Detail.«

»Und, was war ihre Antwort, hat sie geglaubt, was behauptet wurde?«

»Sie sprach lange über dich. In ihrem Ton lag eine große Bitterkeit. Sie erzählte von deiner Kindheit und wie du dich als Jugendlicher von eurer Familie gelöst hast und dergleichen. Du bist mit einem krankhaften Narzissmus auf die Welt gekommen, Thomas.« Es war klar, die Frau war vom FBI. Ihr Name war Christin Demmings. Sie war Psychologin und eine erfahrene Spezialistin für solche Verhöre. Sie legte ihre Marke auf den Tisch. Watson starrte darauf. Steif blieb er sitzen. Gleich würden sie sich auf ihn stürzen.

»Deine Angestellten wurden befragt. Du kannst dir ihre Antworten vorstellen. Sie bereuen es aufrichtig, deinen Feldzug gegen die Aufklärung der Folgen des Klimawandels unterstützt zu haben. Einer hat sich umgebracht. Er hat sich aus dem Fenster gestürzt.« Die Frau lehnte sich zurück und beobachtete Watson scharf.

»Deine ganzen Vorträge, die Tabellen, die Statistiken mussten sie fälschen.

Dein bösartiger Narzissmus ist so weit fortgeschritten, dass du unfähig bist, die Wirklichkeit zu verstehen, alles kreist um dich selbst.«

»Wenn du meinst«, sagte Watson und sah ohne einen Anlass aus dem Fenster. Er tat so, als würde er abgelenkt werden, doch offensichtlich war es ein Zeichen von Befangenheit. Watson zeigte keine Panik.

»Natürlich habe ich alles gelesen, gerade auch das von der Gegenseite«, sagte Watson. »Das war ja gar nicht zu verhindern«.
»Und was hast du dabei empfunden?« Watson schwieg.
»Ich werde dir sagen, wer du bist.« Watson blieb bei seiner stoischen Haltung.
»Dein inneres Erleben und dein Verhalten in Bezug auf deine Wahrnehmung, dein Denken, dein ganzes Gefühlsleben und auch deine Willensbildung sind massiv gestört. Im Laufe der Zeit bist du einer Art von Größenwahn verfallen.
Die Aussagen über dich, vor allem von deinen Angestellten, die einzigen Menschen, die dich ausführlich beschreiben konnten, denn dein Privatleben ist ein Geheimnis, was aber auch zu dem Bild passt, das du abgibst. Das ist nicht alles.« Die Frau sah Watson prüfend an. Festzustellen, was in ihm vorging, außer seine für ihn typische Finsterkeit wahrzunehmen, war nicht möglich. Welche Empfindungen mochte dieser Mensch haben?
»Im Kern ist es dein bösartiger Narzissmus, der ein eigenes psychologisches Phänomen ist. Du leidest unter unkontrollierten Gefühlswallungen. Dein Selbstwertgefühl ist maßlos übertrieben und du selbst siehst dich im Zentrum allen Geschehens. Du hast Fantasien eines grenzenlosen Erfolges und träumst von einer idealen Liebe zu dir. Du siehst dich bewundert und fühlst dich einzigartig.«
Die Frau hielt aufs Neue inne.

»Natürlich willst du dazu jetzt nichts sagen. Du weißt aber selbst, wie es um dich steht. Du verklangst Bewunderung, hast ein völlig übersteigertes Anspruchsdenken und verbindest diese Ansprüche mit einer unmittelbaren Zustimmung. Dein Einfühlungsvermögen ist völlig unterentwickelt. Du empfindest nicht, was Andere empfinden. Du bist arrogant und überheblich und rücksichtslos. Und ich bin mir sicher, dass du damit auf die Welt gekommen bist und es nichts mit deinen harmlosen Eltern, mit deren Erziehung oder dergleichen zu tun hat.«
Vielleicht hörte sich das Watson alles an, weil er eine Müdigkeit gegenüber ebendiesem Leben empfand, vielleicht auch aus Neugier. Seine Kraft begann dahin zu schwinden.
»Was das ganze besonders verheerend macht, ist der enorme Einfluss auf die allgemeinen Ansichten. Deshalb sage ich das alles. Die nicht aufzuhaltende Erwärmung der Erde. Ist dir klar, dass du eine große Schuld auf dich geladen hast? Die Situation ist so zugespitzt, dass wir sofort massiv handeln müssen, sofort! Deshalb, nur deshalb gab es diese Diskussion im Theater. Wir werden den Chinesen auf ewig dankbar sein müssen, auch wenn sie ihre neue Macht eiskalt missbrauchen werden, aber das dürfte dir ja imponieren.« Watson Gesicht nahm einen zynischen Ausdruck an.
»Das ist alles zu viel der Ehre, so Bedeutung habe ich nun wirklich nicht.« Es lag nicht nur Selbstironie, sondern auch eine Spur Nachdenklichkeit in seiner Stimme.

»Wer hat eigentlich meine Leute erschossen?«, fragte er.

»Das wissen wir nicht.« Watson runzelte zweifelnd seine Stirn.

»Hör zu, Thomas, du hast sogar eine Chance. Dein Einfluss in einem gewissen Spektrum der Gesellschaft ist groß.« Watson sah auf. Ihm war nicht klar, auf was die Frau hinauswollte, er nickte nur. Er war sowieso erledigt. Sein Wille erlosch.

Die Frau sah Watson kalt an. Die Wirkung dieser harschen und nicht enden wollenden Analyse von Watsons geistigem Zustand zermürbte ihn.

Wenn sie ihn so genau kannten, wobei alles, was sie sagte, maßlos übertrieben war, dann wussten sie auch sonst alles.

Er war in die Falle getappt, die zuschnappte. Die ganzen Umstände, sein Schuldgefühl, seine Flucht, die dauernde Angst, entdeckt zu werden, die ausgebliebenen Erfolge an der Börse, die seine Zukunft infrage stellten, seine Sprachlosigkeit und seine Vereinsamung in den vergangenen Wochen hatten Watsons Willen gebrochen.

»Wie kann ich glaubwürdig sagen, dass alles erfunden war, jetzt, wo ich wegen Mordes angeklagt werde?« Für einen Moment schien die Frau zu triumphieren.

»Du wirst ein Buch schreiben, ein ernsthaftes und detailliertes Buch. Darin wirst du alle deine Erfindungen und Manipulationen haarklein benennen. Um das glaubhaft zu machen, wirst du das erste Jahr deiner Haft damit zubringen. Danach wirst du in den offenen Vollzug kommen.

Du wirst an Umweltprojekten arbeiten. Man wird darüber berichten, immer wieder. Vor allem an Aufforstungen. Frei kommst du nie wieder, aber du wirst den Schaden abmildern, den du angerichtet hast.«

Die Frau sah Watson fordernd an. Sie schien sich in einer großen Ferne zu ihm zu befinden.

»Das kann ich dir anbieten.«

Thomas Watson wurde nach Großbritannien überstellt. Das weitere verlief genauso, wie zwischen Watson und der Frau vereinbart worden war. Watsons Buch wurde ein Besteller. Er machte ein Vermögen. Das Geld ging an den Staat. Er begann für eine NGO zu arbeiten, die Aufforstungen in North Yorkshire betrieb. Das empfand er als demütigend, doch er hielt durch.

Seine Großspurigkeit blieb. Nach einiger Zeit sah sich Watson als der führende Experte für Aufforstungen in England an. Seine Nächte verbrachte Thomas Watson noch viele Jahre im Gefängnis. Sollte er eines Tages entlassen werden, konnte er seine erfolgreiche Beratung wieder aufnehmen. Gängen die Behauptung der Klimawandel würde existieren natürlich. Das sagte er sich immer wieder und es machte ihm Hoffnung.

Vielleicht wusste die Frau über diese, seine wahren Eigenschaften einfach nichts. Jedenfalls hatte sie nur seine dunkelsten und schlechtesten Seiten geschildert. Die stellte sie zwar insgesamt richtig dar, doch wie gesagt, er Thomas Watson hatte viele Seiten.

Oft dachte Thomas Watson an seine Verhaftung zurück. Schließlich, was er tat, tat er mit Wonne und Humor auch das böse. Die Wirklichkeit sollte Thomas Watson nie erkennen. In einem Anflug von Melancholie sagte sich Watson einmal: Ich möchte hochfliegen, hoch wie ein Raubvogel und mich hinunter stürzen auf meine Beute. Auch bin ich nicht hochfahrend. Ich bin jemand, der lauert und zuschnappt, wenn die Zeit gekommen ist. Niemals trauerte Watson um die drei Attentäter. Ebenso wenig verspürte er ein Mitgefühl gegenüber Paul, den er zweimal zu ermorden beabsichtigte und dem er eine lebenslange Furcht aufgezwungen hatte. Seinen peinlichen Auftritt auf der Bühne hatte er gänzlich vergessen.

Die Wirklichkeit war im Übrigen ja nicht so, dass man sich Gedanken über seine Familie, seine Eltern und seine Geschwister machen würde. Sie lösen sich auf, sie verschwinden einfach und man denkt nie wieder an sie. Watson blieb sein Leben lang alleine. Der Umsatz der von Hernsbach KGaA verdoppelte sich innerhalb von zwei Jahren aus eigener Kraft, ohne weitere Zukäufe. Sein Misstrauen konnte Paul nie wieder ablegen. Diana und Paul trafen sich immer wieder auf Tagungen und Empfängen. Mehr als Höflichkeiten wechselten sie nicht.

Paul wurde damit konfrontiert, dass er großes Ansehen genoss. Das war innerhalb seiner Firma so, aber vor allem in der Öffentlichkeit. Für eine bestimmte Kategorie von Unternehmern wurde Paul zum Vorbild. Ständig sollte er sprechen.

Für neue Erkenntnisse blieb er besonders offen. Seine gewissenhafte Art, die Dinge zu prüfen und abzuwarten, hielt ihn von Fehlentscheidungen ab. Er gewöhnte sich eine professionelle Höflichkeit an, mit der er seine vielen Besprechungen und die Länge der Besuche, die man ihm abstattete, steuerte. Gleichwohl empfand Paul den oberflächlichen Austausch mit anderen Menschen als wenig anregend. Er trainierte sich an, geduldig zu sein. Gegen eine von Ottos Eigenschaften musste er sich wehren. Das war dessen Selbstbezogenheit, die sich bei Paul auszuprägen begann. Er entwickele eine Methode der Selbstreflexion, um dagegen anzugehen. Ottos chinesische Artefakte befanden sich eines Tages in Pauls Büro. Auch plante er eine Reise nach China.

An einem Sonntag reihte sich Paul in das Team Otto-von-Hernsbach-Peleton ein. Sie trugen weiße Oberteile, mit blauen Streifen und blaue Hosen.

Augusts kleine Galerie betrieb Paul mit einer Geschäftsführerin weiter. Je älter er wurde, umso mehr fand er einen Gefallen daran.

ISBN 978-3-7549-6724-9

www.epubli.de